상담에서의
단기개입전략

초점화된 수용전념치료의 원리와 실제

Kirk Strosahl, Patricia Robinson, Thomas Gustavsson 지음
김창대, 남지은 옮김

Σ 시그마프레스

상담에서의 단기개입전략

초점화된 수용전념치료의 원리와 실제

발행일 | 2017년 6월 30일 1쇄 발행

지은이 | Kirk Strosahl, Patricia Robinson, Thomas Gustavsson
옮긴이 | 김창대, 남지은
발행인 | 강학경
발행처 | (주)시그마프레스
디자인 | 김은경
편 집 | 문수진

등록번호 | 제10-2642호
주소 | 서울특별시 영등포구 양평로 22길 21 선유도코오롱디지털타워 A401~403호
전자우편 | sigma@spress.co.kr
홈페이지 | http://www.sigmapress.co.kr
전화 | (02)323-4845, (02)2062-5184~8
팩스 | (02)323-4197

ISBN | 978-89-6866-918-7

Brief Interventions for Radical Change

Principles and Practice of Focused Acceptance and Commitment Therapy

＊ 책값은 책 뒤표지에 있습니다.

이 도서의 국립중앙도서관 출판예정도서목록(CIP)은 서지정보유통지원시스템 홈페이지(http://seoji.nl.go.kr)와 국가자료공동목록시스템(http://www.nl.go.kr/kolisnet)에서 이용하실 수 있습니다.(CIP제어번호 : CIP2017014747)

역자서문

"고통은 원래부터 인간 삶의 일부이기 때문에 피할 수 있는 것이 아니다.
따라서 고통을 없애는 것이 상담의 목표가 될 수는 없다."

"상담은 인간의 고통(pain)을 없애지는 못하지만,
괴로움(suffering)을 덜 수는 있다."

"마음의 괴로움은 인간이 맞닥뜨리는 문제가 아닌
문제를 해결하려는 방법 때문에 발생한다."

"고통스러운 삶 속에서도 마음의 괴로움이라는 함정에 빠지지 않는 방법은
고통을 피하지 않고 직면하는 것이다."

"언어는 인간의 삶을 풍요롭게 만든 요소임에 틀림없지만,
때로는 삶의 생생함으로부터 우리를 멀어지게 만들기도 한다."

이것들은 역자가 수용전념치료(이하 ACT)를 읽으면서 새롭게 깨달은 몇 가지 중요한 명제이다. ACT의 개발자 Steven Hayes는 이러한 명제들에 기초하여 독자적인 상담 및 심리치료 이론을 개발했다. ACT에 의하면, 인간 정신병리의 핵심에는 심리적 경직성이 지리 잡고 있으며, 그러한 경식성은 (1) 경험의 회피, (2) 인지적 융합, (3) 경직된 주의, (4) 개념화된 자기에 대한 집착, (5) 가치의 혼란과 접촉 결여, (6) 무활동 및 지속적 회피 등으로 인해 발생한다. 그리고 각 요소들에 대응하는 해결 방안으로 (1) 수용, (2) 인지적 탈융합, (3) 현재에 존재하기, (4) 맥락으로서의 자기인식, (5) 가치 정의, (6) 전념행동 등을 제시했다.

이 책의 주제가 되는 초점화된 수용전념치료(FACT)는 Hayes의 수용전념치료(ACT)를 다시 한 번 정제한 모형으로 기본적으로는 단기상담을 추구하며, 내담자의 변화를 촉진하는 여러 요소 중에서 자각, 개방성, 참여에 특별히 초점을 맞추었다. 이러한 점에서 '초점화된 수용전념치료(FACT)'에서 '초점화되었다(focused)'는 말의 의미는 시간적인 측면뿐 아니라 내담자에 대한 이해나 개입 전략 측면에서도 매우 초점된 모형이라고 볼 수 있다.

역자는 ACT에 기반을 둔 FACT가 다음과 같은 이유로 한국에서 이루어지는 상담 현장에 중요하게 기여할 것으로 기대한다. 첫째, FACT와 ACT는 상담 실무에서 지금-여기에 초점을 맞추고 있다. 역자는 개인적으로 상담 경력이 쌓일수록 내담자의 과거 경험에 대한 관심과 탐색보다는 '지금-여기'에 초점을 맞추는 경향이 많아져 왔음을 느낀다. '지금-여기'라는 것은 상담 모형에 따라 즉시성, 체험중심, 전이, 상담자-내담자의 현재 관계 등 다양한 의미를 지니고 있다. FACT는 내담자가 가진 문제의 원인이 무엇이든 상관없이 그 문제에 대한 내담자의 현재 태도, 즉 회피하지 않고 자각(awareness)하고 개방(openness)하며 참여(commitment)하는 현재의 태도가 중요하다는 의미에서 '지금-여기'를 강조한다. 이것은 기존의 다른 상담 모형에서 말하는 '지금-여기'에 또 다른 측면을 추가해준다. 둘째, FACT와 ACT는 최근 상담에서 중요하게 떠오르는 마음챙김의 관점에 기초하고 있다. 마음챙김은 상담자가 제공하는 여러 가지 다양한 전략과 개입들을 통합하고 단순화하며 그 자체로 영향력이 매우 강력하다. 셋째, FACT와 ACT는 이론적 측면에서 관용성이 크다. 즉 FACT와 ACT는 상담자들이 어떤 상담 모형을 채택해 왔는지와 상관없이 통합하거나 추가하면서 활용할 수 있다. 따라서 상담 전문가들의 경력이 축적되면서 자신이 익숙한 상담 모형에 추가하여 통합적인 접근을 개발하는 데 도움을 줄 수 있다. 끝으로 ACT, 특히 FACT는 단기상담을 추구하고 자각, 개방, 참여라는 개념이 비교적 단순해 보일 뿐 아니라 마음챙김은 다분히 동양적인 개념이어서 전문 상담사뿐 아니라 내담자들도 이해할 만하고 설득력이 있다. 이러한 특징들은 FACT와 ACT에 대한 한국의 전문 상담사와 내담자들의 접근성을 높여줄 것으로 기대한다.

이 책은 크게 4부로 구분된다. 1부는 단기상담의 기원과 특징, 우리가 자신에게 도움이 되지 않는 행동패턴에 갇히는 이유와 과정, 그리고 근본적인 변화를 위해 꼭 필요한 유연성을 촉진하는 핵심 원리를 소개하고 있다. 2부는 근본적인 변화를 촉진하는 데 사용할 수 있는 구조화된 면접 전략과 내담자의 심리적 유연성과 변화를 촉진할 수 있는 실제적 도구, 그리고 심리적 유연성을 촉진하는 단기개입 방법을 소개하고 있다. 3부는 아동과 그의 가족, 약물중독 문제, 외상후 스트레스장애, 기분장애와 무망감으로 괴로워하는 내담자의 사례를 제시한다. 4부는 커플상담과 집단 및 교실에서 FACT를 적용하는 방법을 설명한다. 역자는 이 책을 통해 FACT가 한국에서 상담을 배우고 연구하는 학생들에게 상담에 새로운 관점을 제공하고, 상담 실무를 수행하는 상담 전문가들에게는 매우 단순하면서도 강력한 상담도구를 갖게 하는 데 도움이 되기를 바란다.

이 자리를 빌려 그동안 번역을 함께해준 서울대학교 교육상담전공 박사과정생인 남지은 선생과 이러한 좋은 책을 번역할 기회를 주셨을 뿐 아니라 예정보다 길어진 번역기간을 기다려주신 (주)시그마프레스 강학경 사장님께 깊은 감사의 뜻을 전한다.

역자대표 김창대

차례

제3부 사례 예시

Brief Interventions for Radical Change

도입

우리가 더 이상 상황을 변화시킬 수 없을 때…
우리는 우리 자신을 변화시켜야 하는 도전에 직면한다.

빅터 프랭클(Victor Frankl)

이 책은 상담자들이나 삶 전체의 신속한 변화를 경험하기 위해 필사적으로 노력하는 사람들을 돕기 위해 고안되었다. 사람들은 자신이 채택한 접근을 유연하게 활용할 기술이 없거나 기존의 효과 없는 전략을 바꾸지 못할 때, 삶에서 마주하는 많은 어려운 순간들로 인해 정서적으로 압도되거나 옴짝 달싹 하지 못하고 얼어버리는 것처럼 보인다. 흥미롭게도 어떤 사람들은 이러한 어려운 순간에 직면했을 때, '더욱 확장되고' 그 상황을 초월하는 것처럼 보인다. 우리는 이런 일이 가장 공포스러운 상황에서도 발생한다는 사실을 알고 있으며—한 예로 빅터 프랭클의 인간의 의미추구(1992)라는 책을 읽어보라—그렇기 때문에 그러한 일이 일상생활에서조차 발생하지 말아야 한다고 생각할 이유가 없다. 급격하면서도 지속적인 변화를 촉진하는 모델을 개발하려는 노력은 다음과 같은 질문으로부터 시작된다—어떤 사람은 어려운 상황과 도전 앞에서 멸절되는 반면, 다른 사람들은 어떻게 해서 자신의 내적 자원을 발휘하여 이미 발생한 일들을 받아들이고 삶을 계속 살아가는가?

프랭클은 매일 끔찍한 잔혹행위를 보면서 자신이 보았던 야만적인 사건들을 이해할 수 없어서 괴로워했다. 그의 변화는 그가 자신의 아내를 다시는 만날 수 없을 수도 있음을 받아들이면서도(실제로 그는 자신의 아내를 다시 만나지 못했다) 동시에 아내에 대한 영원한 사랑을 체험하고 표현하는 방법을 찾는 과정에서 비롯되었다. 끔찍한 상황을 초월하는 능력은 논리적인 것이 아니다. 그 능력은 물리학에서 말하는 양자도약(quantum leap)의 인간적 형태라고 할 수 있다. 우리가 가진 기본적 가정은 모든 사람, 즉 그/그녀가 얼마나 깊은 구덩이에 빠져 있든지 이와 정확하게 같은 방식으로 근본적인 변화를 체험할 수 있다는 것이다.

초점화된 수용전념치료(FACT)란 무엇인가?

초점화된 수용전념치료(focused acceptance and commitment therapy)는 줄여서 FACT라고도 하는데, 이것은 수용전념치료(ACT; Hayes, Strosahl, & Wilson, 1999, 2011)라는 이미 기반이 든든한 장기상담을 축약한 새로운 형태의 모델이다. FACT는 내담자로 하여금 괴로운 생각, 불쾌한 감정, 고통스러운 기억, 또는 불편한 신체 증상과 같은 원치 않고 힘든 경험들과의 관계를 변화시키려고 수용과 마음챙김 전략을 사용한다. FACT는 그러한 내적인 사건의 내용을 변화시키려고 하지 않는다. FACT는 사건을 변화, 억제, 제거, 또는 통제하려는 노력 자체를 문제라고 본다. 내담자들이 그들의 감정을 조절하거나 고통스러운 기억을 피하거나 긍정적인 생각으로 부정적인 생각을 대체하는 데 지나치게 몰두하면 삶의 현재 상황에서 주목해야 할 즉시적인 욕구에 주의를 기울일 수 없게 된다. 결국 내담자들은 그들의 문제를 해결하는 데 비효과적인 사람들이 된다. FACT는 내담자들에게 이러한 힘든 경험들을 관찰만 하고 그것의 존재를 수용하라고 가르친다. 이러한 새로운 관점은 내담자들로 하여금 정서는 그저 정서일 뿐이고 기억은 단지 기억일 뿐이며 생각 역시 단지 생각일 뿐이고, 감각 역시 감각 그 이상이나 그 이하도 아닌 것으로 보게 한다.

FACT의 두 번째 특징은 내담자들이 자신의 가치관을 선명하게 이해해서 자신의 것으로 받아들이고, 그러한 가치관과 일치하는 행동에 전념(commitment)하게 돕는 것을 강조한다는 점이다. FACT는 정서를 통제하기보다 내담자가 원하는 삶의 질을 되찾게 돕는다. 우리는 정서, 사고, 외상적 기억이나 그러한 것들과 관련한 불편한 신체 증상을 체험하거나 떠오르는 것에 대해서는 통제할 힘이 없기 때문에 우리는 우리가 통제할 수 있는 즉시적 행동에 우리의 에너지를 집중시켜야 한다. 수용전념치료에서 '전념'이라는 말은 가치관에 기초하면서도 유연하고 확장성이 무한한 행동을 취하는 것을 의미한다.

인간의 괴로움과 회복탄력성에 대한 통합적 모형

FACT의 고유한 특성 중 하나는 이 모형이 몇 개 되지 않는 정신 과정으로 인간의 괴로움과 활력 모두를 설명할 수 있음을 보여주는 연구에 기초한다는 점이다. 우리는 이 책의 본문에서 이 정신 과정을 좀 더 면밀히 검토하겠지만, 도입 부분에서는 괴로움과 활력 수준을 결정하는 3개의 차원─현재 순간의 자각, 내적 경험에 대한 개방성, 가치관에 일치하는 활동에 참여─이 있다는 점만 간단히 언급하고자 한다. FACT는 인간의 모든 괴로움은 그 형태를 불문하고 이 세 가지 과정 중 하나 또는 그 이상의 결핍에 의해 발생한다고 명시적으로 주장한다. 이것은 FACT가 진단을 초월하는 접근이라는 의미, 즉 특정한 병, 장애 또는 건강상태를 치료하기 위한 것이 아니라는 의미이다. 당신은 FACT를 말 그대로 당신이 맞닥뜨리는 거의 모든 문제에 적용할 수 있다. 예를 들어보자. 다음과 같은 사람을 생각해보라. 갈등이나 방어 없이 즐거운 내적 경험과 고통스러운 내적 경험을 모두 직접 체험할 수 있는 사람. 이와 동시에 현재 순간에 머무르며 효과적인 행동을 방해하는 자기서사(self-narrative)를 자각할 수 있는 사람. 뿐만 아니라 삶에서 자신의 핵심적 가치관을 선명히 이해해서 자신의 것으로 받아들이고 그와 같은 가치관과 일치하는 방식으로 문제 해결을 위해 노력하는 사람. 이와 같은 사람을 상담에서 본 적이 있는가? 아마도 그렇지 않을 것이다.

FACT에 대한 증거

수용전념치료는 최근 미국 약물남용 및 정신건강서비스 부처(Substance Abuse and Mental Health Services Administration, SAMHSA)에 의해 증거기반개입의 하나로 인정되었다. ACT의 요소 ― 단독요소 또는 요소들의 결합 ― 에 관한 40개의 연구를 찾아낸 최근 조사(Levin, Hildebrant, Lillis, & Hayes, 출판 중)에 의하면, 각 연구별로 목표가 된 영역에서 요소가 보이는 효과크기(가중치)의 평균은 0.70(95% CI: 0.47~0.93)이었다. 또 다른 문헌 조사(Ruiz, 2010)는 임상심리학 영역에서 25개의 효과연구(N=605; 18개의 무선화된 개입), 건강심리학 영역에서 27개의 연구(N=1,224; 16개의 무선화된 개입), 스포츠 심리학, 낙인, 조직개발, 학습 등의 다른 영역에서 14개의 연구(N=555; 14개의 무선화된 개입)를 발견했다. 이 모든 연구들을 통틀어서 집단 간 효과크기는 대략 0.65(Hayes, Luoma, Bond, Masuda, & Lillis, 2006; Öst, 2008; Powers, Vörding, & Emmelkamp, 2009; Pull, 2009)로 나타났다. 뿐만 아니라 ACT는 '비전통적' 문제들(예 : 간질, 만성 통증, 소아과 통증 증후군, 비만, 흡연, 당뇨 등)에도 적용되었다. 수많은 ACT 연구들은 대부분 2~4회기의 상담 또는 반나절이나 하루 정도의 심리 교육 수업으로 구성된 단기적이면서 시간제한적인 개입을 적용했다. 단기적 ACT 개입조차 장기적 효과를 보인다는 사실은 FACT의 발전을 촉진한 중요한 요인이었다.

우리가 아는 한, FACT는 정신건강 서비스 제공 시스템에 보급된 이후 통제된 상황에서 연구된 유일한 단기치료 개입 방법이다(Strosahl, Hayes, Bergan, & Romano, 1998). 이 연구는 FACT 훈련을 받은 상담자 집단과 해결중심단기상담(SFBT; de Shazer, 1985) 훈련을 받은 상담자 집단을 비교했다. 수많은 내담자 샘플로부터 수집한 자료에 의하면 FACT 훈련을 받은 상담자 집단은 SFBT 훈련을 받은 상담자 집단과 동일한 효과를 보였지만, 전자는 후자에 비해 상담을 중단하는 내담자 수가 유의하게 적으며, 내담자의 만족도가 높고, 상담자와 내담자가 서로 동의한 상태에서 상담을 종결하는 경향도 높은 한편, 검사나 치료를 위해 내담자를 정신건강의학과에 의뢰하는 경향은 낮았다. SFBT와 FACT의 상담자는 모두 상담 종결까지 4회기 정도의 상담을 수행했다.

FACT는 얼마나 새로운 접근인가?

1980년대 후반 이후 단기상담 영역에서 진정한 의미의 혁신은 거의 찾아볼 수가 없었으며, 그 기간 동안 소개된 새로운 접근의 효과에 대한 연구의 수도 적었지만, 결과 역시 일관성이 없었다. 현재 정신건강 서비스 영역에서 채택되고 있는 단기상담 모형 중에서 지금까지 증거기반개입이라고 인정된 것은 없었다. 동시에 의료관리 서비스의 세계는 변화하고 있다. 지역사회 정신건강 서비스기관들과 행동적 관리의료기관은 실무자들에게 증거에 기반한 시간제한적 서비스를 제공할 것을 필수로 요구한다. 이러한 상담 서비스는 매우 치밀하지만 그대로 따르기는 어려운 서비스 매뉴얼의 형태를 띤다. 상담자들에게는 더 적은 수의 회기를 소요하면서 상담 효과를 희생하지 않을 것이 요구된다. 이와 같은 요구 때문에 최근 상담 실무자들의 입지는 매우 곤란해졌다. 증거기반개입 매뉴얼은 무척 많은데, 주어진 시간은 매우 적다! 이러한 때에 필요한 것은 인간의 행동 변화를 촉진하는 단순하면서 압축되어 있고 한 가지 형태를 띠면서도 증거에 기반한 접근으로서, 상담 실무자로 하여금 다양한 종류의 문제에도 동일한 형태로 적용하게 할 수 있는 접근이다. FACT는 바로 그러한 개입 모형이다.

이 책에 대해서

이 책의 제1부는 단기상담의 기원과 특징, 그리고 발전 과정에 대한 당신의 이해를 돕고, 사람들이 자신에게 도움도 되지 않는 행동 패턴에 갇혀서 꼼짝하지 못하게 되는 과정을 검토하며, 그들의 근본적인 행동 변화를 촉진하는 데 필요한 유연성을 발달시키는 핵심 원리를 보여주기 위해서 쓰여졌다.

제1장에서 우리는 단기상담에 대해 간단히 소개하고 많은, 아니 대부분의 내담자들은 단기적 개입을 선호한다는 사실에 대한 근거를 제시했다. 우리는 여기에서 상담실을 찾는 내담자들의 선호, 내담자들이 상담을 활용하는 방식, 상담에서 변화가 발생하는 패턴, 동일한 문제에 대한 단기와 장기상담의 비교, 상담의 첫 회기에서 발생하는 급격한 변화현상 등에 대한 연구를 분석했다. 또한 우리는 단기상담의 발전 과정을 소개하고 현대 단기상담 영역에서 가장 우세한 접근에 대해서도 설명했다. 마지막으로, 단기상담 분야에서 논의되고 있는 시대적 쟁점들을 다루면서 결론을 맺었다.

제2장에서 우리는 인간이 어떤 식으로 효과 없는 행동 패턴에 갇혀서 꼼짝하지 못하게 되는가라는 질문을 검토했다. 우리는 FACT가 터하고 있는 핵심 가정을 기술한 후, 인간의 언어와 사고에 관한 새로운 접근인 관계틀 이론의 주요 특성을 소개했다. 우리의 의도는 인간의 괴로움이 그동안 인간의 가장 중요한 업적을 낳은 언어와 완전히 동일한 과정을 통해 발생한다는 점을 보여주는 것이다. 우리는 2개의 마음 상태, 즉 인생의 괴로움을 낳는 마음 상태와 활기를 유발하는 마음 상태에 대해 기술했는데, 그것은 문제 해결적 마음(problem-solving mind)과 현명한 마음(wise mind)이라고 명명할 수 있다.

제3장에서 우리는 사람들이 근본적인 변화를 성공적으로 이루는 방법에 대한 몇 가지 생각과 원리를 소개했다. 우리는 또한 내담자의 심리적 유연성을 증가시키는 기본적인 기술을 FACT를 도입한 상담자가 보여주고 가르칠 수 있는 방법을 검토했다.

제2부는 급격한 변화를 촉진할 맥락을 만들 수 있는 구조화된 면접 전략을 제시하고 당신의 내담자가 도움을 받고자 하는 어려움에 신속하고 효과적으로 개입하게 하는 면접 및 사례 평가 도구와 기법들을 소개했다. 이 부분에서 주요한 원리와 전략을 강조하기 위해 여러 상담 사례와 회기 중에 나왔던 대화의 예시가 활용되었다.

제4장에서 당신은 일련의 초점화된 면접 기법을 통해 내담자가 자신의 효과 없는 회피 전략의 대가를 빨리 깨닫게 하는 방법을 습득하게 될 것이다. 이와 더불어 당신은 내담자가 현재 자신의 삶이 개인적 가치관과 일치하는 방향으로 가고 있는지를 평가하도록 하여 변화에 대한 동기를 높이는 방법도 배우게 될 것이다.

제5장에서 우리는 내담자의 심리적 유연성을 평가하고 변화를 촉진할 수 있는 지점들을 발견하는 데 도움이 될 몇 가지 실제적 도구를 소개했다. 또한 우리는 사례를 분석하고 개입 종류를 선택하는 방법을 소개했는데, 이것은 당신이 개입의 시점, 지점, 방법을 결정하는 데 도움이 될 것이다.

제6장에서 우리는 단기개입을 사용하여 심리적 유연성을 촉진하는 방법을 설명했다. 우리는 자각, 개방성, 참여를 촉진하는 구체적인 임상적 방법을 검토했다. FACT는 유연성을 촉진하기 위해 은유와 비유, 그리고 체험적 연습을 많이 활용한다. 여기에 제시될 임상적 사례들은 이러한 전략들이 상담에 어떻게 적용되는지를 보여줄 것이다.

제3부는 아동과 그의 가족(7장), 약물중독 문제를 가진 내담자들(8장), 외상과 외상 후 스트레스 증상(9장), 그리고 기분장애와 무망감을 느끼는 나이 든 내담자(10장)를 대상으로 FACT를 적용하는 과정을 보여주었다.

각 장에서 사용된 사례는 실제 상담에서 발췌했는데, 이것들은 FACT가 각각의 문제를 가진 내담자들에게 어떻게 적용될 수 있는지를 보여준다. 제시된 축어록들은 실제 임상적 대화에서 다양한 FACT 개입들이 어떻게 제공되는지 보여준다. 각 장의 끝부분에서 우리는 이와 같은 특정 문제를 가진 내담자를 상담하기 위한 몇 가지 일반적인 지침을 제공했다.

제4부는 FACT를 커플상담에 적용하는 방법과 집단과 교실에서 FACT를 수정해서 적용하는 방법을 기술했다. 여기에서도 우리는 실제 사례에 대한 설명을 통해 이러한 특수 상황에서 FACT에서 사용하는 평가와 개입을 수정하여 적용하는 방법을 강조했다.

마무리

이 책은 당신이 초점화되고 일관성 있는 방법으로 내담자의 심리적 유연성을 증가시키도록 돕기 위해 저술되었다. 만약 당신이 내담자의 유연성을 증가시킬 의향이 있다면, 당신은 한 발짝 물러서서 내담자들이 어떻게 변화하는지, 그리고 변화 과정을 돕는 조력자의 역할은 무엇인지에 대해 널리 공유되고 있는 가정들을 면밀히 들여다볼 필요가 있다. 어쩌면 당신은 어떻게 해서 사람들이 효과 없는 행동 패턴에 갇혀서 꼼짝 못하게 되는지에 대한 당신의 기존 이해 방식을 되돌아보아야 할지도 모른다. 또한 여러분은 인간의 괴로움이라는 전반적인 문제뿐 아니라 그것이 왜 그렇게 널리 퍼져 있는지에 대해 좀 더 광범위하게 생각해보아야 할 것이다. 우리는 당신이 소위 독수리의 눈으로 인간의 상태를 살펴볼 것을 요청한다. 인간의 괴로움에 대한 큰 그림을 보고 그것에 대해 무엇을 해야 할지 알게 되면, 당신은 전략적이고 강력한 방법으로 개입할 수 있는 위치에 서게 된다. 우리가 그랬던 것처럼, 당신도 이 강력하고 효과적인 접근으로 인해 속이 시원해지는 경험을 맛보길 바란다.

1

단기개입의 원리

Brief Interventions for Radical Change

제 1 장

단기상담에 대한 간략한 소개

간접흡연보다 간접적인 생각이 더 치명적이라는 것을 기억하라.

조지 험스(George Herms)

이 책은 당신이 단기상담에 대해 읽은 첫 번째 책일 수도 있고, 50번째 책일 수도 있다. 어찌 됐든 단기상담의 이론과 실제에 대한 대략적인 예비 교육(혹은 재교육)으로 시작하는 것이 유용할 것이라고 생각한다. 이 장에서 우리가 달성하고자 하는 것은 다음과 같다. 첫째, 단기상담의 정의 혹은 범위를 결정하는 일반적인 틀을 제공한다. 둘째, 인간이 어떻게 변화하는지, 상담이 어떻게 변화를 촉진하는지, 상담에 찾아오는 내담자는 무엇을 얻기 원하는지에 대해 사람들이 흔히 갖고 있는 오해와 신화들을 살펴본다. 셋째, 단기상담 운동(movement)의 기원과 현 시점까지 어떠한 발전이 있었는지에 대한 간략한 역사를 소개한다. 마지막으로, 단기상담이 정신건강 공동체에서 좀 더 널리 인정받지 못하게 만드는 중요한 문제들을 검토한다. 이 장을 다 읽은 후에도 여전히 단기상담의 이론과 실제에 대해 더 깊이 공부하고 싶다면 이에 관해 이미 출간된 여러 유용한 자료들이 있으니 참고 바란다(예 : Hoyt, 2001, 2009; O'Hanlon & Weiner-Davis, 2003).

생각보다 쉽지 않은 '단기상담 정의하기'

'단기상담'을 어떻게 정의할 것인지에 대한 논의는 상당히 오랫동안 지속
되어 온 개념적인 문제이다. 이것은 '단기'의 의미가 사람마다 다르기 때문
이다. 보통 한 내담자를 주 2회씩 수년 동안 만나 온 정신분석가는 딱 1년
동안 내담자를 만나는 것이 단기적이라고 생각할 수 있다. 실제로, 학술지
에 실린 여러 '단기 정신역동상담' 연구들은 20회기짜리 상담 사례들을 다
루고 있지만, 이것은 장기간 진행되었다고 간주되는 인지행동치료 사례보
다 더 길다. 16회기 인지치료 프로토콜을 사용하여 우울증 내담자들을 만
나 온 상담자에게는 8회기짜리 상담이 짧게 느껴질 것이다. 게다가 단기상
담과 관련 있어 보이는 여러 용어 또한 단기상담에 대한 논의를 더욱 복잡
하게 만드는데, 그중에는 단기 전략적 상담(brief strategic therapy), 시간제
한적 상담(time-limited therapy), 단기간 상담(short-term therapy), 시간 효
과적 상담(time-effective therapy), 단기개입(brief intervention)이 있다. 이렇
게 많은 관련 용어들은 그렇지 않아도 정의가 명확하지 않아 어려운 '단기
상담'에 대한 논의에 더욱 큰 혼란을 가져올 수 있다.

　이 모든 것을 보다 명확하게 하는 과정의 첫 단계로 먼저 시간이라는 주
제를 다루어보자. 시간 효과적 상담은 매 상담 회기를 위해 지불하는 비용
대비 최대한을 얻어내는 것에 초점이 맞춰져 있다. 만약 내담자가 상담자
를 12번 만났는데 그 12회기를 통해 임상적으로 최대한의 효과를 얻을 수
있는 것이라면 이는 시간 효과적인 치료라고 할 수 있다. 하지만 동일한 문
제를 사실상 4회기를 통해 해결할 수 있다면, 똑같은 효과를 얻기 위해 12
회기를 사용하는 것은 시간 효과적인 상담이라고 할 수 없을 것이다. 시간
제한적과 단기간 상담은 어떤 특정 상담 프로그램의 일환으로 상담의 회기
수가 미리 조정되거나 제한되어 있는 상담을 뜻한다. 예를 들어 개인적인
문제 해결 능력을 향상하기 위해 개발된 8회기짜리 집단 프로그램이 있을

수 있다. 단기개입은 주로 흡연, 음주, 물질 남용 등 고위험 행동을 다루기 위한 1~2회기 상담 프로토콜을 의미한다. 이 유형의 상담은 주로 1차 진료 장소, 병원, 교도소, 혹은 위기개입 프로그램 등 내담자와 장기간에 걸쳐 만나기가 현실적으로 매우 어려운 상황에서 활용된다.

반면, 이 주제에 대한 또 다른 접근은 '상담'이라는 것이 일반적으로 상담 모형이 요구하는 것과 내담자가 수용할 수 있는 것 사이에서의 줄다리기라는 관점을 택하는 것이다. 대부분의 상담적 접근은 상담 회기가 진행되는 과정에서 새로운 개념과 기술들을 순차적으로 제시해주는데, 내담자의 상담 동기는 시간이 갈수록 감소하는 경향이 있다. 따라서 불행히도 조기종결을 하는 내담자들은 상담의 후반에 제공되는 것으로 계획되어 있는 전략들을 접해보지 못하게 된다. 미국에서는 한 상담 사례당 평균 4~6회기가 진행되는 것이 일반적이다(Brown & Jones, 2005; Olfson et al., 2009; Talmon, 1990). 우리의 견해에 의하면 단기상담은 이 자연스러운 구분점에 다다르기 전에 종결되도록 계획된 상담이다. 이러한 정의는 (1) 내담자를 도와줄 수 있는 시간이 제한적이라는 점과 (2) 상담 과정은 내담자가 주도해야 한다는 점, (3) 상담자의 임무는 (상담자가 받아들인다면) 주어진 시간 내에 내담자가 의미 있는 행동 변화를 이루어낼 수 있도록 돕는 것이라는 점을 내포한다.

변화에 대한 신화와 오해

이 절에서는 여러 행동건강(behavioral health) 상담자들이 단기상담을 타당한 치료 형태가 아닌 것으로 치부하게끔 하는 몇몇 신화와 오해들을 살펴보고자 한다. 전통적인 단기상담에 대한 연구는 매우 드물지만, 이미 축적된 전반적인 심리상담 연구물들 중 특히 인지행동치료에 대한 연구물들은 이 논의를 위한 풍부한 과학적 자료들을 제공하고 있다.

신화 : 내담자는 상담을 오래, 많이 받고 싶어 한다

내담자들은 높은 수준의 심리적인 고통을 호소하며 상담실을 찾지만 고통이 줄어들기 시작하면 상담실을 찾아오는 것을 점점 내키지 않아 한다 (Brown & Jones, 2005). 이러한 경향을 보면 내담자가 상담실을 찾는 주된 목적은 정서적 안정과 실제적인 문제 해결을 얻기 위함이라는 것을 알 수 있다. 대부분의 내담자의 경우, 이 두 가지 목적은 상담 초반의 몇 회기를 통해 쉽게 달성된다. 상담자는 한 번의 상담 회기를 위해 하루 중 1시간을 할애하지만, 내담자는 그보다 훨씬 많은 시간을 소요한다는 것을 기억해야 한다. 내담자는 상담을 받기 위해 아기를 돌봐줄 사람을 고용하거나 무급 휴가를 내야 할 수도 있고, 상담실을 오고가는 데 상당한 시간이나 교통비용을 지출해야 할 수도 있다. 이렇듯 유감스럽게도 상담은 대부분의 내담자에게 상당한 불편을 끼친다.

연구에 따르면 대부분의 내담자들은 상담자와의 합의가 있든 없든 상담을 빨리 끝내는 경향이 있다. 연구마다 약간의 차이가 있지만, 약 30~40%의 내담자들이 상담자와 상의 없이 상담을 종결한다고 보면 될 것이다 (Olfson et al., 2009; Talmon, 1990). 상담을 받고 있는 9,000명 이상의 내담자들을 대상으로 한 실태 조사에서는, 상당수의 내담자들이 5회기를 채우기 전에 상담을 종결하였고, 상담 방문 횟수는 1회가 가장 빈도가 높은 것으로 나타났다(Brown & Jones, 2005). 이러한 단 하나의 연구 결과가 전통적인 정신건강 진료에 주는 시사점들을 생각해보라. 상담의 첫 회기는 주로 내담자의 광범위한 발달사를 조사하고 치료 계획을 준비하는 데 투자된다. 시간 소모가 큰 접수면접 과정 때문에 실제적인 상담 개입은 주로 후반 회기로 미루어진다. 그러나 내담자는 두 번째 방문을 하지 않을 가능성이 매우 크다! 단기상담 모형 중 하나인 단회상담(single-session therapy)은 내담자들의 이러한 경향을 매우 심각하게 받아들인다. 즉 단회상담 접근은 상담자와 내담자가 서로 딱 한 번 만나게 될 것이며, 따라서 첫 번째 회기에서 내담자의 삶에 최대한의 영향을 주는 것을 목표로 한다(Talmon, 1990).

그럼에도 불구하고 미국에서 제공되는 상담 서비스를 파격적으로 가장 많이 소비하며 장기상담을 선호하는 내담자 집단이 있다(Howard, Davidson, O'Mahoney, Orlinsky, & Brown, 1989). 흥미롭게도 내담자의 치료 지속 여부를 예측하는 변인은 지속되는 높은 수준의 심리적 고통이다(Brown & Jones, 2005). 즉 내담자들이 상담을 계속해서 받는 이유는 상담의 성과가 있어서가 아니라 성과가 없어서이다.

흥미롭게도, 우리 중 한 명(Strosahl)이 진행한 내담자 만족도 조사에서는 스스로 상담을 종결한 내담자들과 상담자와 합의하에 종결한 내담자들 간에 상담 성과 차이가 없다는 결과가 나타났다. 몇백 명을 대상으로 한 이 설문조사 결과, 단 1회의 상담을 받은 내담자들과 여러 상담 회기를 진행한 내담자들 간에도 성과 차이가 없었다. 유일한 차이라고는 상담을 스스로 그만둔 내담자들이 상담 서비스에 대해 더 낮은 만족도를 보고했다는 점이다. 여기에서의 핵심 메시지는 정신건강 커뮤니티가 내담자의 상담 동기 요인과 이들이 견뎌낼 수 있는 상담 기간에 대해 실제로 무심했다는 점이다. 데이터에 근거하면 대부분의 내담자들은 단기상담을 선호하는 것으로 보인다.

오해 : 변화의 정도는 상담 시간에 비례한다

정신건강 커뮤니티(mental health community)에서는 시간이 지날수록 상담의 이득(benefit)이 축적된다는 통념이 존재한다. 즉 내담자가 오랫동안 치료를 받을수록 더 많은 이득을 경험한다는 것이다. 상담 회기 수와 내담자가 경험하는 변화량 간의 용량효과(dose-effect) 관계에 대한 연구들이 이루어지고 있다. 사실 이와 관련된 중대한 연구가 약 25년 전에 발표되었지만 그 당시 큰 관심을 얻지 못했다(Howard, Kopta, Krause, & Orlinsky,

1986). 그 연구물은 중요하게 논의되어야 할 여러 결과를 보고하였다. 첫째, 약 15%의 내담자들이 첫 상담 회기에 찾아오기 전에 이미 임상적 호전을 경험하였다. 이는 내담자들이 도움을 받기로 결정하는 행위 그 자체로 실제적인 도움을 받는다는 것을 시사한다. 또한 상담에서 얻는 총이득의 50%는 8회기 시점에 달성된다. 8회기 이후에는 상담의 진전이 상당히 느려진다. 상담에서 얻을 수 있는 총이득의 75%를 달성하려면 적어도 26회기가 진행되어야 한다. 조금 더 최근에 진행된 용량효과 연구는 단기상담을 받은 내담자들이 장기상담을 받은 내담자들보다 상대적으로 빠른 변화율을 경험한다고 보고하였다. 흥미롭게도, 상담 회기 수는 임상적 변화에 대한 중요한 예측변인이 아니었으며, 연구자들은 변화가 비선형적 과정이라고 결론을 내렸다(Baldwin, Berkeljon, Atkins, Olsen, & Nielsen, 2009).

신화 : 상담이 길어질수록 효과는 강력해진다

바로 앞의 내용과 연관되어 있지만 조금 다른 신화로 장기상담이 단기상담보다 우월한 성과를 가져온다는 설이 있다. 예를 들어 같은 인지치료라도 16회기 상담이 8회기 상담보다 우울 감소에 더욱 오래 지속되는 효과를 가져올 것이라는 생각이다. 이 생각을 검증해본 연구(Molenaar et al., 2011)의 결과를 보면, 증상 감소나 사회적 기능의 개선에 있어 8회기 상담이 16회기 상담만큼 효과가 있었다. 이와 유사한 결과는 거식증을 위한 장·단기 가족상담(Lock, Agras, Bryson, & Kraemer, 2005), 아동의 문제행동을 위한 장·단기 가족상담(Smyrnios & Kirkby, 1993). 외상 후 스트레스장애를 위한 장·단기 인지행동치료(Sijbrandij et al., 2007), 그리고 공황장애를 위한 2일 단기집중상담을 비교한 연구에서도 보고된 바 있다. 또 우울과 다양한 불안 관련 장애에서도 비슷한 결과가 있었다(Cape, Whittington, Buszewicz, Wallace, & Underwood, 2012). 전반적으로, 최근에 이루어진 연구들은 동일한 장애(disorder)에 단기상담이 장기상담만큼 효과가 있다는 것을 제시해주고 있다.

오해 : 단기상담은 장기적인 이익이 거의 없는 피상적인 개입일 뿐이다

모든 심리상담의 핵심 관심사는 내담자의 삶의 기능에 장기적인 효과를 미치는 것이다. 일시적으로 고통스러운 증상을 감소해주지만 장기적인 부적응적 행동 패턴에 영향을 주지 않는 상담은 재발의 문제를 피할 수 없다. 구체적으로, 내담자들은 오래된 행동 문제로 인해 계속해서 발생하는 '새로운' 문제를 다루기 위해 반복적으로 상담을 받으러 와야 한다. 심리상담의 변화 이론 중 하나인 단계 모형(phase model)은 임상적인 반응이 세 가지 별개의 단계로 발생한다고 보는데, 이 단계들은 시간 의존적이다(Howard, Lueger, Maling, & Martinovich, 1993). '사기 북돋기(remoralization)'로 불리는 첫 번째 단계에서 내담자는 자신의 문제를 위해 무언가를 하기 시작하면서 주관적으로 개선되고 있다는 느낌을 받는다. 두 번째 단계는 '개선(remediation)' 단계로, 임상적 증상이 낮은 수준으로 감소된다. '재활(rehabilitation)'이라는 마지막 단계에서는 기능에 있어 안정적인 개선이 나타나기 시작한다. 재활은 장기간에 걸쳐 이루어지는 과정으로 알려져 있기 때문에 어떤 이들은 단기상담은 이러한 기능적인 개선을 촉진하는 데는 거의 도움이 되지 않는다고 주장하기도 한다.

이러한 가설을 확인하고자 최근 한 연구에서는 1차 진료(primary care)의 간략한 상담 프로그램(brief consultation program)에 참여한 338명의 내담자를 대상으로 이들이 매번 진찰을 받으러 올 때마다 앞서 언급한 단계 모형에 근거한 척도를 실시하였다. 내담자당 평균 개입회기 수는 1.5회였으며, 최빈치는 1이었다. 2회 이상 상담을 받은 내담자 중에서는 변화의 3단계 모두에서 임상적·통계적으로 유의미한 변화가 일어난 것으로 나타났다(Bryan, Morrow, & Appolonio, 2009). 최근 진행된 또 다른 연구에서는 암페타민(amphetamine, 각성제의 일종)을 주기적으로 복용하는 사람들을 대상으로 실시된 2~4회기 인지행동개입의 효과성을 확인하고자 하였고, 그 결과 최소 2회기를 받은 내담자들 사이에서 자제력이 상당히 증진된 것을 보고하였다(Baker et al., 2005). 이러한 결과들은 치료적 변화의 과정에 대한 이해가 아직 불충분하며, 그 과정이 어쩌면 상담자의 미묘하거나 미묘하지 않은 의사소통, 그리고 상담자의 기대에 의해 부분적인 영향을 받고 있을 수 있다는 점을 시사한다. 만약 내담자가 치료자로부터 자신의 어떤 특정 개인적인 문제를 해결하기 위해 장기상담이 필요할 것이라는 이야기를 듣는다면, 그 내담자는 충실하게, 때로는 무의식적으로 그 제안을 따를지도 모른다.

신화 : 상담에서 신속하고 큰 임상적 효과를 보는 것은 매우 드물다

우리(Strosahl과 Robinson)는 10년 이상 단기상담센터에서 일하면서 우울한 내담자에게 집단상담을 진행해 왔다. 그곳을 찾는 많은 내담자들은 우울 점수가 매우 심각한 수준에 있었고, 꽤 오랜 시간 우울로 인해 시달려 온 사람들이었다. 집단을 진행하면서 우리는 흥미로운 점을 발견하였다. 집단이 1~2회기 정도 지나면, 특정 몇 퍼센트의 내담자들은 상당한 증상 감소를 갑작스럽게 보인 후 그 상태를 집단이 종결될 때까지 유지하였다. 가끔 매우 심각한 우울증을 겪고 있었던 내담자들도 이런 패턴을 보였다.

알고 보니 우리만 이런 현상을 목격한 것이 아니었다. 약 40~45%의 우울 내담자들이 2~4회기 만에 이러한 갑작스러운 큰 효과를 보이는 것으로 보고되고 있었다(Doane, Feeny, & Zoellner, 2010; Tang, DeRubeis, Hollon, Amsterdam, & Shelton, 2007). 내담자들이 초반 회기에서 빠른 진전을 보이는 현상은 외상 후 스트레스장애(52%의 내담자; Doane et al., 2010), 폭식행동(62%의 내담자; Grilo, Masheb, & Wilson, 2006), 과민성 대장 증후군(30%의 내담자; Lackner et al., 2010)을 위한 인지행동치료에서도 관찰되었다. 더 흥미로운 점은 이런 빠른 반응이 장기적인 기능 개선뿐만 아니라 재발률의 감소(Crits-Christoph et al., 2001; Lutz, Stulz, & Kock, 2009; Tang et al., 2007)와도 연관이 있다는 점이다. 빠른 반응을 보이는 사람들이 장기적인 기능의 개선을 보이는 경향은 우울 청소년들에게서도 발견된 바 있다(Renaud et al., 1998). 갑작스러운 변화에 대한 증거는 꾸준히 쌓여 가고 있으며, 이것은 이 현상에 대한 첫 메타분석 연구(Aderka, Nickerson, Boe, & Hoffman, 2012)에서 보고되었다. 이 정도라면 우리는 상담에서 나타나는 빠른 효과가 '건강으로 비상하기(flight into health)'의 증거가 아닌 근본적인 변화가 일어나고 있는 것에 대한 증거라고 결론 내릴 수 있을 것이다.

History 101 : 단기상담의 발전

이제 미국에서 일어나고 있는 단기상담 운동의 근원을 다시 돌아보는 시간을 가져보자. 단기상담에는 에릭슨의 최면 요법(Ericksonian hypnotherapy)와 문제중심 단기상담(problem-focused brief therapy)이라는 두 가지 주요한 학파가 있는데, 둘 다 많은 수의 추종자를 보유하고 있다.

밀턴 에릭슨과 임상 최면

밀턴 에릭슨(Milton Erickson)은 현대 최면 요법의 창시자로 불리는 정신과 의사이다(Rosen, 1991). 어린 시절 에릭슨은 소아마비로 인해 거의 죽을 고비를 넘긴 적이 있었고, 살아있는 대부분의 시간 동안 불구였으며 고통 가운데 있었다. 그는 치료적 개입을 통해 비언어적 학습 과정들을 이용하는 특별한 접근법을 개발하였다. 그는 언어적 자기지식은 해가 되기도 하고 도움이 되기도 한다고 믿었으며, 그는 자신의 커리어 대부분을 변화를 일으키는 비언어적인 방법들을 개발하면서 보냈다.

에릭슨은 역설적 개입(paradoxical intervention), 혼란, 간접 암시(indirect

suggestion), 저항 독려(encouraging resistance) 등을 활용하는 법을 통달했다. 역설적 개입에서 내담자는 더 의도적으로 '문제를 실행'하거나 문제행동을 더 많이 하라는 지침을 받는다. 이런 개입 기저에 있는 가정은 대부분의 내담자들이 자신의 문제행동이나 정서의 발생 여부에 아무런 통제력을 발휘하지 못할 것이라는 느낌을 받는다는 것이다. 따라서 그들에게 문제를 만들어내라고 지시하는 것은 역설적으로 그들이 사실 통제력을 가지고 있는 것을 보여주는 셈이다.

에릭슨 접근의 또 다른 핵심 요소는 혼란스러운 언어 기법을 사용하는 것이다. 치료에서 혼란을 조성하는 이유는 내담자들이 그들에게 익숙한 준거틀─그들이 가지고 있는 자신의 '핵심 문제'에 대한 낡아빠지고 비효과적인 정신적 모형(mental model)─로부터 빠져나올 수 있도록 하기 위함이다. 기존의 준거틀로부터 빠져나오도록 하는 작업은 내담자들로 하여금 혼란스러운 정보를 자신이 가지고 있었던 준거틀로 통합하려는 시도를 하는 정신적 수행(mental operation)을 착수하게 한다. 하지만 이것은 불가능한 시도이기 때문에 그들은 불일치하거나 혼란스러운 정보를 포함시키기 위해 결국 자신이 가지고 있던 기존의 준거틀을 확장할 수밖에 없게 된다.

에릭슨의 임상 접근의 결정적인 특징은 간접 암시였다. 간접 암시는 대화 도중 비특이적(nonspecific)이면서 긍정적인 암시(예 : "당신이 이런 상황에 다시 처하게 되었을 때에는 다른 방식으로 반응하는 경험을 했으면 좋겠네요.")를 하는 방법이 있을 수 있다. 실제로 임상 최면은 내담자의 차후 행동들에 미묘하게 영향을 주는 간접 암시술(art of making indirect suggestions)이라고도 감히 말할 수 있을 것이다. 에릭슨은 내담자들을 암시에 더욱 영향 받기 쉬운 상태에 도달할 수 있도록 만드는 비언어적인 전략들 또한 개발하였다. 그중 잘 알려진 전략으로 속도 유지하기(pacing)라는 것이 있다. 속도 유지하기 전략에서는 상담자가 내담자의 언어적 혹은 비언어적 행동 중 어떤 특징(예 : 고개 끄덕이기, 발 구르기, 혹은 "아시잖아요"와 같은 자주 쓰는 표현 사용하기)을 흉내 낸다. 그것이 언어적이든 비언어적이든, 간접 암시 전략들은 언어의 직접적인 통제를 받지 않고 있는 정신적 과정(mental processes)에 접근하여 내담자의 변화에 대한 수용성을 증진하는 것으로 추정된다.

또한 에릭슨은 저항 독려라는 개념을 처음으로 탐색한 사람이다. 내담자는 자연스럽게 상담자와 줄다리기 관계(push-pull relationship)로 빠지려는 경향을 보이는데, 저항 독려는 이러한 경향을 상쇄하고자 고안된 기법이다. 에릭슨의 접근은 저항의 흐름 타기(riding with resistance)를 포함하는데, 이것은 내담자들이 무관하거나 정서적으로 너무 위협적이라고 생각되는 자신의 정보들은 공개하지 않는 것을 허용하는 전략이다. 이 전략은 사실 역설적 개입의 정반대로도 볼 수 있다. 즉 내담자가 어떤 고통스러운 주제에 대해 당연히 논의하지 않고 싶어 할 것임을 암시할수록 내담자는 그 주제를 상담에서의 대화에 꺼내 놓고 싶어질 수 있다.

에릭슨의 업적은 제이 헤일리(Jay Haley, 1993)의 비범한 치료(*Uncommon Therapy*)가 출판되기 전까지는 임상 최면 커뮤니티 밖에서 거의 알려져 있지 않았다. 헤일리의 책은 에릭슨의 독특한 관점과 임상 방법을 단기치료 커뮤니티의 주류로 들여놓았다. 오늘날에도 그의 접근 방식을 지지하는 사람들은 계속해서 단기치료의 이론과 실천에 상당한 영향력을 행사하고 있다(O'Hanlon, 2009 참조). 또한 밀턴 에릭슨 재단(Milton Erickson Foundation, erickson-foundation.org)은 새로운 전략적 치료 접근의 개발에 선도적인 역할을 하고 있으며, 단기상담과 최면 요법의 발전에 기여하는 연례 회의를 후원하고 있다.

문제중심 단기상담

단기상담의 발전에 있어 두 번째로 가장 크게 영향을 준 것은 미국 캘리포니아 주 팔로 알토에 있는 MRI(Mental Research Institute)에서 새로운 단기상담 모형이 개발된 사건이었다. 1958년, 인류학자 그레고리 베이트슨(Gregory Bateson)과 도널드 잭슨(Donald Jackson)에 의해 설립된 MRI는 인공두뇌학(cybernetics) 이론을 사용하여 서로 다른 문화 간 의사소통 방식에 대한 장기연구를 시작하였다. 이 프로젝트에서 도출된 가장 유명한 결과는 조현병(schizophrenia)의 이중 구속(double bind) 이론인데(Bateson, Jackson, Haley, & Weakland, 1956), 이것은 (오늘날까지 계속되고 있는) 조현병 환자들의 가족 내 의사소통 방식에 대한 연구가 활발하게 진행될 수 있도록 하였다. 가족 내에서의 의사소통 방법이 조현병의 발병을 촉진할 수 있다는 개념은 가족 체계에 대한 개입에 관한 임상 및 연구 관심을 다시 촉발시켰다. 분명 MRI는 미국에서 일어난 가족치료 운동을 선동하였으며, 실제로 그 연구소에서 세계 최초의 공식적인 가족치료 교육 프로그램을 제공하였다. 존 위크랜드(Weakland & Ray, 1995)와 폴 바츨라빅(Watzlawick, Weakland, & Fisch, 1974)의 자료에 따르면, MRI의 단기치료센터는 1966년에 설립되었으며, 문제중심 단기상담이라는 독특한 단기치료를 개발하였다.

이 접근의 중대한 개념 중 하나는 '문제'가 문제되는 것이 아니라 '해결책'이 문제가 된다는 것이다(Watzlawick et al., 1974). 이 단순하지만 반직관적인 아이디어는 거의 모든 단기상담의 초석이 되었다. 즉 내담자에게 '문제'라고 인식된 어떤 것을 해결하기 위해 사용되는 내담자의 전략이, 사실상 문제를 만들어내거나 확대한다는 것을 시사한다. 바츨라빅의 또 다른 중대한 공로는 유형 1 대 유형 2 변화에 대한 개념이다. 유형 1 변화에서는 관점에 있어 조그마한 변화가 있을지 모르지만 크게 보았을 때 내담자는 여전히 역기능적인 시스템에 갇혀 있다. 유형 2 변화에서는 내담자의 지각이 갑작스럽게 변경되어 기존에 있었던 세계관이 완전히 새로운 관점으로 대체되는 식이다. FACT는 내담자가 자신의 고통스러운 정서나 생각, 혹은 기억과 맺고 있는 관계를 변화시켜 유형 2 변화를 촉진하고자 한다.

단기치료의 현대적인 접근

최근 수십 년간, 단기치료의 두 가지 중요한 학파 — 해결중심단기상담 [solution-focused brief therapy(SFBT); de Shazer, 1985, 1988, 1991]과 이야 기치료(narrative therapy; White, 2007; White & Epston, 1990) — 는 보다 간략하고 비용이 저렴한 치료를 제공하는 것에 초점을 둔 의료(health care) 철학의 힘을 입어 활성화되고 있다.

해결중심단기상담

스티브 드 세이저(Steve de Shazer)는 MRI 단기치료팀의 일원으로서 상담 자 경력을 시작하였다. 그는 내담자들이 상담에 와서 자신의 '문제'에 대해 이야기할수록 더욱 자기비하적이고 융통성 없는 모습이 되어 가는 것을 발 견하였다. 그는 상담자가 치료적 대화의 초점을 내담자의 강점과 해결에 둘 수 있도록 체계적으로 주도할 때 내담자의 변화를 더욱 신속하게 끌어 낼 수 있다는 이론을 세웠다. 현재 널리 쓰이고 있는 세이저의 접근 방법은 이러한 이론에서 출발하였다.

'문제에 대한 이야기'를 하는 것은 결국 '내담자는 곤경에 빠져 있고 아 무것도 바뀔 수 없다'라는 가정을 상담자와 내담자 사이에 공유하게 만드 는 일이라는 것이 SFBT의 핵심 원리이다. 내담자는 '문제'에 대해 이야기 하는 것이 그것을 해결하는 방법을 발견하는 데 도움이 된다는 믿음으로 치료를 받기 시작한다. SFBT의 관점에서는, 내담자가 상담자와 그런 종류 의 이야기를 많이 할수록 '문제'가 더욱 확대된다. 따라서 SFBT의 목표는 치료적 대화를 '해결에 대한 이야기'로 옮겨 가는 것이다. 이것은 내담자의 결함이 아니라 그의 강점과 성공경험에 초점을 맞춤으로써 달성된다. 상당 수의 SFBT 개입 전략들은 내담자가 현재 무엇을 제대로 하고 있는지에 초 점을 두도록 설계되어 있다. 이런 방향으로 나아갈 때 내담자들은 더 나은 삶의 모습이 어떠할지, 또 그 방향으로 나아가려면 어떤 행동을 취할 수 있을지에 대해 상상해볼 수 있게 된다. 즉 SFBT는 작은 긍정적인 변화들의 영향에 초점을 맞춘 접근 방식으로 이해될 수 있다. SFBT의 차세대 옹호자들은 빠르고 긍정적인 변화를 유도하는 내담자중심의 새로운 방법들을 지속적으로 개발하고 있다(Miller, Hubble, & Duncan, 1996 참조).

이야기치료

이야기치료는 호주 애들레이드에서 마이클 화이트(Michael White)에 의해 개발되었다(White, 2007; White & Epston, 1990). 우리는 이 접근을 단기상담의 한 유형으로 소개하면서 약간 걱정스러운 마음이 드는데, 그 이유는 우울한 내담자들을 치료하기 위해 8회기 프로토콜을 사용한 연구가 이 접근에 대한 유일한 기존 임상연구이기 때문이다(Vromans & Schweitzer, 2010). 우리가 앞서 설명한 정의에 따르면, 이 접근은 시간제한적 혹은 시간 효과적 치료로 간주될 수 있지만 단기치료의 정의에는 맞지 않는다. 하지만 단기상담을 활용하는 많은 상담자들은 그들의 상담실제에 이야기치료의 개념과 전략들을 통합한다고 말한다. 따라서 우리는 신중을 기하기 위해 이 접근에 대해 간략하게나마 소개하고 넘어가기로 한다.

화이트는 포스트모더니즘 철학으로부터 큰 영향을 받았다. 이 철학적 관점에 대해 매우 단순하게 설명하자면 인간은 자신의 정신 구조를 통해 현실을 만들어 나가며, 따라서 객관적인 현실은 없다. 따라서 동일한 상황, 사건 및 상호작용은 무한하게 여러 방식으로 해석될 수 있다. 인간의 이야기는 시간이 지남에 따라 하나의 주제로 연결되는 사건들로 구성되며, 하나의 줄거리로 체계화된다. 다른 사건들보다 더 중요하거나 더욱 사실에 가깝다고 간주되는 특정 사건들이 선택되면서 하나의 이야기가 드러난다. 이야기가 점점 형태를 갖추게 되면, 당사자는 그 이야기의 줄거리에 맞지 않는 사건들은 무시하고 특정 정보만을 선택하게 된다.

내담자들은 주로 문제로 가득 차 있는 이야기들에 압도되어 있는 상태로 상담실을 찾는다. 이러한 이야기들은 내담자들의 자기개념에 강력한 영향을 주기도 한다(예 : 나는 항상 사회적 부적응자였다). 즉 내러티브는 사람들이 자신의 삶과 능력을 보는 방식을 형성할 수 있다. 이야기치료는 내담자가 현실로 간주하고 있는 개인적 내러티브를 불안정하게 만드는 데 초점을 맞춘다. 고전적인 이야기 개입은 내담자의 이야기를 글로 작성하거나, 내담자의 이야기를 들을 수 있는 외부 증인(내담자의 친구나 지인)을 데려오거나, 내담자의 목표나 욕구와 상충하는 이야기의 속성 혹은 동기를 부여함으로써 내담자의 내러티브를 표면화한다. 여기에서의 목표는 보다 자비로운 이야기들이 가혹하고 비난적이고 자기거부적인 이야기들과 겨룰 수 있도록 하는 것이다.

단기상담 : 지원(buy in)을 방해하는 장애물

정신건강 및 의료사회 전반에서 단기상담의 대중성은 수년간 증감을 반복해 왔다. 대부분의 현직 상담자들 사이에서는 하나 이상의 단기상담 접근에 대한 노출이 적어도 조금씩은 있었다고 말할 수 있을 것이다. 그러나 단기상담을 바람직한 정신건강 치료 접근으로 광범위하게 채택하는 것은 여러 상담실제적 · 이론적 · 경험적 비판을 받아 왔다.

관리의료의 음모?

관리의료(managed care)의 상승이 단기심리치료 분야에 있어서 매우 큰 보탬이 되었다는 점은 의심할 여지가 거의 없다. 덕분에 일부 실무자들은 단기상담을 관리의료의 착취적인 목표와 잘못 동일시하기도 한다. 그러나 위에 설명된 역사를 보아도 단기상담은 관리의료의 시대 이전에도 수십 년동안 존재해 온 것을 알 수 있다. 그럼에도 불구하고, 비평가들은 관리의료 네트워크들이 단기상담을 바람직한 상담 모형으로 발 빠르게 채택한 이유가 내담자들로 하여금 장기치료 서비스를 받지 못하도록 하고, 그렇게 함으로써 보험회사들이 돈을 벌 수 있도록 하기 위함이라고 주장한다. 이렇게 관리의료와 단기치료를 연관짓는 관점은 1차 진료실, 응급실, 위기 프로그램, 학교 기반 프로그램 등 단기상담만이 유일하게 실행가능한 치료인 환경에서조차 단기개입과 치료가 확대되는 것에 대한 불필요한 저항을 불러일으켰다.

임상 변화에 대한 모호한 이론들

MRI와 SFBT 모형과 같은 단기상담 접근들은 처음부터 흥미를 끄는 말과 기술로 유명했으며, 전통적인 치료 방법의 성스러운 가정(assumption)에 대하여 우상 파괴적인(iconoclastic) 자세를 취하였다. 이러한 방식이 주는 비전통적인 느낌은 내담자들을 도울 수 있는 새로운 방법을 모색하고 있는 많은 상담자들에게 매력적으로 다가온다. 단기상담의 상대적인 단순함이 보급을 촉진하였다. 반면 단기상담의 단점은 이것이 종종 개입과 변화에 대한 모호하거나 잘못 설명된 모델을 기반으로 하는 것이다. 그 결과, 단기상담 요소들 중 치료의 유효 성분을 분리해내는 연구를 수행하는 것이 어렵다. 예를 들어 우리는 어떠한 해결중심 기술들이 변화를 만들어내는 핵심 요소들인지를 확인하는 데 어려움을 경험할 것이다. 왜냐하면 설명된 것들은 변화 과정 그 자체가 아니라 변화를 유도하는 데 사용되는 기술이기 때문이다. 단순히 특정 치료의 개입 방법을 설명하는 것은 그 방법이 어떻게 변화를 만들어내는지에 대해 설명하는 것과 큰 차이가 있다.

증거의 부족

단기치료 접근의 임상 효과에 대한 과학적 근거가 부족하다는 것은 수십 년 동안 존재해 온 일반적인 비판이다(Jacobson, 1985). 정신건강 분야는 변화하고 있으며, 약 10년 전에는 증거기반치료가 정신건강 분야에서는 실현 불가능한 것으로 간주되었지만, 이제는 증거기반치료가 황금 표준이 되었다. 이제 정신보건센터와 그곳에서 일하는 상담자들은 어느 정도 과학적인 증거를 가지고 있는 치료법을 사용해야 한다. 정신건강 성과는 수량화되고 측정될 수 없고, 그렇기 때문에 그것이 내담자들에게 제공되는 치료의 질을 개선하는 데 사용되는 것이 불가능하다는 것은 시대에 뒤떨어지는 주장이다.

한쪽에서는 상담에서 근본적인 변화가 가능하다는 풍부한 증거들을 보여주면서, 다른 한쪽에서는 이 장에서 앞서 논의된 기존의 단기상담 접근들 중 어느 것도 증거기반치료로 인정받을 수 없다고 지적하는 것은 상당히 아이러니한 일이다. SFBT는 그중 가장 많이 연구되었지만, 그 수는 여전히 제한적이고 사후연구가 주를 이루고 있으며, 중요한 방법론적 통제(통제집단 임의 배정 혹은 대기명단 통제 혹은 비교치료법 사용)가 결여되어 있다. 미국에서는 SFBT에 대한 메타분석 연구가 2편이 있었는데(Gingerich & Eisengardt, 2000; Kim, 2008), 두 연구 모두 현 시점에서는 SFBT를 증거기반치료라고 볼 수 없다는 결론을 내렸다. 가장 최근 메타분석에서 계산한 SFBT의 효과크기는 0.11~0.23 범위에 있었으며, 이것은 작은 치료 효과를 나타낸다. 반면, 매우 다양한 임상 호소 문제에 대한 수용전념치료 효과를 메타분석한 결과, 평균 0.62의 효과크기가 보고되었으며, 어떤 연구들은 1.2 이상의 효과크기를 나타냈다.

이야기치료에 대한 성과 연구는 우울한 성인을 대상으로 한 단 하나의 연구가 전부였다(Vromans & Schweitzer, 2010). 그 연구에서는 통제집단이나 비교 치료집단을 설정하지 않았으므로 연구 결과에 대한 해석은 조심스럽게 이루어져야 함을 알 수 있다. 그러나 이야기치료는 어찌되었든 끝까지 치료를 받은 내담자들 사이에서 매우 인상적인 우울 감소를 가져왔다. 계산된 효과크기는 약 1.26으로 이는 우울에 대한 대부분의 증거기반치료들과 비슷한 결과이다. 불행하게도 이 연구는 이야기치료가 도입된 지 거의 20년이 지난 지금까지 이야기치료에 대한 유일한 과학적 연구이다.

요약 : 어쩌면 단기개입이 최고의 개입일 수도 있다

우리는 대부분의 사람들이 자신의 고통을 뛰어넘을 수 있는 심리적 도구를 갖고 있으며 적절한 환경에서는 근본적인 변화를 이루어낼 수 있다고 생각한다. 기존 문헌을 고찰해본 결과, 우리는 상담에 있어서는 더 많은 것이 꼭 더 좋은 것은 아닐 수 있다는 것을 발견하였다. 내담자가 장기치료에서 얻는 '통찰' 혹은 '이해'는 사실 양날의 검일 수도 있다. 내담자들이 자신이 어떻게 이 문제투성이인 현재 상황에 처하게 되었는지 이해하게 되는 것은, 그곳으로부터 빠져나갈 수 있는 방법을 아는 것과 무관한 일이다. 통찰 및 이해와 더불어 현실에서의 의미 있는 행동 변화가 함께 이루어지지 않는다면 실제적인 이득은 매우 적다.

사실상 사람들이 왜, 어떻게 변화하는지에 대한 과학적 이해가 너무 제한적이기 때문에 우리가 아직까지 모르고 있는 것을 알아낼 수만 있다면 지금까지 알아낸 것을 기꺼이 내어놓을 수 있을 것이다. 이런 상황은 60년 이상 존재하고 있으면서 수천 개의 치료 효과 연구물을 쏟아낸 분야에게는 흥미로운 역설이다. 제2장에서 보게 되겠지만, FACT는 인간의 괴로움과 활기 모두 동일하게 적은 수의 핵심 정신 과정들과 연관되어 있는 통합적인 초진단적(transdiagnostic) 접근을 제안함으로써 이 해결되지 않은 미스터리를 부분적으로라도 풀어내는 것을 시도하였다.

제2장

사람들이 곤경에 처하게 되는 이유

현실은 비록 지속적이긴 하지만 환상이다.
저자 미상

이 장에서는 모든 유형의 상담자들이 주기적으로 묻는 질문에 대해 답하려 한다 — 어떻게 해서 똑똑하고, 배려 있고, 민감한 사람들이 삶의 중요한 상황에서 지속적인 부정적 결과에도 불구하고 매번 똑같은 비효과적인 반응들을 되풀이하게 되는가? 사람들은 왜 유연성이 요구되는 상황에서 그렇게도 경직되는가? 이 장에서, 그리고 이 책의 나머지 부분에서는 이러한 인간의 혼란스럽고 짜증스러운 특성을 다루고, 당신이 상담자로서 사람들이 삶의 어려움에 대처할 수 있는 유연성을 가질 수 있도록 도울 수 있는 방법에 대해 논의하고자 한다.

삶은 소중하지만, 쉽지 않다. 이 땅에 태어나 죽음까지의 여정은 예상될 때도 있고 예상치 못할 때도 있는 여러 어려움과 변화로 가득 차 있다. 이 끊임없는 변화의 폭포 속에서 인간의 '임무'는 자신의 개인적인 가치들과 연결되어 있으면서 그 가치들을 나타내는 지속적인 행동 패턴을 보이는 것이다. 생생한 삶을 살기 위해 직면하는 어려움들은 인류를 정의하는 삶의 상황들처럼 무한하다. 따라서 스스로 선택한 삶을 사는 것은 자연적 생득권(birthright)이 아니다. 그것은 대부분의 경우 고통을 대가로 얻는 것이다. 어쩌면 인간으로 존재하는 데 있어 가장 독특한 특징 중 하나는 '행복하기가 얼마나 어려운 일인가'이다. 우리를 특별하게 만드는 특징들(예 : 미래를 상상할 수 있는 능력으로 문제를 해결할 수 있는 점, 원하는 결과를 얻기 위해 행동을 조직화하는 점 등)은 괴로움을 초래하기도 한다(예 : 더 나은 삶을 상상한 후 그것을 얻을 수 없다는 결론을 짓고 스스로 목숨을 끊을 수 있다). 엄청난 역경이 찾아왔을 때 우리를 매우 적응적이게 만들 수 있는 일련의 과정들은, 때때로 매우 사소한 문제가 닥쳤을 때 경직되고 유연하지 못한 반응들을 만들어낼 수도 있다.

기본적인 문제 : 인간의 괴로움은 언어에 의해 시작된다

이 장의 나머지 부분을 이 문제가 되는 인간의 행동을 분석하는 데 사용할 것이지만, FACT 접근의 간략한 버전은 다음과 같다. 인간의 괴로움은 비정상적인 것이 아니며 사실 아주 흔하다. 그것은 인간의 언어와 사고의 의도치 않은 결과물이다. 인간은 언어와 사고력을 사용하여 행동을 조직화하고 통제하지만, 항상 존재하는 언어의 특성은 이런 자발적 관계를 비자발적으로 만든다. 우리는 성숙해질수록 이러한 규제 기능(regulatory function)이 있다는 사실조차 망각하게 되고, 그것은 일상의 현실에서 그 존재가 희미해진다. 언어의 규제 기능이 인간으로 하여금 자신의 행동에 대한 직접적인 결과에 대해 무반응 상태로 만들 수 있다는 점은 문제가 된다. 그리고 특히 이런 기능이 활성화되어서는 안 되는 삶의 영역까지 확장되는 경우 위험할 수 있다. 언어 때문에 사람들은 현실 세계와 접촉하지 않은 채 말 그대로 그들의 머릿속에서 살게 될 수 있다.

인간의 언어에는 사회적으로 부과된 원칙들이 깊이 박혀 있다. 그중에는 '건강한 상태는 불쾌하고 원치 않는 내적 경험(부정적인 감정, 괴로운 생각, 고통스러운 기억, 불쾌한 신체적 증상 등을 포함)이 없는 상태를 의미한다'는 원칙이 포함되어 있다. 즉 건강해지려면 이런 '나쁜' 것들을 통제하거나 제거할 수 있어야 한다는 뜻이다. 하지만 역설적이게도 원치 않는 내적 경험들을 통제하거나 제거하려는 시도들이 그것들을 더욱 압도적이고 침입적이며 통제 불가능하게 만든다. 그럼에도 인간들은 전략을 바꾸기보다는 정서적 통제를 얻기 위해 더욱 노력한다. 예를 들어 괴롭고 원치 않는 경험들을 촉발할 수 있는 사건, 상황, 혹은 상호작용을 회피한다. 또한 알코올/마약 남용하기, 과식하기, 폭식하기, 자해하기, 반추하기, 걱정하기, 혹은 향정신성 약물 복용하기 등의 감정을 마비시키는 행동(emotion-numbing behaviors)들을 통제 전략으로 사용하기도 한다.

정서적·상황적 회피 패턴이 점점 확장되면 사람들은 삶의 의미를 잃고서 긍정적이고 활기찬 행동과는 거리가 점점 멀어진다. 감정 통제라는 목표가 더욱 중요해지면서 그들의 생활공간(life space) 또한 좁아진다. 위축된 삶에서는 불행한 결혼생활, 학대관계, 사회적 유대감의 결여 등이 다루어지지 않은 채 악화되기 때문에, 결국 2차적 고통들을 생성해내기 시작한다.

힘들고 원치 않는 내적 경험 그 자체가 아니라, 그 경험을 회피하려는 시도가 위험한 것이다. 이 주장은 단기상담의 오래된 원칙—'문제'가 문제되는 것이 아니라 '해결'이 문제된다—과 매우 유사한 것을 알 수 있다. FACT에서는 정서 통제가 해결책이 아니라 문제라고 본다. 고통스러운 경험을 통제할 수 있다는 환상을 얻기 위해 내담자는 활기찬 생활을 희생해야 한다. 아이러니하게도 고통스러운 경험들은 사실 통제되거나 제거될 수 없으며, 통제하려고 하는 노력이 고통스러운 경험을 실제로 더욱 고통스럽게 만든다. FACT에서는 내담자가 괴로운 내적 경험들을 위한 공간을 만들고, 사회가 부여하는 원칙들과 스스로 만들어낸 내러티브에 압도되지 않은 채로 있을 수 있으며, 삶의 활력, 목적, 의미 등을 만들어내는 가치에 기반한 행동에 전념할 수 있도록 가르친다.

이 장의 나머지 부분에서는 FACT 모형을 찬찬히 소개할 것이다. 먼저 기본적인 가정들을 소개하고, 인간 행동을 통제하는 시스템으로서 작용하는 인간의 언어와 생각에 대한 연구들을 살펴본 후, 핵심 정신 과정들이 고통스러운 삶의 경험들과 관련된 괴로움을 확대시키거나 감소시키는 데 어떤 역할을 하고 있는지를 살펴보면서 끝을 맺는다.

FACT의 핵심 가정

FACT 모형의 핵심 가정들은 임상 평가 목표의 근원이 되며, 개입 목표의 중요한 세부내용과 직접적인 관련이 있다. 이 내용은 다양하고 흥미로운 임상적 시사점을 갖고 있으며, 그중 많은 부분이 이미 임상 연구를 통해 검증되어 지지를 받고 있다.

인간 행동은 맥락에 의해 결정된다

행동은 그 맥락으로부터 분리되어 이해될 수 없다. FACT에서는 세 가지의 주된 맥락을 다루는데, 이는 사회문화적 맥락, 마음의 지속적인 과정, 그리고 관찰하는 자기(observing self)를 포함한다.

사회문화적 맥락 사회문화적 맥락은 한 개인의 몸 밖에 있는 외부 세계를 말한다. 이것은 긍정적, 부정적인 영향을 모두 포함한다. 예를 들어 우울한 내담자의 현실을 이해하려면 내담자의 우울행동들이 다른 사람에게 미치는 영향을 이해해야 하고, 다른 사람들의 행동이 내담자에게 미치는 영향 또한 이해해야 한다. 문화적 관습 또한 사회문화적 맥락에서 매우 중요한 요소이다. 특정 우울행동들은 어떤 문화적 분위기에서는 용인될 수 있지만, 다른 문화 환경에서는 적극적으로 지지와 강화를 받을 수도 있다. 만약 당신이 가족체계 이론을 좋아한다면, 가족체계 또한 내담자가 영향을 주고 받는 하나의 맥락 유형이라고 볼 수 있다.

마음의 지속적인 과정 조금 더 정확하게 말하자면, 우리는 마음의 지속적인 과정보다는 '마음작용(minding)'이라는 용어를 써야 할 것이다. 마음은 사물이 아니기 때문이다. 인간의 뇌는 특정한 세포 물질로 만들어진, 알려진 구조를 가지고 있는 어떤 사물이다. 반면, 마음작용의 과정은 역동적이고 지속적이다. 마음은 매주 7일 내내 하루 24시간 돌아간다. 밤잠을 푹 자고 일어나면 시작되어 있고, 잠이 들면 그것은 다른 형태로 존재한다. 한 내담자가 비유로 표현한 것이 딱 적합한 것 같다—"제 마음은 컴퓨터의 운영체제 같아요. 어떤 처리 과정이 항상 돌아가고 있고, 제가 볼 때마다 모니터에는 어떤 메시지가 있어요."

관찰하는 자기 만약 마음이 계속해서 정보를 처리하고 화면에 결과물을 보여주는 운영체제라면, 그 화면을 보는 그 사람 혹은 그 무엇은 무엇인가? FACT에서는 그것을 관찰하는 자기라고 부른다. 그것은 의식의 근원이다. '마음'과 비슷하게 의식은 사물이 아니다. 그것은 경계도 없고 가장자리도 없다. 우리가 의식을 질적으로 다른 방식(예 : 자는 상태, 취한 상태, 명상하는 상태)으로 경험하더라도 의식의 속성은 연속적이다. 궁극적으로 우리는 의식에서 살고 있으며, 그 의식의 관점에서 우리는 마음의 결과물들을 마치 컴퓨터 화면에서 보듯 보는 것이다. 이 관점에서 우리는 생각을 그저 생각으로, 느낌을 느낌으로, 기억을 기억으로 볼 수 있다.

  FACT의 핵심 원리에는 인간이 위에서 언급한 세 가지 맥락과 거의 동시에 활발한 관계를 맺고 상호작용한다는 점이 포함된다. 우리는 외부세계와 조화를 이루고, 마음의 결과물을 읽고, 기본적인 자기인식의 눈을 통해 본다. 이 세 가지 맥락이 평화롭게 관계를 맺을 때 인간의 행동은 매우 유연하다. 하지만 만약 그들의 관계가 왜곡되었거나 심한 불균형을 나타낸다면 유연성 없고 비효과적인 행동이 나타난다. 이 원리의 중요한 임상적 시사점은 상담자와 내담자 각각이 갖고 있는 그 세 가지 맥락 간의 상호작용이 사실 치료 그 자체라는 것이다. 예를 들어 FACT 상담자는 다음과 같이 말할 수 있다—"사실 지금 이 방에는 당신과 나, 그리고 당신의 마음과 나의 마음, 이렇게 네 가지가 존재하고 있어요."

인간의 모든 행동은 조직과 목적이 있다

인간의 모든 행동은 조직과 목적이 있다. 목표가 없는 행동라는 것은 존재하지 않는다. 이는 인간 행동은 물려받았거나 배운 것이기 때문에 그렇다. 즉 행동은 우리의 유전자 혹은 학습 역사로부터 기인한다. 만약 당신이 이 가정을 '깊이가 없는 심오함'이라고 치부한다면, 이 가정의 중요성을 깨닫지 못할 것이다. 하지만 다음 문장을 한번 되새겨보길 바란다 — 내담자가 자신의 삶이 어디로 가고 있는지 모른다고 말할지라도 그는 어디론가 가고 있다. 그들이 생각해봐야 할 질문은 "나는 어디로 가고 있는가? 그곳은 내가 가길 원하는 곳인가?"이다. 비록 내담자가 다른 사람들과의 관계로부터 철회하고 삶에 적극적으로 참여하지 않으려 한다고 해도, 그런 행동 또한 사실 매우 조직화되고 목적이 있는 참여 방식이다. 이 원리가 상담자에게 주는 이점(benefit)은 내담자가 하는 모든 것은 목적이 있다는 사실을 알고 있는 것이다. 만약 당신이 내담자가 그 목적을 발견할 수 있도록 한다면, 당신은 근본적인 변화를 촉진할 수 있는 이상적인 위치에 있게 된다.

무엇이 내담자에게 효과가 있을지는 실용성 여부에 달려있다

FACT에서는 인생을 올바로 사는 한 가지 방법이 있다고 가정하지 않는다. 유일한 진리라는 것은 없다는 이야기다. 대신 내담자의 활기, 목적의식, 삶의 의미를 촉진할 수 있는 모든 것이 기능적인 측면에서 볼 때 진리이다. 한 사람이 어떻게 활력을 얻는지는 중요하지 않다. 중요한 것은 그 지점에 도달하는 것이다. 만약 충격적인 어린 시절의 기억들을 모두 억압하는 것이 내담자가 삶에서 중요한 성과들을 이루고 활기를 찾는 데 도움이 된다면, 억압 또한 그 내담자에게 기능적으로 효용성 있는 전략이다. 이러한 가정은 FACT 상담자의 임무를 직접적으로 정의해준다. 본질적으로는 우리는 내담자가 삶에서 어떤 방향으로 가고자 하는지 알아보아야 하고, 그 후 내담자가 그 방향으로 나아갈 수 있도록 하는 전략들을 개발할 수 있게 함

께 노력해야 한다. 모든 내담자들은, 그들이 얼마나 만성적으로 역기능적
인지와 상관없이 두 가지 핵심 이슈에 직면하고 있다. 하나는 '나는 삶에서
어느 방향으로 가고 싶어 하는가?'이고, 또 하나는 '그곳으로 어떻게 갈 수
있을 것인가?'에 대한 것이다.

단어 기계 들여다보기

FACT의 중심 원리에 의하면 인간이 경험하는 모든 형태의 괴로움과 행
동의 경직성은 인간의 언어와 사고의 결과물이다. 이 절의 목표는 인간
의 마음이 어떻게 괴로움과 행동의 경직성을 만들어내는지를 보여주는 것
이다. 수용전념치료의 창시자 중 한 명인 켈리 윌슨(Kelly Wilson)은 자살
로 세상을 떠난 동생을 기리는 헌정사에서 인간의 마음을 '단어 기계(word
machine)'라고 표현하였다(Hayes et al., 1999). 이 적절한 비유는 기계적이
고 인과적인 연속 사건들에게 지배받는, 비인간적인 동기에 의한 어떤 과
정(process)을 가리키고 있다. 인간의 마음을 이런 식으로 생각하는 것은 과
도하게 암울하다고 생각될 수 있지만, 인간은 스스로 목숨을 끊는 유일한
종족이라는 것을 기억해보라. 우리는 수치심을 느끼고, 편견을 경험하고,
피부색의 차이로 인해 다른 이들을 증오하는 유일한 종족이다. 인간은 다
른 종교적 신념을 가지고 있는 다른 인간들을 의도적으로 죽인다. 더 작은
규모로는, 세상의 가장 무시무시한 잔학 행위를 낳은 기본적인 언어의 속
임수로 인해 우리의 내담자들이 계속해서 갈아 부수어지고(grind up) 있다.

관계 틀 : 언어와 생각의 기초

FACT의 근거가 되는 많은 임상적 개념은 관계 틀 이론[relational frame
theory(RFT); Hayes, Barnes-Holmes, & Roche, 2001]이라는 인간의 언어
와 생각에 대한 과학적 모형에 기반하고 있다. 이 책에서 우리가 '언어'라

는 용어를 사용할 때, 우리는 단순히 언어적 행동(예 : 이야기하기)에 대해서만 이야기하는 것이 아니라 언어와 생각(언어의 내면화된 형태) 모두를 만들어내는 상징체계 전부를 뜻한다. RFT는 인간은 태어날 때부터 순차적으로 상징적 능력을 습득하며, 시간의 흐름에 따라 한 개인의 언어체계가 변화되면서 그것이 계속 확대되는 개인의 행동 패턴을 직접적으로 규제한다고 본다. 매우 어린 아이들은 외부적인 방법을 통해 행동을 단속받아야하지만, 유년기의 중간 지점부터는 사회적 규율들을 습득하여 자신의 행동을 스스로 통제할 수 있게 된다.

RFT에서는 관계 틀을 인간의 상징적 능력의 초석으로 본다. 관계 틀의 예로 '나-너'가 있다. 매우 어린 유아들은 이 상징적 틀을 습득하지 못했기 때문에 부모가 우는 것을 보면 그들 또한 울기 시작한다. 그 외에도 관계를 정의하는 다른 기본적인 틀들도 있다. 예컨대 '만약-그러면(if-then)' 관계 틀은 조건적인 사건에 기반하여 미래를 예측할 수 있도록 한다. 또한 '예전-지금(then-now)' 관계 틀은 우리가 시간을 이해할 수 있도록 돕는다. 그렇게 많지도 않은 수의 기초 관계 틀이 모여 인간의 언어와 같은 엄청나게 복잡한 상징체계를 만들어내는 것으로 보인다. 더 나아가, RFT 모형은 인간의 언어가 사물이 아니라 생식력 있고 역동적이며 지속적인 과정이라고 주장한다. 우리가 생각할 때는 구조화(framing)를 하고 있는 것이다. 이런 과정은 우리가 즉각적으로 경험하는 것들을 통합하고 과거경험과 연결해 미래의 경험을 예측하는 데 사용할 수 있도록 한다.

마음은 행동을 어떻게 규제하는가

RFT는 언어로부터 파생된 행동을 규제하는 규칙들이 언어체계의 주요 결과물이라고 주장한다. 이런 규칙들은 집합적으로 대부분의 (아마도 모든) 인간의 행동을 조직화하고 규제한다. 언어는 두 가지의 주된 경로—유관성에 의한 학습(contingency-shaped learning)과 규칙지배(rule-governance)

―로 행동을 규제한다.

유관성에 의한 행동

직접적인 결과에 의해 형성되는 행동은 유관성에 의한 행동이라고 알려져 있다. 일반적으로 인간의 행동은 직접적인 결과에 의해 형성될 때 더욱 유연성 있고 적응적이다. 예를 들어 당신이 매우 추운 날씨에 코트나 장갑 없이 밖으로 나갔다고 상상해보자. 당신은 순식간에 당신의 결정이 좋지 않았다는 것을 깨닫고 그 시점부터는 밖으로 나가기 전에는 바깥 온도를 미리 생각한 후 적절하게 옷을 갖추어 입고 나가는 것을 기억한다. 이것은 효과적인 유관성에 의한 행동의 예다. 유관성(contingency)은 종종 부적응적이지만 일시적으로 유용한 행동(예 : 출근시간 내에 회사에 도착하기 위해 과속하기)을 형성하지만, 비효과적인 행동들은 그에 대한 대가가 있어(예 : 5만 원짜리 과속벌금) 그것을 수정하여 조금 더 효용 있는 반응들을 사용하도록 한다. 우리의 사회적 세상은 이러한 유관성으로 가득 차 있다. 예를 들어 싸우고 싶지 않다면 지나가는 모르는 사람에게 욕설을 내뱉지 않는다. 옷을 입지 않은 채 출근한다면 당신은 곧 해고될 것이다. 이러한 목록은 계속해서 이어질 수 있으며, 아주 미묘한 사회적 유관성을 포함할 수 있다(예 : 다른 사람이 당신을 좋아하게 만드는 가장 좋은 방법은 웃음을 지어 보이고, 눈을 마주치고, 열린 질문을 하는 것이다.)

규직지배 행동

언어는 명상에 도움이 되거나 삶의 중요한 문제들을 접촉하는 데 도움이 되도록 고안된 것이 아니다. 언어는 생존을 보장하기 위한 체계로 발전해 왔다. 인간의 언어는 행동 조절 관습을 상징적으로 습득할 수 있도록 한다는 점이 두드러지는 특징이다. 즉 그 규칙이 가리키는 실제 상황과 접촉하지 않아도 된다. 이렇게 상징적으로 파생된 규칙에 근거하여 시작되고 조절되는 행동을 규칙지배 행동이라고 한다. 한 예로 아이들에게 흔히 하는

충고 중 '어른과 함께 있지 않을 때는 낯선 사람과 말하면 안 된다'를 살펴
보자. 이 규칙은 아이가 위험에 빠질 수 있는 조건들(예 : 낯선 사람과의 만
남, 혼자 있는 상황)과 조절되어야 하는 구체적인 행동(예 : 조용히 있기,
그 사람과 관여하지 않기)을 구체적으로 제시하고 있다. 이 규칙과 그것이
조절하는 행동은 아이가 마치 직접적인 경험을 통해 배운 것처럼 보이지만
사실은 상징적으로 습득된 것임을 기억하라. 만약에 아이가 정말 낯선 사
람을 만난다면, 이 규칙이 바로 시행될 것이며 그 아이는 자리를 떠날 것이
다. 따라서 낯선 사람은 본질적으로 위험하고 신뢰할 수 없다는 규칙은 한
번도 직접 실제 세계에서 검증되지 않을 수도 있다. 이것은 내담자들이 호
소하는 문제 유형과 직접적으로 관련이 있는 규칙지배 행동의 주요 특징이
다. 규칙은 행동을 조절하기도 하지만 부정적 정서상태('위험한' 낯선 사람
을 만나게 될 가능성으로 인해 생산되는 두려움)를 만들어내어 그런 정서상
태를 조절하기 위한 행동들(상황으로부터 도망가기)을 만들어내기도 한다.

규칙지배 행동은 그 자체로 나쁜 것은 아니다. 하지만 이 과정이 다른
영역으로 확장되어 규칙지배로 인해 사람들이 현실 세계에서의 결과들
과 접촉하지 못하게 되는 것은 해가 될 수 있다. 예를 들어 끊임없이 반추
(ruminate)하는 우울한 사람은 반추가 우울을 더 심하게 만든다는 사실과
접촉하지 않는다. 대신 규칙지배 관계(rule-governed relations)에 의해 다음
과 같은 '문제 해결' 행동이 촉진된다 — 당신을 우울하게 만드는 것이 무엇
인지 분석하고, 우울의 원인을 제거하면, 당신의 우울은 사라질 것이다. 어
떤 의미에서, FACT 개입들은 규칙지배에 의한 학습과 유관성에 의한 학습
간의 평화로운 균형을 다시 회복하기 위해 노력한다. 우리는 생존하기 위
해 규칙을 따라야 하지만 규칙에 의해 지배당할 필요는 없다.

언어의 헤게모니

인간의 존재는 어디에나 존재하는 마음으로 인해 작동되는 매우 상징적인

경험이다. 이미 언급하였듯이, 마음작용 과정은 관계들을 만들어내는 지속적이고 역동적인 과정이다. 거시적인 수준에서 볼 때, 인간의 언어는 몇몇 핵심 기능들을 통해 우리로 하여금 어떤 것들이 실존한다고 생각하게 만든다. 불행히도, 마음작용은 인간의 괴로움에 직접적인 기여를 하는 몇몇 의도치 않은 부산물을 생산하기도 한다. 다음으로 언어의 핵심 기능들을 각각의 긍정적인 면과 부정적인 면 위주로 간략하게 살펴보도록 하자.

■ **자기반영성**

- 조작적 정의 : 우리가 자각하고 있다는 것을 자각하는 능력
- 목적 : 의식적인 자기인식의 초석
- 긍정적인 면 : 내면을 들여다봄으로써 내적 사건들을 모니터링하고, 다른 사람들에게 자신의 상태를 보고할 수 있도록 함
- 부정적인 면 : 마음의 부정적인 상태를 증폭시킬 수 있고, 부정적인 내적 경험들에 집착하게 만들 수 있음

■ **비교와 범주화**

- 조작적 정의 : 여러 가지를 비교 대조할 수 있는 능력, 사물을 유사성과 차이점에 근거하여 범주화하고 평가하는 능력
- 목적 : 사물 간 식별을 할 수 있게 하고, 의미 있는 차이점을 감지할 수 있게 하며, 불일치에 기반한 문제 해결을 지지함
- 긍정적인 면 : 인간의 문제 해결 능력에 매우 중요함, 인간 연민의 기초
- 부정적인 면 : 편견, 선입견, 자기혐오의 기초

■ **의미 찾기**

- 조작적 정의 : 인과관계를 도출해내는 능력
- 목적 : 환원주의적인 추론(reductive reasoning)의 기초, 행동이 설명되고 정당화될 수 있도록 함

- 긍정적인 면 : 외부 세상의 그 어떤 문제도 인과관계로 이해할 수 있도록 함, 외부 세상에 대한 인간 지배의 기초
- 부정적인 면 : 실증적인 인과고리(causal chain)로 하나 이상의 생활 사건을 연결하는 데 적용될 수 있음, 부정적인 '원인'들은 더 나은 결과를 만들어내기 위해 직접적으로 조작되어야 할 것만 같은 인상을 줌

■ 자기서사

- 조작적 정의 : 추상적이고 대단히 중요한 주제들과 연결된 자신의 경험을 일관성 있게 보고하는 능력
- 목적 : 사람들 사이에서 세련된 사회적 행동을 가능하게 함, 집단에 속한 각 사람에게 사회적 통제의 한 형태로 기능함
- 긍정적인 면 : 사회적 관계 촉진, 공유된 목적 촉진, 서로를 알 수 있도록 함, 필요 상태에 대해 표현되고 해결될 수 있도록 함
- 부정적인 면 : 비효과적인 삶에 대한 정당화 및 핑계로 퇴화될 수 있음, 행동을 통제하고 자기패배적인 결과를 초래할 수 있음, 경직될 수 있으며 중요한 정보를 걸러낼 수 있음

■ 예상

- 조작적 정의 : 여러 원인 요소에 기반하여 미래의 사건에 대한 심상을 만들어낼 수 있는 능력
- 목적 : 미래의 사건에 대한 예측과 계획을 가능하게 함, 자신을 보호하는 능력의 기반이 됨
- 긍정적인 면 : 생존이나 개인적 편안함에 대한 위협을 방지하는 데 유용함, 문제 해결 행동을 계획하고 동기를 줌
- 부정적인 면 : 주관적 안녕감이나 중요한 삶의 결과(life outcomes)에 대한 예측을 가능하게 함, 부정적일 시 자살의 원인이 되기도 함, 예상된 내용에 따라 지나치게 영향을 받는 행동을 초래할 수 있음

■ **인지 - 정서적 각본들**

- **조작적 정의** : 사고를 활용하여 주된 정서와 관련된 행동 충동들을 발견하고 조절할 수 있는 능력
- **목적** : 정서의 인지적 조절의 기초, 사람들 사이에서 조직화된 사회적 행동을 가능하게 함, 도덕적 질서와 '경쟁보다는 협조'의 기초를 형성해줌
- **긍정적인 면** : 개인이나 집단에 피해를 주지 않는 선에서 정서가 경험되고, 보고되고, 공유될 수 있게 함
- **부정적인 면** : '사회적으로 부과된 정서는 위험하다', '좋고 나쁜' 감정들이 있다, 정서는 신뢰할 수 없으므로 통제되어야 한다는 생각을 갖게 할 수 있음. 정서회피나 정서통제를 위한 인위적이고 파괴적인 방법을 사용하게 될 수 있음

이렇듯 언어의 기능에는 긍정적인 면과 부정적인 면이 공존하기 때문에 대부분의 사람들이 그들의 마음에서 생산되는 것들을 맹목적으로 신뢰한다는 점은 사실 놀라운 일이다. 그와 반대하는(마음을 항상 신뢰할 수 없다는) 치료적 견해에 대해 사람들은 놀라움과 불신이 혼재된 반응을 보인다.

언어는 우리의 친구이다

언어는 매 순간 우리의 행동을 조직화하고 조절한다. 일상생활에서 이것은 매우 소중한 기능이다. 복잡한 교차로를 건너려고 할 때, 당신의 마음은 주위의 환경을 둘러보고, 움직이는 것이 있는지 살펴보며, 그것의 속도를 측정하고 안전 여유도(safety margins)를 예측한다. 그런 후 당신에게 건널 것인지 가만히 있을지를 알려준다. 이런 경우, 죽기 싫다면 당신은 당신 마음의 목소리에 귀 기울이는 것이 좋을 것이다. 우리는 매일 이런 상징적인, 언어에 기반을 둔 거래(transactions)를 수백 번 경험한다. 그리고 많은 경우, 마음의 작업이 진행되도록 내버려두는 것이 유용하다는 점에 대해 반

문할 이유가 없다. 그렇기 때문에 사람들은 자신의 상징적인 능력의 유용성에 대한 절대적인 신념을 갖게 된다. 반복되는 사례들을 통해 우리는 마음이 우리의 생존뿐만 아니라 행동이 조직화되고 조절되는 데 핵심적이라는 것을 배우고, 이것이 대체로 더 좋은 결과를 가져다준다고 생각하게 된다. 따라서 이러한 익숙한 생각으로부터 정반대의 방향으로 틀어, 어떤 문제를 해결하기 위해 마음을 사용하는 전략이 효과적인지 의문을 갖는 것은 사람들에게 어려운 일이다.

운영체제는 보이지 않는다

대체로 내담자는 처음 상담을 받기 시작할 때는 자신의 행동이 규칙에 의해 결정된다는 것을 지각하지 못한다. 이것은 사람들이 언어의 눈으로 세상을 보는 경향이 있기 때문이다. 마음이라는 개념을 컴퓨터 운영체제(operating system)로 보는 것은 매우 적합한 비유이다. 우리는 최종사용자(end users)로서 그저 컴퓨터 화면에 뜨는 것만 보며, 사실상 우리가 무엇을 어떤 식으로 보게 되는지를 조직화하는 프로그램은 볼 수 없다. 다시 한 번 말하지만, 우리는 마음이 어떻게 작용하는지 신경 쓰지 않고 그저 그것이 '해야 할 것을 하게' 내버려두는 것이 이득이 된다는 것을 하루에도 수없이 경험한다. 사실 일반적인 하루를 살아내는 동안 그러한 자동적인 과정을 의도적으로 방해하는 것은 번거로운 일이다. 운영체제가 제대로 작동되고 있으면 대부분의 사람들은 그 체제가 어떻게 작용하는지에 대해 질문을 던지지 않는다. 그 결과, 속도와 효율성을 높이기 위해 마음의 작용 과정은 자동조종 모드로 들어간다. 우리는 하루하루를 살면서 마음이 묘사하는 현실에 의존하는 것이 유용하다는 것을 깨닫는다. 하지만 과도한 의존으로 인해 우리가 자기평가, 기억, 감정, 자기서사 등의 주관적인 정신적 산물을 의심 없이 수용하게 되면 위험해진다. 흔히 내담자들이 상담에 왔을 때 그러하듯, 이러한 이슈들이 떠올랐을 때 먼저 해야 할 일은 '무엇이 사실인지를 정의하는 것은 홀로 마음의 영역이 아니다'라는 것을 확고히 하는 것이다. FACT는 내담자로 하여금 한 발 물러서서 운영체제의 결과물들을 관찰하면서 체제의 내부 작업이 어떻게 돌아가는지를 볼 수 있도록 돕는다.

마음의 두 가지 모드

인간의 앎(knowing)이 모두 선형적이거나 분석적인 것은 아니라는 사실을 기억해야 한다. 직감, 연민, 공감, 영감, 혹은 예언적 환상 등을 포함하는 비언어적인 형태의 앎은 인간의 수많은 업적의 초석이 되어 왔다. 대부분의 사람들은 마음을 언어적, 분석적, 환원적인 기능과 귀납적(inductive)이고 비언어적인 형태의 앎 사이의 역동적인 상호작용으로 경험한다.

기본 가정은 내담자가 마음의 문제 해결 모드에 애착을 갖고 있거나 과잉동일시하기 때문에 괴롭다는 것이다. 따라서 치료의 목표는 문제 해결적 마음의 지배력을 감소하고, 현명한 마음과 자발적으로 접촉할 수 있는 능력을 증진시키는 것이 된다. 내적 경험의 관찰자가 되는 법을 배우기, 평가나 투쟁을 하지 않고 현존하는 것을 수용하는 법 배우기, 마음챙김을 하며 가치지향적으로 사는 법 배우기, 개인적 신념을 나타내는 행동에 전념하는 법 배우기 등이 바로 현명한 마음과 연결하기 위해 필요한 기술을 배울 수 있도록 돕고자 하는 FACT의 개입들이다.

문제 해결적 마음

단순하게 말하자면, 마음의 문제 해결적 모드의 주된 기능은 현재 우리가 있는 곳과 우리가 있기를 원하는 곳 사이의 간격을 줄이는 것이다. 먼저 그 차이를 감지한 후 그것을 감소하거나 없애는 능력은 인간의 언어적 지식의 초석이다. 그 불일치가 감지되면, 문제 해결적 마음은 그 차이의 원인이 무엇인지 분석하고, 그 원인을 뒤집기 위해 행동을 조직화한다. 이런 형태의 정신 과정은 일상생활에서 흔히 찾아볼 수 있다. 예를 들어 아침 출근시간이 되어 당신은 10분 내로 집을 나서야 한다고 하자. 당신은 아직 집에 있고, 그곳이 당신이 있고 싶은 곳이다. 당신의 마음은 행동과제들을 주어서 결국 당신이 당신 차 안에 가 있도록 하거나, 특정 시간에 버스 정류장에 가 있도록 한다. 마음은 당신이 있는 곳과 당신이 있기를 원하는 곳 사이의 간격이 더 이상 없도록 해결책을 만들어낸다.

이러한 단순하고 기초적인 과정은 거의 모든 문제에 적용될 수 있다. 당신이 우울하다고 가정해보자. 당신이 원하는 것은 다른 사람들처럼 '정상'이 되는 것이다. 문제 해결적 마음은 당신이 왜 우울한지를 분석한 후, 그 원인을 뒤집을 수 있는 해결책(예 : *행복한 것처럼 행동하기, 부정적인 생각을 긍정적인 것으로 대체하기*)을 만들어낸다. 문제는 이런 전략을 사용하는 것이 사실은 감정을 더욱 강렬하게 하고, 기억은 더 거슬리도록 하고, 불쾌한 생각을 더욱 지배적으로 만들고, 불편한 신체 감각을 더욱 급속히 퍼지도록 한다는 점이다. 하지만 문제 해결적 마음은 이런 부정적인 결과에 대해 자기수정적(self-correcting)인 방식으로 대처하는 것이 아니라 동일한 전략을 더욱 애쓰면서 시도하기를 충고한다. 문제 해결적 마음에는 끊임없이 괴로움을 만들어내는 주된 부산물 두 가지가 있는데 이는 정서회피(emotional avoidance)와 규칙 따르기(rule following)이다.

정서회피

인간의 정서, 기억, 생각, 혹은 감각을 반드시 해결해야만 하는 문제로 볼 때, 우리는 내적 반응들을 중요한 정보로 사용하는 법을 배우지 못하고 오히려 내적 반응들과 접촉하지 않으려고 노력하게 된다. 예를 들어 한 내담자는 자신 있게 "제가 더 이상 슬프지 않다면 저는 더 나아질 거예요."라고 말할 수 있다. 이 관점에서는 슬픔이란 내담자의 삶에서 무언가 잘못되었다는 중요한 신호가 아니다. 소식이 고통스럽기 때문에 전달자를 죽이는 것으로 의제가 바뀌었다. 많은 경우, 내담자들은 그 전달자를 죽이기 위한 다양한 전략을 사용하였지만 성공하지 못하였기 때문에 상담의 문을 두드린다. 그리고 그들은 여전히 이 미션에 성공하게끔 상담사가 도와줄 것을 기대한다.

규칙 따르기

앞서 우리는 규칙이 지배하는 행동을 행동을 조직화하고 통제하는 두 가지 중요한 메커니즘 중 하나로 논의한 바 있다. 임상적인 목적으로, 우리는 '규칙 따르기'를 개인의 행동이 과도하게 규율에 지배당하게 되는 상황을 설명하는 용어로 쓸 것이다. 규칙 따르기는 항상 의식적이거나 자발적이지 않다. 우리가 접하는 가장 기본적인 사회적 규율은 언어 습득에 내재되어 있어서 언어를 사용하는 능력을 갖게 되면서 자연스럽게 '들이마시게(inhale)' 된다. 이것은 언어의 가장 주된 사회적 · 진화적 기능이다. 우리는 각 사람에게 직접적으로 훈련을 제공하지 않아도 문화적 행위나 주제(motifs)를 전달할 수 있다. 다음은 고통스럽고 원치 않은 경험이 닥쳤을 때 문제 해결적 의제를 형성하는 문화적으로 전파되어 온 규율들의 몇 가지 예시이다.

- 부정적인 감정은 건강하지 못하다.
- 건강하려면 우리는 부정적인 감정들을 통제하거나 제거해야 한다.
- 부정적인 감정을 통제하려면 우리는 그 감정의 원인을 찾아 뒤바꿀 수 있어야 한다.
- 부정적인 감정은 행동의 원인이 된다.
- 과거의 좋지 않은 '역사'는 현재의 역기능에 대한 원인이다.

현명한 마음

불교의 시작부터 있어 왔던 현명한 마음이라는 개념은 최근 들어 다양한 인지행동적 치료에 포함되어 왔다. 사실 행동치료의 제3물결은 치료에 마음챙김과 수용 기법을 광범위하게 통합시켰다는 특징이 있다. 현명한 마음을 관찰하는 자세로 보는 관점이 있는데, 이 자세는 문제 해결로부터 문제 해결의 과정으로 주의를 전환시킨다. 이것은 회피 기반의 규율 따르기가 아닌 가치에 기반하여 선택하는 능력을 증진시킨다. 특히 서양 문화에서 현명한 마음은 대체로 휴면상태(dormant)에 있는 듯 보이는데, 이는 우리가 문제 해결적 마음에 의존하도록 가차 없는 사회적 훈련을 받아 온 탓일 가능성이 있다.

문제 해결적 마음과 달리, 현명한 마음은 오로지 현재 순간에서 비언어적인 방법으로만 사용될 수 있다. 현명한 마음의 의식은 비판단적이며 닥친 경험의 문자적 의미로부터 분리되어 있다. 현명한 마음은 미래가 여기로 오기 전에는 미래에 참여하지 않는다. 이것은 무언가가 존재한다는 것을 알게 되면 그 순간 존재하는 모든 것을 수용한다. 이 관점에서는 자기 자신과 타인에 대한 비판적인 이야기들이 타인에 대한 연민, 자신에 대한 수용, 그리고 재미(amusement) 등에게 자리를 양보한다. 현명한 마음은 모든 존재하는 것들이 서로 연결되어 있음을 볼 수 있도록 한다. 가장 신비주의적 혹은 명상적인 전통에서는 현명한 마음과 접촉하면 세상의 문제들로부터의 거리감(sense of detachment)과 더불어 깊은 안녕감(sense of well-being)을 가질 수 있다고 본다.

대역폭을 위한 경쟁

대부분의 사람들의 경우, 일상생활이 완전히 문제 해결적 마음에 지배당하는 것은 아니다. 우리는 짧은 순간일지라도 현명한 마음과 그것의 광범위한 관점들을 종종 경험한다. 하지만 우리가 마음의 두 가지 모드와 각각 접촉하는 양이 불균형을 이룬다는 것이 문제가 된다. 자기분석적, 평가적, 규율 지배적인 사고가 너무나도 많고, 현재 순간과 현명한 마음으로부터 유래한 확장된 자기와의 접촉은 매우 부족하다. 표 1에서 볼 수 있듯이, 마음의 두 가지 모드로부터 오는 흔한 도전적인 상황들에 대한 메시지들은 극적으로 다른 생활 방법을 만들어낼 수 있다.

심리적 유연성 : 괴로움으로부터 벗어나는 길

앞서 설명했듯이, 언어에 순기능과 부작용이 공존한다는 사실은 어떤 마음의 모드가 지배적인지에 따라 동일한 과정이 생동감을 생산하기도 하고 비효과적인 행동양식을 만들어낼 수도 있음을 시사한다. 일반적으로는 괴로움과 경직성은 과도하게 지배적인 문제 해결적 마음으로부터 기인하며, 활기찬 생활은 현명한 마음과 문제 해결적 마음 간의 조금 더 조화로운 균형으로부터 기인한다. 우리는 행동의 경직성과 그의 반대 개념인 심리적 유연성에 영향을 주는 세 가지 핵심 과정 — 자각(awareness), 개방성(openness), 참여(engagement) — 이 있다고 제안한다(그림 1 참조). 우리는 종종 이런 특징들을 인간의 유연성 기둥으로 묘사한다. 잘 지어진 경우, 기둥들은 함께 큰 무게를 지탱할 수 있다. 하지만 그 기둥 중 하나라도 잘못된다면 건물 전체가 무너질 수 있다. FACT 개입들은 주로 초반에는 자각(기둥 접근에서 '중심' 기둥으로 일컬어지기도 함)을 촉진하는 데 집중한다. 왜냐하면 상담에 '오는 것'이 개방적 혹은 참여적으로 행동하는 것에 대한 전제조건이기 때문이다. 하지만 어떤 핵심 과정을 다룰지에 대한 결정은 각 개인과 상황에 따라 바뀌어야 한다. 따라서 이 책에서 이런 과정들을 살펴보는 순서는 달라질 것이다.

개방성 이 핵심 과정은 고통스럽고 원치 않는 내적 경험을 직접적으로, 평가나 투쟁 없이 경험하는 능력이다. 개방적인 사람들은 이러한 경험을 살아있음의 선물같은 한 부분으로 보는 경향이 있고, 그들의 행동은 어쩌면 그들이 겪고 있을 수 있는 정서적 고통에 집중하는 것이 아니라 개인적인

표 1. 문제 해결적 마음과 현명한 마음의 핵심 생활 주제와 메시지

생활 차원	생활 주제	문제 해결적 마음	현명한 마음
개인적 고통	내 안에 원치 않는 고통스러운 것들이 나타날 때 어떻게 해야 하는가?	무슨 수를 써서라도 그것과 접촉하는 것을 피하라. 자각을 억압하거나 스스로를 방해하라. 그것에 대해 생각하지 마라.	투쟁 없이 그저 안으로 허락하라. 고통스럽더라도 그것은 당신의 일부이다.
	고통스러운 것들의 의미는 무엇인가?	그것은 위험하며 건강해지려면 반드시 제거해야 한다.	개인적 고통은 신호이며, 그것은 당신이 변화할 수 있도록 안내한다. 그것은 당신의 건강에 이롭다.
일상생활	일상적으로 당신의 주의를 어디에 집중할 것인가?	당신의 과거를 분석함으로써 스스로를 이해하고 다음으로 어떤 일이 벌어질지에 대해 가장 많은 것을 얻을 수 있다.	현재에 살라. 그곳에 삶이 있기 때문이다.
	당신으로 존재하는 것을 어떻게 경험할 것인가?	언어적으로 당신이 누구인지, 어떻게 그렇게 되었느지에 대해 분석하라. 당신의 상황을 정당화할 수 있도록 다른 사람에게 당신 자신을 설명하라.	당신은 당신의 경험보다 크다. 당신은 당신이 모든 경험을 가지고 있는 그릇이다. 당신은 모든 것과 서로 연결되어 있다.
인생 목표	삶의 여정을 어떻게 헤쳐나갈 것인가?	다른 사람에게 무엇이 중요한지 알아내고, 사회적 구조을 따르며, 당신이 하는 것들에 대해 다른 사람들의 인정을 구하라.	당신에게 무엇이 중요한지 생각해보고, 가치와 연결하라.
	인생에서의 중요한 상황들을 어떻게 다룰 것인가?	고통을 만들어내는 행동은 피하라. 다른 사람들이 변화되기를 기다리거나 행운을 기다려라.	당신의 가치를 나타내는 행동들을 하고, 당신이 중요하게 생각하는 것들을 위해 당당히 서 있어라.

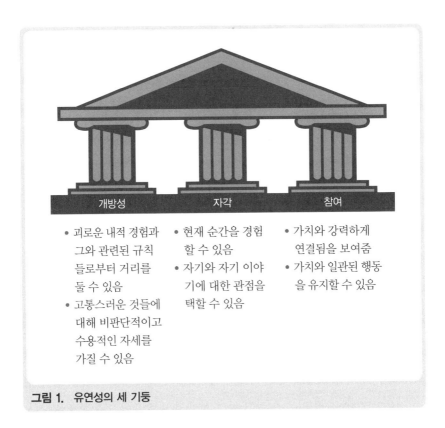

그림 1. 유연성의 세 기둥

신념과 가치에 더욱 지배받고 있다. 이 영역에서 강점을 갖고 있지 않은 사람들은 괴롭고 원치 않는 정서, 사고, 기억, 혹은 신체 감각 등을 기꺼이 경험하지 않으려고 한다. 그들은 내적 경험들을 억압, 통제, 혹은 회피하는 규칙들을 따르는 경향이 있다. 그렇기 때문에 그들의 행동은 규율에 영향을 더욱 받게 되며, 실제 현실에서의 행동 결과보다 규율로부터 영향을 받는 경향이 있다.

자각 이 핵심 과정은 '지금, 여기'에 있으면서 문제로부터 한 발자국 떨어져서 문제를 더 큰 맥락에서 볼 수 있는 능력을 말한다. 자각이 있는 사람들은 삶을 순간순간 경험할 수 있으며, 결과적으로 변화되는 상황에 빠르게 적응할 수 있다. 그들은 뒤로 물러서서 삶의 큰 그림 속에서 고통스러운 사건들을 볼 수 있다. 이 영역에서 강점을 갖고 있지 않은 사람들은 과거에 대해 반추하고, 미래에 대해 만성적으로 걱정을 하는 등의 모습을 보인다. 그들은 지금 이 순간에 머물러 있는 것에 대해 불안하고 불편함을 느끼기 때문에 산만하게 하는 여러 활동에 참여하는 경향이 있다. 그들은 현재의 모습으로 되기까지 어떤 일이 있었는지, 그리고 왜 의미 있는 변화가 불가능한지에 대해 자신의 삶에 대한 자기서사에 종종 갇혀 있는 경향이 있다. 그들은 삶의 사건들을 그 사건들이 자기서사에 얼마나 꼭 들어맞는지에 따라 처리하며, 따라서 현실의 결과에 기반하여 새로운 행동을 배우는 것을 어려워한다.

참여 이 핵심 과정은 개인적인 신념과 가치에 근거한 효과적인 행동에 참여하는 능력이다. 참여하는 사람들은 삶의 중요한 영역(예 : 일, 관계, 여가, 자기발전, 영적 성장 등)에서 그들의 가치와 연결되어 있고, 일상적인 습관들 또한 그러한 가치에 기반할 수 있도록 한다. 따라서 삶의 힘든 사건들조차 가치의 영역에서는 성장의 기회이다. 이 영역에서 강점을 갖고 있지 않은 사람은 길을 잃은 느낌이 들고 삶에서 방향감이 없다고 불평한다. 그들의 하루 일과는 '해야 한다'와 '하고 싶다'라는 사고방식에 기반을 둔다. 삶에서 어려움을 직면할 때, 그들은 순종적이거나 철수하거나, 오히려 충동적이고 자기패배적인 행동(예 : 약물남용, 공격성, 도피)에 참여한다. 결과적으로 그들은 대체로 문제 해결 측면에서 비효과적이며 시간이 지날수록 삶에서 더 많은 어려움들을 쌓아간다.

요약하자면, 경직되거나 유연성이 없는 사람들은 원치 않는 내적 경험들(개방성의 결여)을 억압하거나 통제하거나 회피하고자 하기 때문에 괴로워한다. 그들은 과거에 대한 이야기 속에 살거나 미래에 살아서 현재 순간의 생동감을 만끽할 수 없게 된다(자각의 결여). 또 그들은 자신의 핵심 가치와 접촉하지 않은 채, 삶의 방향감을 얻는 데 도움이 되지 않는, 사회적으로 부과된 일상적인 습관에 빠지게 된다(참여의 결여). 반대로, 높은 수준의 심리적 유연성을 갖고 있는 사람들은 원치 않는 내적 경험들에 개방되어 있고, 현재 순간에 대한 자각 수준이 높으며, 가치 있는 활동들에 (그것이 고통스러운 경험을 떠오르게 할지라도) 참여한다. 본질적으로는, 유연한 사람들은 고통스러운 상황에 직면하더라도 괴로움을 만들어내지 않는다. FACT의 궁극적 목표는 사람들이 어떤 삶의 어려움에 직면하더라도, 괴로운 느낌은 줄이고 온전히 살아있음을 더욱 느낄 수 있도록 하는 심리적으로 유연한 반응들을 개발할 수 있도록 돕는 것이다.

요약 : 대형 뇌의 역설

약 100만 년 전, 자연은 위대한 인간 실험을 시작했다. 우리 조상의 뇌 질량은 수백억 년에 걸쳐 매우 빠른 속도로 확장하기 시작하여 이 대형 뇌(Big Brain)와 그것이 주는 이점들은 인간을 다른 동물의 왕국의 나머지 동물들로부터 구별되게 만들었다. 이것이 우리가 먹이사슬의 상단에 있는 이유이며, 급격한 기후 변화로 인해 다른 자연의 경쟁 상대들이 죽어나갈 때 우리는 계속해서 견뎌낼 수 있었던 것이다.

그런데 이 실험에서 무언가 정말 잘못되었던 것일까? 이를테면 대형 뇌는 원래의 목적보다 더 오래 살아있어서 미친 듯이 날뛰기 시작한 것처럼 보인다. 이제 뇌는 주관적 현실을 마치 객관적 현실에 대해 이야기하는 것처럼 말하고 있다. 이런 주관적 현실은 개개인과 인간 종족 모두에게 매우 큰 괴로움의 원천이 될 수 있다. 이러한 문제에 대한 대책으로 종교들이 생겨났지만, 대형 뇌는 계속해서 진화하였다. 이제 우리에게는 마음의 내적 상태에 초점을 둔 어휘들이 있다. 대형 뇌는 규칙을 발전시켜 어떤 마음의 상태가 바람직하며 어떤 상태는 제거되어야 하는지를 구체화하였고, 그 바람직한 상태를 제거되어야 할 상태가 어떻게 만들어낼 수 있는지에 대한 공식을 제시한다. 그것은 우리가 다른 사람들이 어떤지, 그리고 우리 자신이 그들과 비교해서 어떤지에 대해 알고 있다는 느낌을 만들어낸다. 또한 미래의 주관적 현실에 대한 예측을 할 수 있게 하여, 그것이 너무 고통스럽다고 생각되어 자살이 바람직한 선택이라고 믿게 하기도 한다.

가장 큰 위협은 다음 두 가지 기본적인 사실로부터 발생한다. 첫째는 대형 뇌는 자신을 감추었기 때문에 그것이 꾸미고 있는 음모들이 거의 보이지 않는다는 것이고, 둘째는 우리가 뇌에 너무 의존하고 있어서 존재를 파악하는 다른 방식을 제안하는 것은 비현실적이라고 간주된다. 호모 사피엔스가 계속 존재하려면 대형 뇌를 견제하는 방법을 발전시켜야 할지도 모른다. 우리는 대형 뇌를 버릴 수는 없지만, 그것의 효용 없는 특징에 의해 지배될 필요는 없다. 우리는 대형 뇌를 감추고 있는 은폐물을 치워버리고 있는 그대로의 뇌를 볼 필요가 있다. 마음의 작용 과정을 드러나게 해서 접근 가능하게 만들어 어느 정도 자발적인 통제 아래 둘 수 있다.

FACT는 사람들이 대형 뇌의 기능에 갇힌 포로가 되어버렸다고 생각한다. 사람들은 대형 뇌가 만들어낸 규칙이 잘 작동되지 않고 실제로 괴로움을 만들어내더라도 멋모르고 따른다. 만약 우리가 인간과 대형 뇌 사이에 거리를 둘 수 있다면, 인간은 다른 삶을 추구하기 위해 동일하게 강렬한 다른 지능의 형태를 사용할 수도 있을 것이다. 인간과 마음 사이의 거리를 만들어내는 방법과 인간이 새로운 방향을 설정하도록 돕는 방법에 대한 원칙은 다음 장에서 논의할 것이다.

제3장

근본적인 변화 과정

변화야말로 유일하게 변함없는 것이다.
속담

이 장에서는 FACT의 관점에서 근본적인 변화를 위한 필수 재료들을 살펴보겠다. 우리는 이미 매우 제한적인 개입이라도 사람들에게 강렬하고 지속되는 변화를 꾀할 수 있다는 점을 분명하게 기술하였다. 연구 문헌에도 이에 대한 증거가 풍부하다. 우리는 사람들이 효용 없는 행동 패턴에 갇히는 이유가 그들이 심리적 건강을 얻겠다는 미명하에 괴로운 내적 경험을 회피하고 통제하게끔 하는, 언어에 기반하고 문화를 통해 전달된 규칙들을 따르기 때문이라고 제안했다. 또 우리는 그러한 규칙들을 따르는 것은 시간이 흐르면서 행동적·심리적 경직성을 만들어내며 중요한 가치와의 접촉을 잃게 만든다고 설명하였다. 하지만 여전히 의문점은 남는다. 그렇다면 사람들은 어떻게 이런 악순환을 벗어나 투쟁을 초월할 수 있는가?

아래에는 근본적인 변화를 위한 FACT의 공식을 모범적으로 보여주는 가상 대화가 제시되어 있다.

내담자 : 저의 문제는 제 생각, 감정, 기억, 몸의 반응을 전혀 통제할 수 없다는 거예요. 모두 너무 고통스러워요. 제가 좋은 인생을 살 수

　　　　　있도록 이 고통을 사라지게 만들 수 있는 방법을 가르쳐주세요.

상담자 : 당신이 생각하고, 느끼고, 기억하고, 몸으로 느끼는 것이 문제
　　　　　가 아니에요. 그런 것들은 그저 당신의 자연스러운 부분들입니
　　　　　다. 건강한 것들이에요.

내담자 : 만약 그것들이 문제가 아니라면 뭐가 문제지요?

상담자 : 혹시 이런 것들을 당신의 자연스러운 부분으로 수용하기보다
　　　　　어떻게든 통제해보려고 한 것이 문제라는 생각을 해보신 적이
　　　　　있나요?

내담자 : 그런 좋지 않은 것들을 통제하는 것이 왜 문제가 되나요?

상담자 : 사실 당신이 아무리 힘들게 노력해보아도 이것들을 통제할 수
　　　　　없기 때문이에요. 당신이 그것들에 집중할 동안 당신이 실제로
　　　　　통제할 수 있는 것 ─ 즉 어떻게 당신의 인생을 살아나갈지 ─ 에
　　　　　대한 초점을 잃게 됩니다. 당신이 도움을 받으러 오게 만든 그
　　　　　런 괴로운 증상들은 당신에게 문제가 있다는 것을 의미하는 것
　　　　　이 아니에요. 그것들은 그저 현재 당신의 삶이 균형을 잃었다는
　　　　　것을 이야기해줍니다. 그 이상도, 그 이하도 아니에요.

내담자 : 그럼 제가 무엇을 달리 해야 하나요?

상담자 : 먼저 당신 삶에서 무엇이 중요한지를 명확하게 하는 것부터 시
　　　　　작해보지요. 그 후에는 그런 가치들에 부합하는 방식으로 행동
　　　　　하는 법에 대해 이야기해봅시다. 당신은 불편하더라도 이런 이
　　　　　야기를 나누면서 올라오는 생각, 느낌, 기억, 신체적 증상들을
　　　　　수용할 수 있습니다. 어쩌면 과거에 있었던 사건 중에는 당신이
　　　　　수용하는 것은 불가능하다고 속삭이는 사건이 있을 수 있어요.
　　　　　하지만 그 사건이 떠올랐을 때 그것 또한 그저 사건으로 받아들
　　　　　일 수 있습니다. 시간이 지날수록 당신의 머릿속에서 벌어지는
　　　　　것들은 실제로 당신의 인생을 살아가는 것보다 덜 중요하게 느

꺼지게 될 거예요.

이 짧은 예시에서는 이 장에서 논의되는 여러 이론적 · 임상적 시사점들이 구현되고 있다. 증상들은 어떻게 생겨나고, 어떤 의미를 가지고 있으며, 그 증상에 대한 개입의 바람직한 결과로는 어떤 것들이 있는가? 근본적인 변화의 가능성을 높일 수 있는 인간의 괴로움과 초월에 대한 기본 가정은 무엇인가? 상담자는 어떤 개입원칙에 기반하여 행동해야 하는가? 상담자-내담자 관계는 변화의 과정에서 어떤 역할을 하는가?

FACT의 기초 : 증상과 그것의 의미

내담자가 상담 장면으로 가져오는 증상들에 대한 상담자의 관점은 곧바로 상담 목표를 좌우한다. 서양 국가에서는 증상 자체를 개입의 대상으로 보는 관점이 지배적이다. 예를 들어 우리는 내담자의 우울 증상들을 측정하고 그 증상이 어떠한 수준 이하로 떨어지면 그 치료가 성공적이었다고 말한다. 우리는 증상들을 겉으로 잘 드러나지 않는 증후군의 징후로 보게끔 훈련을 받았다. 그리고 평가가 해야 할 과제는 여러 증상을 확인해서 합한 후, 이에 기초하여 근원적인 병을 반영하는 진단이나 이름을 붙이는 것이다. 하지만 FACT에서는 과학적으로 오류가 있을 뿐만 아니라 궁극적으로 내담자에게 도움이 되지 않는 이러한 생물의학적 접근을 거부한다(이 주제에 대한 더욱 자세한 논의는 Hayes et al., 2011를 참조하라). 이러한 유형의 사회적 꼬리표 붙이기(labeling)는 이미 오래전부터 내담자의 자기 이미지에 부정적인 영향을 주고, 그 꼬리표에 맞게 '낮추어 살도록(live down)' 한다고 알려져 있다. 예를 들어 "나는 양극성장애를 가지고 있습니다."라고 강제로 이야기해야 하는 내담자는 자신의 존재가 근본적으로 양극성장애와 연결되어 있다는 점을 전달하고 있는 것이다. 자신에 대해 이런 식으로 사람들에게 이야기하는 것은 그들을 위한 것이 아니다.

스트레스와 대처의 평형상태

FACT에서는 고통스러운 증상들을 내담자의 생활공간에 지장을 주는 스트레스원(stressors)과 내담자의 대처반응의 효과 사이에 지속되고 있는 긴장(tension)의 당연한 결과물로 본다. 삶을 사는 것은 우리로 하여금 매일같이 작고 큰 스트레스에 직면할 것을 요구한다. 우리가 가장 좋아하는 FACT 명언이 있다—"인생은 크나큰 증상 발전기(symptom generator)이다! 당신이 증상이 없는 순간이 온다면 그날은 당신이 DOA(도착 시 사망, dead on arrival) 판정을 받는 날일 것이다." 일상생활에서 중요하게 요구되는 것 중 하나는 스트레스의 현재 수준에 대해 자신을 점차 회복하고 균형을 잡게 만들어주는 대체 전략으로 반응하는 일이다. 따라서 내담자가 도움을 요청하도록 만드는 증상들은 다음 사건들로 인해 발생할 수 있다.

- 내담자의 삶에 새로운 스트레스원이 등장하였지만 기존에 효과가 있었던 대처기술에는 변화가 없음
- 이사, 이직, 임신 등 평범한 생활 사건으로 인해 예전에 효과가 있었던 대처행동을 버림
- 새로운 스트레스원이 등장하고 기존에 효과가 있었던 대처기술 사용이 감소함
- 새로운 스트레스원이 등장하여 다소 다른 대처기술을 필요로 함

이 접근은 매우 중요한 여러 가지 임상적 시사점을 제공한다. 첫째, 틀린/잘못된(wrong) 증상이란 없다. 만약 사람들이 고통스러운 증상들을 경험하고 있다면 그것은 그들이 받고 있는 스트레스 양과 그들의 대처 전략의 성공이 불균형 상태에 있기 때문이다. 둘째, 내담자가 경험하는 증상의 유형은 우선 그 무엇보다도 기질, 롤모델, 문화적 관습을 반영한다. 심각한 증상들이 곧 심각한 문제를 의미하지는 않는다. 대처 역동 내에서 일어나는 작은 변화들이 어떤 사람들에게는 큰 증상으로 나타난다. 이와 유사하

게, 증상이 오래 지속되고 있다고 해서 내담자가 더 '망가졌다'는 것도 아니다. 이것은 그저 스트레스와 대처반응 사이의 불균형 상태가 오래 지속되어 왔다는 것을 보여준다. 그런 불균형이 존재하는 한 괴로운 증상들은 계속 등장할 것이다. 마지막으로, 사람들이 도움을 받기 위해 오는 증상은 거의 예외 없이 정서와 관련되어 있다. 하지만 우리 문화는 건강과 웰빙을 이루어내기 위해 감정을 통제하라고 말한다. 정서는 인간 지능의 기본 형태로서 언어와 사고의 발달 이전에 존재하였다. 불쾌한 감정들은 삶이 불균형을 이루고 있다는 신호지 해결되어야 할 문제들이 아니다.

목표는 증상에서 자유로운 삶이 아닌 생동감 있는 삶이다

만약 증상들을 경험하는 것이 인간으로 존재하는 것의 필수적인 부분이라면, 증상의 부재를 심리적 건강의 지표로 보는 것은 매우 큰 오류이다. 정신질환 진단 및 통계 편람(Diagnostic and Statistical Manual of Mental Disorders, DSM)에서 나타나듯이 생물의학에 기반한 접근이 비의도적으로 가져오는 해로운 효과는 치료의 목표가 증상 제거라는 생각을 갖게 하는 것이다. 만약 당신이 증상을 어떤 서서히 퍼지는 병적인 과정으로 본다면, 치료의 기간은 더 길어지겠지만 그렇다고 더 나은 치료는 아닐 수도 있다.

아이러니하게도, 증상 제거에 초점을 둔 치료들이 정말 증상을 없앴다는 결과는 없었다. 이러한 치료들의 효과를 좀 더 정확히 묘사하자면, 이러한 치료들은 증상의 심각도를 정상과 비정상을 임의로 구분해 놓은 선 아래로 감소시킨다고 묘사할 수 있다. 이 기준 점수는 직장으로 돌아갈 가능성, 관계에서의 기능 개선, 지역사회에서의 더 나은 통합 등 현실에서의 중요한 성과변인과 경험적으로 관련지어진 적이 없다. 누군가가 치유되었다고 선언을 할 수 있기 위해서 증상들이 제거되거나 근본적으로 감소되어야 한다는 생각은 제약업계의 대대적인 홍보에 의해 생겨난 것이다. 제약업은 인간이 공통적으로 가지고 있는 문제들을 교묘하게 재명명하여 비싼 약물을 통해 치료되어야 하는 질병으로 만들었다. 이것은 회사의 이익창출에는 좋은 일이겠지만, 대부분의 사람들에게는 끔찍한 일이다.

FACT에서의 초점은 개인적 가치와 부합되는 삶을 사는 것이다. 만약 그렇게 사는 것이 증상을 만들어내더라도 말이다. 목표는 내담자로 하여금 자신이 사용해 왔던 효용성 없으면서 심지어 역설적으로 부정적인 결과를 자주 초래하는 반응들을 효과적인 행동으로 대체하게 하는 것이다. 이 관점에서 증상이란 효용 없는 반응들이 사용되는 정도에 대한 지표로 볼 수 있다.

FACT의 기초 : 근본적인 변화를 향한 움직임을 지지하는 기본 가정

만약 증상에 대해 여태까지 훈련받은 방식이 아닌 다른 방식으로 개념화해야 한다면, 이에 상응해서 변화 과정 자체에 대한 이해 방식도 달라질 필요가 있다. 어떤 식으로든 증상들을 '문제'로 보는 관점은 내담자의 곤경을 대하는 우리의 태도뿐 아니라 변화를 촉진하기 위해 무엇을 해야 하는지에 대해서 왜곡할 수 있다. FACT는 이 주제에 대해 몇몇 특별하고 구체적인 관점을 가지고 있다.

사람들은 덫에 걸린 것뿐이지 쇠약한 것이 아니다

사람들이 효용 없는 규칙들을 따르는 한─그들이 속한 문화에서 그 규칙이 아무리 장려되고 있다고 해도─그들의 대처 전략들은 실패할 것이고 계속해서 괴로운 상태에 머물러 있을 것이다. 이런 경우, 그 사람들이 자신이 따르고 있는 규칙을 발견하고 그로 인해 어떤 효용 없는 결과가 나타나는지를 보게 하는 것이 목표가 된다. 이것은 정신 병력이 전혀 없지만 이혼의 고통을 음주로 달래보려고 하는 사람에게도, 또 10년 동안 마약중독에 빠져 있는 아동기 성적학대 생존자에게도 모두 적용될 수 있다. 이 중 그 누구도 인격 손상을 회복하기 위해 수년간의 치료가 필요할 정도로 망가져 있지 않다. 이들은 모두 결국 더욱 큰 고통을 가져다줄 전략들을 사용하여 고통스러운 정서, 생각, 기억을 통제하려는 시도를 하고 있다. 이 입장의 주된 시사점은 모든 사람이 효용 없는 규칙으로부터 한 발자국 떨어져서 다른 접근을 채택하는 것을 배울 수 있는 능력이 있다는 점이다.

방해가 되는 과거

고통을 받고 있는 사람들은 종종 자신의 문제와 자신이 삶에서 경험한 과거 사건들이 그 문제에 어떻게 기여했는지에 대한 화려한 설명을 늘어놓곤 한다. FACT에는 다음과 같은 명언이 있다 — "당신 과거의 가장 위험한 점은 그것이 당신의 미래가 되려고 하는 것이다." FACT 상담자들은 내담자의 과거를 탐색하고 분석하는 데 긴 시간을 들이지 않는다. 치료적 대화의 초점은 내담자가 현재 무엇을 하고 있는지이지 예전에 무슨 일이 일어났는지가 아니다. 물론 과거가 지금의 내담자의 상태와 전혀 관련이 없다는 이야기는 아니다. 과거는 매우 유의미하다. 하지만 FACT 상담자가 관심 있어 하는 과거는 현재에도 그 모습을 드러내며 내담자가 생동감 있는 삶을 살아가는 데 방해가 되는 과거이다. 사실, 많은 FACT 개입들은 내담자의 문제 많은 과거가 드러날 수 있도록 하며, 그것이 그 후 치료의 초점이 된다. FACT에서 과거는 우리가 함께 데리고 살아야 하는 그 무엇이지 우리가 그것에 따라/맞추어 살아야 하는 것이 아니다. 개인적 과거는 우리의 지능을 키우기도 하지만, 부적절하게 다루어졌을 시에는 우리를 돌처럼 멍청하게 만들 수도 있다.

DSM-IV를 거꾸로 보면 도움이 될 수 있다

FACT에서 장기적으로 중요하다고 생각되는 것은 증상의 수나 유형이 아니라 삶의 기능이다. 삶의 질은 사람의 머릿속에서 일어나는 것들이 아니라 발자국—사람들이 삶에서 실제로 어딜 향해 가는지—에 의해 결정된다. DSM의 다중 축 체계를 뒤집는다고 상상해보자. 그러면 내담자의 기능적 상태가 먼저 오고, 그것이 가장 첫 번째이며 가장 중요한 축이 된다. [신뢰성이 매우 떨어지는 총괄기능평가척도(Global Assessment of Functioning, GAF Scale) 그 자체는 무시하고, 그 대신 그것이 비기능적인 상태에서부터 시작해서 매우 기능적인 상태까지 나타내는 연속선이라고 간주하라]. 두 번째로 중요한 항목은 내담자를 어렵게 만드는 스트레스원이다. 세 번째는 내담자의 전반적인 건강상태, 건강 위험요소, 그리고 운동, 영양, 수면, 알코올/마약/니코틴/카페인 복용과 같은 요소들일 것이다. 축 II(Axis II)는 성격장애가 아니라 내담자가 지속적으로 보이는 사람의 다양한 어려움과 관련된 반응 양상이나 특성을 반영한다. 마지막으로, 가장 쓸모없어 버릴 만한 것은 내담자의 고통으로 인한 증상이나 내담자에게 부여된 축 I의 진단명이다.

강으로 들어가라

내담자가 곤경에 빠졌을 때 삶에서 중요한 여러 활동으로부터 물러나는 경향이 있다. 예를 들어 친구를 만나는 것을 중단하고, 교회에 더 이상 나가지 않고, 운동을 덜하고, 배우자나 자녀와 시간을 덜 보낸다. FACT에서의 목표는 직접 현장에 함께 있지 않거나 결과적으로 어떻게 될지 볼 수 없을지라도 내담자가 행동하게끔 격려하는 것이다. 만약 내담자가 '접근 모드'로 삶을 살아가고 있다면, 삶 그 자체가 그들의 선생일 것이다. 비유를 하자면, 뗏목을 타고 삶이라는 강을 여행한다고 생각해보라. 처음에 강은 부드럽게 편안한 속도로 구불구불 흐르지만, 물살이 세지면서 급류를 타게 된다. 당신은 곧 여기저기 부딪치면서 멍이 들고, 강을 벗어나고 싶은 마음에 건너편 둑으로 헤엄쳐 간다. 강가에 서서 당신은 당신을 다치게 했던 돌과 얕고 차가웠던 강물 때문에 강을 향해 욕설을 퍼붓는다. 당신이 이렇게 하는 동안, 물은 계속해서 당신을 지나 흘러간다. 강물은 당신이 불행하다고 해서 다시 시작할 수 있도록 상류로 거꾸로 흘러주지 않는다. 그리고 당신은 소리를 지른다고 해서 강의 본성을 절대 바꿀 수 없을 것이다. 육지에 오른 것은 그저 당신의 궁극적인 목적지로 향하는 여정을 지연시킬 뿐이다. FACT에서 우리는 앞으로 더욱 많은 급류, 얕은 물, 바위 등을 만나게 될 것을 알지만 그래도 내담자들을 다시 강으로 유인하고자 한다. 강 속에 있을 때의 전체적인 경험 — 잔잔하고 평화로운 부분과 빠르고 여기저기 부딪치는 부분 모두 — 이야말로 당신에게 강이 무엇인지 알려준다.

준거틀 변경하기

내담지가 상담을 찾아올 때, 그들은 자신의 문제와 그 원인을 바라보는 특정 관점을 가지고 있다. 대부분의 단기상담처럼 FACT는 이러한 관점 — 즉 내담자의 준거틀 — 자체가 진짜 문제라고 본다. 내담자들이 상담에 찾아오는 이유는 거의 예외 없이 고통스러운 감정, 침습적인 기억, 혹은 부정적인 생각을 통제하거나 없애지 못하기 때문이다. 그들은 고통스러운 내적 경험을 실제로 통제하거나 제거할 수 있는지에 대해서는 거의 의심하지 않는다. 그들은 대체로 자신이 통제 전략을 제대로 쓰지 못하고 있다고 생각하며, 상담자가 그들이 잘못하고 있는 지점을 고쳐주어 그 전략이 성공할 수 있노록 도와줄 것이라고 생각한다. 그들은 마치 정서통제가 삶의 주요한 방향이라고 믿게끔 사회적으로 프로그래밍된 것처럼 보인다. FACT에서는 내담자의 준거틀을 변경하여 그렇게 감정, 생각, 기억을 통제하려는 시도가 그들의 진짜 문제라는 것을 볼 수 있도록 돕는다.

언어 관습

대부분의 단기상담처럼 FACT는 내담자의 언어 사용과 치료적 대화의 분

위기를 다루고자 한다. 사람들은 언어와 생각을 통해 자신의 생활 상황에 대한 심상 지도(mental map)를 만들기 때문이다. 내담자의 관점을 바꾸기 위해서는 기존에 있던 지도가 불안정해지고 재정리되어야 한다. 이것은 많은 인지행동치료에서처럼 논리적 분석을 통해 가능하지만 그런 접근은 시간을 많이 필요로 한다. 또한 많은 내담자들은 여러 겹의 지도를 가지고 있어서 몇 달 혹은 몇 년을 통해서야만 그것이 뚫릴 수 있다. 내담자가 문제에 대해 가지고 있는 관점을 즉각적으로 위태롭게 하는 방법은 그것을 가지고 노는 것이다. 비유, 신체적/경험적 활동, 우스꽝스러운 언어 사용하기와 같은 FACT 개입들은 모두 내담자의 신념체계나 그들이 가진 문제 해결적 태도에 대한 확신을 불안정하게 만들기 위해 고안된 것들이다. 이런 전략들은 관습적인 언어로 설명되거나 마구잡이로 사용될 수 없는데, 바로 그런 이유 때문에 효과적일 수 있다.

FACT의 기초 : 개입 원리

개입 원리는 높은 수준의 실천 철학으로, 개입들이 어떻게 선택되고 구현되며 시간이 지남에 따라 강화되는지를 안내한다. 개입 원리는 치료의 방향 설정 및 필터링(filtering) 기능을 모두 가지고 있다. 첫째, 원리는 근본적인 변화를 촉진하기 위해 필요하다고 생각되는 심리적 과정을 지향하도록 한다. 예를 들어 개입을 하기에 가장 좋은 시기는 지금이라는 아이디어는 일련의 상담자 행동을 촉발한다. 반대로, 상담의 첫 번째 목표가 내담자로부터 많은 정보를 수집하고 분석하는 것이며, 개입은 그 이후에야 시도할 수 있다는 것을 강조하는 원리가 있다면, 이 원리는 앞서 제시된 원리와는 확실히 다른 상담자 행동을 발생시킬 것이다. 개입 원리의 필터링 기능이란 선택가능한 개입들의 긴 목록으로 상담자를 안내하고 그중 어떤 구체적인 임상 전략이 가장 효과적일지 결정하게끔 돕는 것을 의미한다. 예를 들

어 정신 역동적 원리를 따르는 상담자는 기술 결손(skills-deficit) 관점에서
내담자의 효용 없는 반응들을 다루는 데 큰 관심을 갖지 않을 것이며, 역할
연기(role-playing), 안내된 리허설, 그리고 다른 기술개발 전략들은 별로 사
용하지 않을 것이다.

미래는 지금이다

많은 상담자들은 상담의 첫 회기를 내담자의 문제, 삶의 여건, 관련된 역
사, 그리고 궁극적으로 진단상의 결과와 치료 계획을 개발하는 것에 대한
포괄적인 평가를 시행하기로 훈련받은 바 있다. 이 접근에서는 '치료'는 종
종 두 번째 방문이 끝나기 전까지는 시작되지 않는다. 반대로, 경험이 많
은 단기상담자는 첫 회기가 단연코 가장 중요하다고 믿는데, 그 이유는
첫 회기가 유일한 상담 회기일 가능성도 있기 때문이다(Budman, Hoyt, &
Friedman, 1992 참조). 전문적인 도움을 찾기로 결정한 것은 대부분의 사
람들에게는 중대한 사건이다. 보통 그들은 친구나 사랑하는 이로부터 조언
을 추구하고, 문제를 분석하며, 자립 안내서를 읽고, 알코올과 마약을 사용
했으며, 기도하고, 묵상하고, 표현적인 글쓰기 등에 참여해 왔다. 이런 전
략 중 그 어느 것도 성공적이지 않았다는 사실은 당신에게 특별한 이점을
준다. 만약 해결책까지 포함한 모든 것이 성공적이었다면 그 사람은 도움
을 요청하지 않았을 것이다. 첫 회기가 그렇게 중요한 또 다른 주된 이유는
대부분의 사람들은 자신이 경험하고 있는 문제에 대해 순진한 편이기 때문
이다. 그들은 정서적으로 고통스러워하거나 인생이 제대로 진행되고 있지
않다는 모호한 감을 갖고 있지만, 대체로 무엇이 진짜 문제인지, 어떻게 그
것을 해결할지에 대해 명쾌하게 설명하지는 못한다. 이것이 근본적인 변화
를 촉진하기 위한 이상적인 환경이며, 어쩌면 가장 좋은 기회일지도 모른
다. FACT의 핵심 지침 중 하나는 내담자가 매 회기에 와서 그들의 삶의 질
을 근본적으로 바꿔줄 수 있는 행동 변화에 대한 계획을 갖고 상담실을 떠

나게 하는 것이다.

실행하고 소화하기

FACT에서는 도움을 받으러 찾아오는 사람들에게 제공해줄 수 있는 두 가지 주된 접근이 있다. 첫 번째 접근은 문제 상황에서 내담자가 새롭고 어쩌면 더 효과적인 행동을 실시하게끔 하는 것이다. 두 번째 접근은 새로운 행동의 영향과 관련된 피드백을 소화할 수 있도록 돕는 것이다. 어떤 유형의 실행(instigation)은 주위 환경에 영향을 미치는 데 시간이 걸리는 한편, 다른 유형은 즉각적으로 영향을 미친다. 개입의 목표는 내담자가 스스로 실행(self-instigate)하고 스스로 소화(assimilate)할 때까지 실행과 소화를 반복하게끔 하는 것이다. "이 사건이나 상황으로부터 무엇을 배웠나요?" 혹은 "이 행동을 시도했을 때 무엇이 눈에 띄었나요? 어떤 느낌이었나요? 지금 그것에 대해 이야기하면서는 어떤 느낌인가요?"라는 질문들은 내담자가 새로운 행동의 결과들을 소화하고 통합하도록 돕는다. 가끔, 실행의 유형에 따라, 새로운 행동의 결과들이 모습을 드러낼 수 있는 시간을 주기 위해 내담자를 다시 보기까지 한두 달을 기다리는 것이 적절할 때도 있다.

행동 변화는 실험이다

심리적 유연성의 특징은 경험이 가이드 역할을 하게끔 하는 능력이다. FACT에서는 모든 개입을 실험으로 여긴다. 우리는 내담자들이 새로운 행동을 하기 전에 미리 상황을 살필 수 있도록 돕는다. 이것은 치료적 상호작용에서도 "[이런 느낌이 올라올 때, 과거로 다시 끌려들어가는 자신을 발견할 때, 당신의 결혼생활에 좋지 않은 영향을 미칠 말을 배우자에게 이야기하고 싶을 때 등] 잠시 멈추는 것을 실험해볼 마음이 있으신가요? 당신 내면과 바깥에서 어떤 일이 일어나는지 그저 관찰해보실 수 있겠어요?"라는 멘트와 함께 이루어질 수 있다. 사실은, 어떤 전략이 특정 내담자에게 괜찮을지에 대해 우리는 잘 모른다. 그렇기 때문에 우리는 내담자마다 여러 전략을 실험하도록 해야 한다.

모든 것을 실험으로 간주하는 것은 '선택된 전략은 꼭 성공해야 한다'는 신념에 의해 생성된 압력을 없애준다. (유연한 사람들은 이런 궁지에 자주 빠지지 않는다.) 아직 생각지도 못한 다른 전략이 항상 있다는 것을 상기시킨다. 또한 이런 체제는 상담자와 내담자 모두가 실패로 끝난 실험을 우아하게 받아들일 수 있도록 한다. 만약 새로운 전략을 시도한 결과가 부정적이라면, 상담자는 내담자가 이 새로운 정보를 긍정적인 지식으로 소화할 수 있도록 도울 수 있다. FACT에서는 실제 삶에서 얻어지는 자료가 내담자의 가장 좋은 친구라는 입장을 취한다. 우리는 사람들이 성공만큼 실패로부터도 많은 것을 배울 수 있다는 생각을 서서히 주입시키길 원한다. 매회기의 마무리 시간에는 "언제 다시 오고 싶으신가요? 이 새로운 전략이 잘 적용되는지를 보고 싶은데 얼마나 걸릴 것 같나요? 이 새로운 전략이 어떤 식으로 적용되고 있는지를 파악하는 데 얼마나 걸릴 것 같나요? 우선 만나서 당신이 배운 것을 함께 검토해보도록 합시다." 식의 멘트를 하는 것이 중요하다.

작은 변화는 큰 변화만큼이나 강렬하다

대부분의 단기상담처럼 FACT도 작은 행동 변화가 사람들의 외적·내적 환성에 깊은 영향을 미치리라는 신념에 기반하고 있다. 이 영향력의 일부는 곤경에 빠진 사람의 심리가 포함된다. 사람들이 좌절감을 느끼고 사기가 저하되었을 때, 그들은 정말 조그마한 행동 변화에 대한 시도조차도 실패할 것이라고 믿는다. 아무리 작은 성공 경험이라도 내담자가 성공을 맛보게 되면, 내담자의 의욕을 꺾는 이런 관점을 깨뜨릴 수 있다. 또 맥락적 관점에서는, 내담자로 하여금 일상행동 중 조그마한 변화를 시도하게 만드는 것은 그 순간 달리 행해지는 그 행동만 변화시키는 것이 아니라 사회적 분위기 또한 영향을 주기 때문에 다른 사람들의 행동까지 함께 변화할 수 있다. 예를 들어 항상 소파에 앉아 하루 종일 TV만 보는 내담자를 보는 것이 익숙한 배우자가 어느 날 그 내담자가 공원으로 산책을 하러 나가는 것을 목격한다. 배우자는 함께 가겠다고 나서고, 그 후 대화를 통해 둘은 괴로웠지만 무시하고 있었던 관계 문제를 다룰 수 있는 기회를 얻게 된다. FACT에서는 이것을 우연의 원리(principle of serendipity)라고 부른다. 만약 내담자가 그 첫 행동 변화를 시도할 수만 있다면, 뜻밖의 행운이 그 이후를 책임져 줄지도 모른다.

만약 변화를 시도하는 행동이 외부환경에서 새로운 반응에 참여하는 것을 수반한다면 실제로 변화가 일어날 가능성이 훨씬 높아진다. FACT에는 "만약 셀 수 없다면 그것은 중요하지 않다."라는 철학이 있다. 우리가 하는 말과 행동은 우리가 세상에 남기는 발자취다. 따라서 가장 의미 있는 변화들은 무엇인가 달리 말하고, 달리 행동하는 것과 연관되어 있다. FACT 상담사들은 항상 자각하고 열려 있기(staying aware and open)와 같은 정신 과정을 촉진함으로써 개입을 하지만, 그런 과정을 강화하는 것이 내담자로 하여금 현실에서 효과적인 행동을 취할 수 있도록 할 때만 개입한다.

정적 유인가 만들기

제2장에서는 규칙 따르기가 그것이 효과적이지 않은 생활 영역과 상황에도 보편화된다는 것을 설명하였다. 별로 관련되어 있지 않아 보이는 사건들과 상황들 간에 상징적인 연관성을 만들어내는 인간의 능력은 임상적 문제를 만들어낼 수 있지만, 그것은 다시 긍정적인 임상적 목적을 달성하기 위해 사용될 수도 있다. 이 타고난 능력을 사용하는 방법 하나는 제안된 행동 변화를 둘러싼 정적 유인가(positive valence)를 만드는 것이다. 상담자는 "만약 당신이 이번 일요일부터 다시 교회를 나가기 시작한다면, 그것이 작게라도 당신이 이 문제의 고비를 넘기기 시작했다는 것을 의미할까요?"라

고 물을 수 있다. 여기에서는 구체적인 작은 행동(교회 나가기)과 매우 중요한 삶의 성과(더 나은 방법으로 살아가기) 간의 연결고리가 만들어진다. 개입을 이렇게 제공한다면 동기에 큰 영향을 줄 수 있으며, 다른 영역에서도 자발적인 변화들이 일어날 수 있다. 결국 교회에 나가는 것이 삶을 더 나은 방법으로 사는 것에 대한 상징이라면, 이와 비슷한 유인가를 갖고 있는 작지만 긍정적인 행동들이 더 있을 수 있다.

정적 유인가를 만드는 데 추가적인 요소로는 내담자가 그저 이론적으로 무엇인가 달리 하겠다고 동의하는 것이 아니라, 자신의 행동 의도를 선포하게 하는 것이 있다. "당신 말이 맞아요. 저는 좀 더 사교적일 필요가 있어요. 그렇게 하기 위한 하나의 방법은 교회에 더 자주 나가는 거예요."라는 동의는 "이번 일요일에는 교회에 가려고 합니다."라고 선포하는 것보다 긍정적인 결과를 얻을 가능성이 낮다. 상담자가 내담자로 하여금 공개적으로 결의를 표현하도록 할 때 내담자가 실제로 시행할 가능성이 크게 높아진다. 이것이 핵심이다. 만약 내담자가 실제로 행동을 완수하지 않는다면, 정적 유인가를 만드는 것은 양날의 검이 될 수 있다.

FACT의 기초 : 상담자-내담자 관계

FACT는 상담자와 내담자 간에 건강하고 심리적으로 유연한 관계를 형성하는 것을 강조한다. 이 관계는 강렬하고 상호 존중하며, 수평적이다. 상담자는 오랜 시간 행해 왔던 행동 — 아무리 그것이 고통스러운 결과를 낳는다고 하여도 — 을 변화시키는 것이 어렵다는 것을 알고 있다.

롤모델로서의 상담자

FACT의 특별한 점은 상담자가 내담자에게 수용, 마음챙김, 의도적인 선택, 전념하는 행동 등에 대한 롤모델의 역할을 하는 것이다. 상담자는 내담자가 투쟁하고 있는 모든 것에 대해 수용적인 태도를 보인다. 상담자는 내담자를 판단하거나 무시하거나 부담을 주지 않는다. 대신에 상담자는 도와주는 사람으로 기능하며, 내담자의 직접적인 경험을 끌어내기 위해 질문을 사용한다. 만약 상호작용 중 어떤 생각이나 기억이 상담자에게 떠오르면, 상담자는 솔직하게 그것을 하나의 과정을 설명하듯(in process terms) 묘사할 수 있다(예 : "방금 제가 당신 나이였을 때 아버지가 저에게 했던 말이 떠올랐어요. 그 기억이 떠오를 때 가슴 한 부분이 약간 고통스럽게 조여오는 것을 느꼈어요."). 상담자는 정서적으로 고조될 때에도 현재에 머무는 것을 모델링할 수 있으며, 현재에 머무르는 것의 어려움에 대해서도 이야기하는 것을 고려해볼 수 있다(예 : "당신이 현재에 머물러 있기 어려워하고 있을 때 저 또한 어려웠어요. 혹시 이 방에서 무언가 우리를 둘 다 끌어당기고 있는지 궁금하네요?"). 상담자는 개인적인 가치를 공개하는 것이 내담자와의 관계에 영향을 줄 것이라고 판단하면 그렇게 한다(예 : "제가 여기에 있는 것은 당신이 자신에게 중요한 삶의 방향을 선택할 수 있도록 돕기 위해서예요."). 우리 중 한 명(Gustavsson)은 자살을 하고 싶어 하는 내담자에게 "무슨 말을 하는지 정확히 알 것 같아요. 저도 총의 기름 맛을 알지요. 저는 19살이었고 우울했어요. 미래가 무가치하게 느껴졌지만 지금은 기억나지 않는 어떤 이유로 나는 총의 방아쇠를 당기지 않았어요. 그 후 저에게 어떤 일들이 일어났는지 아세요?"라고 말한 후, 아들 사진을 꺼내 내담자에게 보여주었다.

우리는 같은 배를 탔다

이전 예시에서 드러나듯이, FACT는 의식적으로 내담자와 상담자가 같은 배를 탄 처지라는 생각을 장려한다. 내담자와 상담자 모두 동일한 사회적 프로그램과 문화적 관습에 영향을 받고 있으며, 결과적으로 문제 해결적 마음의 과도한 지배에 취약하다. 이러한 수평적 자세는 매우 강렬한 치료적 관계를 맺을 수 있게 한다. 비유적으로, 그리고 가끔 문자적으로, 상담자와 내담자는 함께 나란히 앉아서 삶이라는 것을 함께 바라보며 무엇을 할지에 대한 답을 찾아간다. 삶은 혼란스럽고 이해하기 힘들다. 이것에 대해 솔직히 말하는 것도 괜찮고, 서로를 위로하는 것도 괜찮다. 가끔 당신의 의자를 내담자 바로 옆으로 옮기는 것은 공감, 동정, 그리고 지원에 대한 신체적 표시이다. 이것은 내담자에게 강렬한 인상을 남긴다―"저도 당신이 겪고 있는 것이 어떤지 이해합니다. 많이 힘들고, 쉬운 답은 어디에도 없지요. 저는 당신과 같은 팀이고 함께 풀어나갈 것입니다. 제가 당신에게 110%를 줄 것을 기대해도 좋습니다."

내담자에게 초점을 유지하기

괴로워하는 사람들을 만나면, 지시적으로 그들에게 무엇을 하라고 명령하게 되는 유혹이 있다. 하지만 문제는 비슷한 상황에서 상담자에게 효과적이었던 것이 내담자에게는 그렇지 않을 수도 있다는 것이다. 대신, 상담자는 내담자에게 개입의 지휘를 넘겨야 한다. 새로운 행동을 시도할지 말지에 대한 결정은 내담자가 하는 것이다. 새로운 것을 시도하지 않기로 선택하는 것은 저항의 증거가 아니다. 그저 현 시점에서 새로운 행동에 대한 실험을 하지 않기로 선택을 하고 있다는 증거일 뿐이다. 어떤 상담에서든 가장 흔히 발생하는 실수 중 하나는 행동 변화에 대한 내담자의 동기와 기술을 과대평가하는 것이다. FACT에서는 이런 실수를 하지 않기 위해 구체적인 예방책을 취하고 있다. 하나는 가능한 행동 변화를 무언가 새로운 것에 기꺼이 참여하고자 하는 내담자의 마음에 달려 있다는 식으로 항상 표현하는 것이다. 예를 들어 "이 문제에 대해 배우자와 이야기해볼 의향이 있으신가요? 이 문제에 대해 대화를 하는 것이 당신의 가치와 부합하는 행동인가요?"라고 말한다. 또, 각 회기는 내담자가 자신이 실제로 행동 변화를 시도할 거라는 자신감이 어느 정도 있는지에 대해 물어보는 것으로 마무리하는 것이 현명하다.

좋은 질문은 천 개의 지시보다 낫다

상담자와 내담자의 기여에 대한 균형을 유지하기 위해, 상담자는 직접적인 해석을 제공하는 대신 질문을 통해 자신의 생각을 보여주는 것이 좋다. 해석은 질문의 모습을 갖추고 있는 듯 보여도 주로 지시적인 진술로 표현된다(예 : "당신은 슬프네요. 그렇지요?"). 개방형 질문은 동일한 결과를 얻을 수 있지만 내담자로부터 더 많은 참여를 끌어낼 수 있다(예 : "방금 당신의 눈이 촉촉한 것을 보았어요. 무슨 일이 일어나고 있나요? 함께 경험할 수 있게, 방금 올라온 마음에 조금 더 머무를 수 있겠어요?"). 훌륭한 상담자는 내담자가 중요한 임상적 영향을 가져올 수 있는 방향으로 나아갈 수 있도록 하는 질문들을 만들어내는 실력이 뛰어나다. 질문을 자주 사용하는 것은 상담자로 하여금 내담자의 현실을 호기심과 진실된 관심으로 접근할 수 있는 방법을 고안해내도록 만든다. 이것은 내담자로 하여금 상담자가 자신이 경험하고 있는 것에 대해 진심으로 관심을 갖고 있다는 확신을 갖게 한다.

금지된 단어 – 왜?

'왜'로 시작되는 질문은 아주 드물게 사용되어야 하는 진술 유형이다. 왜라는 질문("왜 당신은 침착함을 유지하지 않고 당신의 배우자에게 소리를 질렀나요?")은 대체로 프로그래밍된 사회적으로 타당한 이유("저는 늘 분노 문제가 있었어요. 어렸을 때부터요.")를 만들어내어 추가적인 논의를 위한 공간을 남겨두지 않는다. 그리고 최악의 경우 그것은 대화를 미궁에 빠뜨릴 수 있으며 내담자의 과거 중 관련성 없는 특징에 대해 이야기하게 될 수 있다("당신은 어렸을 때 왜 분노 문제가 있었던 것 같나요?" "아버지도 분노 조절 문제가 있으셨어요."). 가장 효과적인 질문은 '어떻게'("배우자에게 그런 식으로 이야기했을 때 기분이 어떠셨나요?), '무엇을'("그렇게 말했을 때 당신의 목표는 무엇이었나요?") 혹은 '언제'("당신이 그렇게 반응할 가능성이 높을 때는 언제인가요? 당신이 피곤할 때인가요? 당신이 짜증날 때인가요?")의 요소가 들어간다. 사실상 '왜'라는 단어는 사람의 행동 변화를 돕는 데 있어서는 막다른 골목(dead-end)과 같은 단어이다.

요약 : 약물이 아닌 기술

FACT 모형에서는 증상이 비정상이 아니라고 주장한다. 증상은 어디에나 항상 존재하며, 일상에서 일어나는 어려움에 대한 반응으로 나타난다. 괴로움은 경직성으로부터 발생하며, 경직성은 과도하게 지배적인 문제 해결적 마음에서 비롯되고, 그 문제 해결적 마음은 건강에 대한 사회적으로 부과된 규칙을 따르도록 프로그래밍되어 있다. 내담자를 덫에 빠지게 하는 문화적 메시지들은 동일하게 상담자에게도 적용될 수 있다. 우리 모두 같은 언어적 사회에 살고 있기 때문이다. 그렇기 때문에 많은 치료 접근들이 이미 내담자들을 숨 막히게 하는 변화 의제 ― "고통스러운 정서, 괴로운 생각, 방해되는 기억이 더 이상 없을 때 건강해지는 거야." ― 의 미화된 버전일 뿐이라는 것은 그리 놀라운 일이 아니다.

  FACT에서 우리는 내담자에게 자기 이야기 속에서 길을 잃지 않고 현재 순간에 머물러 있도록(자각), 비판단적인 방식으로 고통스러운 내적 경험을 수용하도록(개방성), 그리고 자신이 선택한 가치에 접촉하고 그에 의거하여 행동하도록(참여) 가르치기를 원한다. 이렇게 하기 위해서는 내담자는 고통스러운 것들이 올라오더라도 머물러 있을 수 있는 용기를 갖고 있어야 하며, 결국 심리적 기술이 요구된다. 고통스러운 생각과 느낌이 올라올 때 가만히 있는 것은 기술이다. 일상생활에서 현재 순간에 초점을 유지하는 것 또한 기술이다. 가슴 깊숙이 가지고 있는 가치와 연결되고, 고통이 수반되더라도 그것에 의거하여 행동하는 것 또한 기술이다.

　불행히도 이런 기술을 아동과 청소년들에게 가르치는 것에 대해서는 아직 큰 노력이 없었다. 아이들은 고등학생이 되면 대수와 삼각법을 할 수 있을 것으로 예상되지만, 그 누구도 이들에게 고통스러운 경험과 함께 앉아 있는 법, 현재 순간을 살아가는 법, 가치에 기반한 삶을 살아가는 법에 대해서는 가르쳐주지 않는다. 그 결과 우리 대부분은 50살이 되도록 이런 기술들을 배우지 못한 경우가 많다. 가장 기본적으로, FACT는 내담자에게 즉각적으로 훨씬 더 유연성 있고 적응적일 수 있도록 돕는 소중한 생활기술들을 가르쳐준다. 이 책의 제2부에서는 사람들에게 이런 기술들을 가르치는 임상 과정들(FACT 접근)을 살펴볼 것이다.

2

초점화된 단기개입을
위한 도구와 방법

Brief Interventions for Radical Change

제4장

초점화된 인터뷰

방향을 바꾸지 않으면 결국 지금 향하고 있는 곳에 도착한다.

노자(老子)

도움을 요청하기로 결정한 그 순간은 대부분의 사람들에게 매우 중대한 순간이다. 많은 경우, 별 이득 없이 여러 가지 해결책을 시도해본 경험이 있기 때문에 새로운 무언가를 시도해보는 것에 대해 열린 마음을 가지고 있을지도 모른다. 하지만 도움을 받기로 결정을 했다고 해서 그들이 변화를 위한 준비가 되어 있다고는 보장할 수 없다. 사실 그 반대인 경우가 더 많다. 그들은 정서적으로 괴로운 상태에 있지만, 동시에 그들은 문제 해결적 마음의 '통제와 제거'라는 목표에 갇혀 있다. 따라서 내담자와 상담자 사이의 첫 대화에는 두 가지의 전혀 다른 의제 간의 충돌이 있을 수 있다.

내담자는 건강을 얻기 위해 '나쁜' 내용은 없애야 한다고 믿는다. 하지만 FACT 상담자에게는 내담자가 그런 내용을 통제하거나 없애려는 목표에 집착하는 것 자체가 문제인 것이다. 따라서 FACT 상담자의 관점에서 볼 때, 가장 중요한 성과는 우선 내담자가 받아들일 만한 '문제'의 공유된 정의를 만들어내는 것이다. 이것은 지적 대립(intellectual confrontation)이라기보다는 '통제와 제거'라는 변화 접근의 결과에 대한 내담자의 직접적인 경험을 공을 들여 세심히 탐색하는 작업이다. 여기에서 내담자가 자신의

'통제와 제거' 접근의 실제 결과와 마음이 약속했던 것들 사이의 차이를 볼 수 있도록 돕는 것이 중요하다. 이것은 내담자가 자신의 정서 및 행동 회피 전략이 가치 있는 삶의 성과(life outcome)에 미치는 영향을 보고, 그런 전략의 대가를 깨닫도록 할 때, 그리고 그들이 삶의 방향에 근본적인 변화를 가져오기 위해서 무엇이 필요한지를 생각해보도록 할 때 가능해진다.

위에서 언급된 내용은 첫 회기에 달성하기에는 상당히 원대한 목표이며, 상담자가 직감적으로만 행동한다면 실현되기 힘든 목표이다. 즉흥성 (spontaneity)과 혁신(innovation)은 변화를 끌어내고자 하는 인터뷰에서 쓰일 수 있는 훌륭한 특성이지만 그것들에게 적합한 자리는 따로 있다. 구조, 일관성, 그리고 체계적인 인터뷰 접근 또한 중요하다. 우리는 근본적인 변화를 위한 견고한 환경을 만드는 최고의 방법은 즉흥성과 구조를 결합하는 것이라고 생각한다. 이 장에서는 문제에 대한 매우 초점화된 재정의(highly focused redefinition)를 만들어낼 수 있는 몇 가지 인터뷰 방법을 소개하고자 한다.

초점화 질문

임상 경험에 의하면, 신중하게 고안되고 순차적으로 준비된 조사(probes)는 매우 유용한 정보를 획득하고, 인터뷰 내내 중요한 부분에 계속해서 초점을 둘 수 있도록 돕는다. 또한 많은 상담 서비스 환경에서는 정보 수집을 위한 시간이 제한적이기 때문에 당신이 모은 정보들이 생산적일 필요가 있다. 잘 설계된 인터뷰 순서가 중요한 가장 큰 이유는 이것 덕분에 임상적 상호작용 중 놓칠 수 있었던 부분들을 관찰할 수 있게 되기 때문일 것이다. 당신이 무슨 질문을 할지, 또 그 질문들을 어떤 순서로 할지를 미리 숙지하고 있으면 인터뷰 동안 내담자의 중요 행동에 더욱 집중할 수 있게 된다. FACT에서는 유용한 임상적 정보를 제공해줄 수 있는 질문들을 다음과 같은 순서로 구성한다.

1. 당신은 무엇을 추구합니까?
2. 당신은 어떤 시도를 해보았습니까?
3. 그러한 시도는 얼마나 효과적이었습니까?
4. 그러한 시도의 대가는 무엇이었습니까?

1. 당신은 무엇을 추구합니까?

대부분의 내담자들은 '고통을 없앨 수 있는 전략 찾기'라는 동일한 목표를 가지고 상담자를 찾아온다. 마음의 문제 해결적 모드는 단순한 해결책—사람이 기분이 좋아지려면 고통은 없어져야 한다—을 제시한다. 따라서 그들의 상황을 고려했을 때 지금 그들이 느끼고 있는 고통스러운 감정들이 완전히 자연스러운 것들이라도, 마음의 문제 해결적 모드는 이런 감정들이 문제가 되며 제거되거나 통제되어야 한다고 주장한다. "끝을 생각하면서 시작하라"(Covey, 2004, p. 95)라는 명언이 있다. 즉 FACT 상담자는 인터뷰 초반부터 내담자가 성공적인 개입의 성과를 무엇으로 볼 것인지에 대한 정보를 끌어내야 한다.

아래에 소개한 행크와의 대화에서 볼 수 있듯이, 내담자의 변화 아젠다(change agenda)를 치료적 대화의 초반부터 끌어내는 것은 어렵지 않다. 행크는 현재 휴직상태인 우울한 남편이자 아버지이다.

상담자 : 지금까지 당신의 상황에 대해 조금 이야기를 했으니, 이제는 당신이 여기에서 저를 만나면서 얻고자 하는 것이 무엇인지 좀 더 이해할 수 있도록 하는 활동 하나를 한번 해보았으면 해요. 제가 지금 말하는 문장을 한번 완성해주시겠어요? "나는 _____할 때 이 상담이 잘 진행되어 가고 있다는 것을 알게 될 것이다."

행크 : 아침에 일어났을 때 우울해하지 않고, 일을 하러 나가고 싶은 마음이 들며, 낮에는 잠을 더 자는 것 외 다른 일들을 하고 싶다는 마음이 들 때.

상담자 : 그렇다면 당신의 목표는 '우울한 나'를 없애고 '활기차고 의욕
있는 나'로 대체하는 것이군요. 그렇게 되면 당신은 다시 일터로
돌아가고 해야 할 일들을 할 수 있게 되고요.

행크 : 맞아요. 이렇게 심한 우울증이 계속되면 저는 제가 해야 하는 일
들을 도저히 할 수가 없어요.

이 짧은 대화만 보아도 행크의 변화에 대한 의지의 여러 요소가 드러
나 있다. 행크는 자신이 일터로 가거나 일상에서의 정상적인 활동을 하
지 못하는 이유로 우울증을 꼽고 있으며, 이러한 무너진 생활의 원인으로
는 동기 부족(lack of motivation)을 들고 있다. 즉 행크의 목표는 정상적인
일상으로 돌아갈 수 있도록 하기 위해 자신의 우울증을 관리하거나 없애
는 것이다. 이러한 입장은 대부분의 사람들이 취하는 문화적으로 조장된
(culturally promoted) 흔한 입장이다. 부정적인 내적 상태가 사회적으로 바
람직한 행동들이 일어나지 않는 이유라는 것이 문화적으로 전해지고 있는
메시지이다. 그래서 추론해보면 상담의 목표는 기분이 좋아지는 것(역기능
의 원인을 제거함)이며, 이렇게 되어야만 정상적인 행동들이 일어난다. 아
이들과 가족들을 대상으로 한 상담적 작업에서는 내담자가 자신의 부정적
인 감정의 이유를 다른 사람 탓으로 돌리는 경우가 흔하다. 이혼한 어머니
인 줄리와 얼마 전에 선생님에게 대들어서 정학을 받고 있는 그녀의 17살
딸 실비아와의 초기 회기 중 있었던 다음 대화를 살펴보자. 실비아는 19살
인 오빠 조시가 있었고, 그는 고등학교 시절 운동선수와 모범생으로 매우
잘나가던 학생으로 지금은 해병대에 있다. 실비아는 자신의 가정에서 희생
양(black sheep) 역할을 하고 있다. 그녀는 고스 음악 애호가처럼 치장하고,
성적 때문에 퇴학 위기에 처해 있으며, 마약, 술, 섹스에 빠져 있었다.

상담자 : 그렇군요. 두 분이 무엇 때문에 갈등을 겪고 있는지 조금은 더
이해하게 된 것 같아요. 줄리, 이 문장을 한번 완성해 주시겠어요?

"나는 _____할 때 상황이 나아졌다는 것을 알 수 있다." (기다림)

줄리 : 얘가 날 틀림없이 화나게 만드는 것들을 하지 않는다면. 내가 자기한테 해주는 말들을 귀담아 듣고 그 반대로 행동하지 않는다면요. 그러면 제가 화가 나고 스트레스 받고 불안해할 이유가 어디 있겠어요? 저는 요즘 제가 엄마로서 무엇을 그렇게 잘못했는지 생각하느라 잠을 못 자요. 제가 애를 잘못 키운 것 같아요.

상담자 : 그렇다면 어머니가 조금 더 편해지기 위해서는 따님이 행동을 달리 해야 한다는 말씀이네요. 따님의 행동이 어머니가 느끼는 이 모든 안 좋은 감정들을 불러일으키니까요. 부모로서 했던 행동들을 다시 한 번 생각해보게 하고, 당신이 실패자처럼 느끼게까지 하네요. 맞나요?

줄리 : 맞아요. 전 제 딸이 소중하기 때문에 아이가 이런 좋지 않은 선택들을 하는 것을 보고 있을 수가 없어요. 제 부모님은 제가 제 딸과 같은 행동을 할 때 그냥 내버려두지 않으셨을 거예요. 전 정말 어떻게 해야 할지를 모르겠네요.

상담자 : 실비아, 너는 그러면 이 문장을 어떻게 완성하겠니? "나는 _____ 할 때 상황이 나아졌다는 것을 알 수 있을 것이다." (기다림)

실비아 : 엄마가 내가 뭘 해야 하고 하지 말아야 하는지를 매순간 말하지 않는다면. 정말 미쳐버리겠어요. 제가 뭘 하든 엄마 눈에는 틀린 거예요. 오빠보다 항상 좋지 않은 행동이죠. 엄마는 마치 내가 실패하기를 바라는 사람 같아요. 그렇게 되면 오빠는 더욱더 빛나는 영웅이 될 테니까. 정말 지긋지긋해요. 엄마는 제가 왜 항상 엄마를 자극하는지 궁금해하는데 이게 그 이유예요.

상담자 : 그러면 너의 관점에서 상황을 낫게 만들 수 있는 것은 엄마가 너에게 잔소리를 하지 않고, 널 한 개인으로 존중해주고, 오빠와 비교하지 않는 것이구나.

이 짧은 대화가 보여주듯이 대인관계 갈등에서 문제 해결적 모드는 다른 사람의 행동이 자신의 부정적인 정서를 불러일으킨다는 인상을 만들어낼 수 있다. 이 관점에서는 개인이 건강해지기 위해서는 반드시 다른 사람이 행동을 달리하여 그러한 부정적인 정서를 만들어내지 않아야 한다. 이러한 입장은 커플이나 가족을 대상으로 작업하는 상황에서 초반에 흔하게 나타나며, 기본적인 변화 아젠다—"나는 내가 느끼는 감정 때문에 이렇게 행동한다."—의 또 다른 표현이다. 여기에서 다른 것은 원인의 소재이다—"내가 경험하고 있는 부정적인 감정들은 다른 사람에 의해 만들어진 것이다." 이것은 언어의 산물이며, 단어 기계의 고전적인 속임수이다. 왜냐하면 사실 감정을 만들어내는 것은 타인의 실제 행동이 아니라 타인의 행동에 대한 우리의 평가이기 때문이다. 하지만 이 시점에서는 개입을 하여 이러한 부정확한 원인과 결과 서술들을 지적하거나 고치려 하지 않아도 된다. 추후 대화 과정에서 무엇이 무엇을 초래하는지에 대해 대화를 재구성할 수 있는 기회들이 많이 있을 것이다.

2. 당신은 어떤 시도를 해보았습니까?

평가의 다음 단계는 내담자가 자신의 호소 문제를 해결하기 위해 사용해 왔던 전략들을 탐색하는 것이다. 근본적으로, 핵심 질문은 "만약 당신이 추구하는 결과가 …[당신의 우울 정도를 낮추는 것, 어머니가 당신을 비난하는 것을 멈추게 하는 것 등]이라면, 당신은 이 결과를 얻기 위해 어떤 시도를 해보았나요?"이다. 인터뷰 과정 중 이 단계에서는 내담자가 언급하는 모든 전략에 대해 비판단적이고 수용적으로 반응하고, 특정 전략을 조정하거나 내담자가 사용할 수 있는 다른 전략들을 제안하는 것을 피하는 것이 중요하다. FACT 상담자의 입장은 호기심과 관심을 보여주는 것이지 판단적이거나 조언을 제공하는 입장이 아니다. 이러한 입장이 행크의 상황에서 어떻게 드러날 수 있는지 살펴보자.

상담자 : 당신이 우울증을 조절하고 조금 의욕을 갖기 위해 사용한 전략은 다시 침대로 돌아가서 잠을 청하는 것이었던 것 같네요. 당신이 조금 더 쉬면 에너지 수준이 더 올라갈 것 같으니까요. 그렇죠?

행크 : 음, 그 말씀도 맞아요. 그런데 그것보다… 제가 밖으로 나가면 다른 사람들은 제가 어떻게 지내는지 궁금해할 거고, 그러면 저는 곤란해지죠. 뭐라고 이야기해야 할지 모르겠어요. 그들은 제가 우울하다는 걸 알아차리겠죠. 그들이 내가 우울해서 일을 그만뒀다는 걸 알게 되면 저는 스스로 너무 약골같이 느껴질 거예요.

상담자 : 그렇군요. 그게 당신의 또 다른 대처법 같네요. 당신의 우울증을 악화시킬 수 있는 상황을 피하는 방법. 또 시도해보신 게 더 있습니까?

행크 : 글쎄요. 그냥 제 문제에 대해 생각하지 않으려고 해요. 일을 하지 않고 있고, 가족들과 잘 만나지 않고 있다는 점에 대해서도요.

상담자 : 그걸 어떤 식으로 하시죠?

행크 : 제 방에 주로 있어요. 몇 시간 동안 TV를 보죠. 재방송까지도 챙겨보고. 컴퓨터 게임을 하기도 해요. 상대방이랑 싸우는 류의 인터넷 게임에는 푹 빠지는 편이에요.

상담자 : 그렇군요. 당신은 당신이 느끼는 것들로부터 벗어나기 위해 여러 가지 다른 전략들을 사용하는 것 같네요.

내담자의 전략들을 모두 다 살펴볼 필요는 없지만, 내담자의 기본적인 접근법이 무엇이었는지에 대해 잘 이해하기 위해서는 어느 정도의 세세한 정보들을 수집해야 한다. 곤경에 빠진 사람들은 겉으로는 여러 다른 전략들을 시도하는 것처럼 보여도 사실상 그런 행동들은 기능적으로 볼 때 거의 다를 바가 없다. 결국 어떤 개입을 선택할 때 중요하게 고려되어야 할 두 가지 주된 기능적인 측면이 있다. 첫째, 내담자의 회피 전략 출현율 (prevalence)(예 : 직장에 가지 않기, 스스로 고립시키기, 게임하기)을 알아야 할 필요가 있다. 둘째, 이러한 전략들을 추진시키는 규칙들(예 : 슬픔과 우울감에 대처하는 방식은 그냥 그것에 대해 생각하지 않는 것)을 알아야 한다. 대체로 회피 전략의 출현율이 높을수록, 그리고 그런 전략들이 직접적인 경험보다 어떤 규칙에 의해 추진될수록 내담자는 괴로운 내적 경험을 통제하거나 억압하거나 피하는 데 더욱 심혈을 기울이게 된다. 그 결과, 내담자는 새로운 대안을 시도해보기를 더욱 어려워할 수 있다.

3. 그러한 시도는 얼마나 효과적이었습니까?

효용성(workability)는 FACT 모형의 핵심이다. 효용성은 내담자의 전략에 대한 진정한 척도라고 볼 수 있다. 내담자는 원하는 결과를 얻기 위해 다양한 전략을 적용해보고 있었을 것이다. 여기에서 던져야 할 질문은 그 결과가 실제로 얻어지고 있는지, 아니면 그와 다른 역설적인 결과가 발생하고 있는지다. 상담자는 내담자가 자신의 행동의 직접적인 결과를 직시할 수 있도록 해야만 그와 그의 마음 사이를 갈라놓을 수 있다. 내담자들은 문제해결적 마음의 규칙들을 따르는 일에 자주 급급하지만, 그들은 이러한 규칙들이 있다는 것조차 인지하지 못하고 있을 수도 있거나 다른 대안이 없다고 생각할 수 있다. 인터뷰 중 이 단계에서 FACT 상담자는 인터뷰의 속도를 늦추고, 내담자의 대답을 재진술하는 빈도를 높이고, 내담자가 효용성이라는 문제에 대해 숙고할 수 있도록 침묵의 시간도 늘릴 수 있다. 우리는 다시 행크와의 대화를 통해 이것이 어떻게 실현될 수 있는지 보도록 하자.

> 상담자 : 최근 몇 달 동안 당신은 우울감을 통제하기 위해서 다양한 전략들을 사용하는 데 엄청난 노력을 한 것 같네요. 주의를 딴 데로 돌린다거나, 에너지 관리를 위해 잠을 더 잔다거나, 민망한 상황으로부터 멀리 떨어져 있거나, 나를 보러 오는 것처럼 말이죠. 이런 일들을 잘 해내기 위해 보나마나 당신은 오랫동안 최선을 다했을 거예요. 그런데 당신에게 묻고 싶은 질문이 있어요. 오늘 당신이

겪고 있는 우울증과 6개월 전의 상태를 한번 비교해보세요. 당신의 우울증은 예전보다 좀 나아졌나요? 아니면 악화되거나 똑같나요?

행크 : 나아진 것 같지 않아요. 몇 달 내내 그랬어요. 약물치료도 도움이 되지 않는 것 같네요.

상담자 : 그렇다면, 어떤 측면에서는 당신이 예전보다 더 안 좋아졌다고 말해도 무리가 되지 않을까요? 당신이 어떻게 느끼는지를 관리하는 것이 당신 일상에서의 주된 목표가 되었다고 말할 수 있을까요?

행크 : 여태 한 번도 그렇게까지 생각하지는 않았지만, 그런 것 같네요. 어떤 다른 일로 바쁘지 않은 이상, 저는 제가 어떻게 느끼는지에 대해 거의 항상 생각하고 있네요.

상담자 : 우리가 만약 이러한 전략에 이름을 붙인다면, 이들은 당신의 기분을 조절하거나 개선하고자 만들어진 것 같네요. 6개월 전을 돌이켜본다면, 당신은 이러한 전략들이 효과가 있었다고 보나요? 시간이 지날수록 당신의 기분을 정말 개선해주고 있나요?

행크 : 글쎄요. 그렇게 보면 사실 상황이 그다지 나아지고 있지 않은 것 같네요. 오히려 더 악화되는 것 같습니다.

상담자 : 참 신기하네요. 보세요. 당신이 기분이 더 좋아지기 위해 사용했던 이 모든 전략이 사실은 당신의 기분을 악화시켰다는 이야기를 하고 계세요. 당신의 경험상 그게 정말 그런가요? 그건 당신의 마음으로 예측했던 것과는 정반대거든요. 몇 달 동안 당신은 이렇게 해 왔어요. 생각할 수 있는 모든 것들을 시도했어요. 제가 듣기에는 아주 최선을 다해서요. 그런데 당신은 지금 그 어느 때보다 더 안 좋은 상태네요. 이건 이상하게 이어지는 상황 전개 같아요. 당신의 마음이 틀렸을 가능성이 있나요? 마음이 이야기하는 대로 하는 것이 사실은 모든 것을 악화시키고 있을 수 있나요?

행크 : 모르겠어요. 좀 이상하네요. 이렇게 생각해본 적이 한 번도 없

어요. 흠…

이 대화에서 상담자는 내담자 안에 문제 해결적 마음이 제시하는 변화 계획이 과연 달성되거나 실행 가능한 것인지에 대한 의심을 키우는 작업을 매우 우회적인 방법으로 시작하고 있다. 내담자가 말한 것을 반영할 때에는 추상적으로 표현하지 말고 내담자가 스스로 언급한 직접적인 경험에 머물러 있는 것이 중요하다. 그저 내담자가 당신에게 이야기한 것을 반복하여 말하면서 다음과 같은 단순한 질문을 던져라―"혹시 당신의 마음이 주는 조언을 따르는 것이 문제가 되는 것일까요?" 여기에서 목표는 내담자가 이 질문에 대한 답을 만들어낼 수 있게 하는 것이다. 처음에는 상당히 엉성한 대답이 나올 수도 있다. 내담자가 통찰을 얻을 수 있을 것 같아 보인다면, 연이어 몇 개의 추가질문을 던지는 것도 괜찮다. 하지만 당신이 내담자의 경험이 보여주는 것에 대해 먼저 이야기해서는 안 된다. 여기에서 내담자로 하여금 통찰을 얻게 하는 것이 핵심이 아니라 자신의 행동이 가져오는 직접적인 결과들과 접촉하게끔 하는 작업이라는 것을 이해해야 한다.

4. 그러한 시도의 대가는 무엇이었습니까?

내담자들이 마주하게 되는 역설적인 결과들은 중요한 인생 성과 측면에서 볼 때 결코 무해하거나 중립적이라고 볼 수 없다. 일반적으로 회피를 하게 만드는 규칙들을 따를 때에는 그에 대한 대가가 있으며, 장기적으로는 삶에 여러 제약을 증가시키는 결과를 불러온다. 원치 않는 괴로운 내적 내용에 대한 통제감을 얻기 위해 사람들은 가치 있는 활동들을 희생해야 한다. 일상적인 활동들에 참여하는 것이 불쾌한 감정들, 부정적인 생각들, 떠올리기 싫은 기억들, 혹은 불편한 신체 증상을 불러일으킬 수 있기 때문이다.

회피하는 패턴이 삶의 곳곳에 확장되기 시작하면서 불편한 내적 경험을 유발할 가능성이 적은 활동들조차도 피하게 된다. '회피는 회피를 낳는다'라는 말이 이 문제의 핵심을 잘 표현한다. 우리가 더 많은 일들을 회피할수록 그러한 회피행동이 습관화된다. 내담자들이 이렇게 널리 확장되는 패턴의 대가와 접촉할 수 있도록 획기적인 변화에 대한 동기를 만들어주는 것이 필요하다. 내담자들은 자신의 회피 전략이 효과적이지 않다는 사실뿐만 아니라 고통스러운 것들을 통제하려는 시도들이 사실은 삶에 대한 통제를 잃게 만들고 있다는 현실에 대해 직접적으로 맞닿아 있어야 한다. 여기에서도 우리는 행크와의 임상적인 대화를 통해 이러한 작업이 어떻게 펼쳐질 수 있을지에 대한 예시를 보여주겠다.

상담자 : 당신이 우울증을 억제하려고 할수록 오히려 그것이 당신을 더욱 지배하게 되는 것 같군요. 혹시 이러한 전략들 자체가 우울증일 수 있을까요? 우울증이 당신에게 이런 식으로 반응하기를 원하는 게 아닐까요?

행크 : 이제 정말 혼란스럽군요. 선생님께서 하시는 말씀은 제가 저 스스로를 우울하게 만들고 있다는 건가요?

상담자 : 일부러 그러는 것은 아니겠지요. 우울하기를 좋아하는 사람은 단 한 번도 만난 적이 없으니까요. 하지만 당신의 경험을 돌이켜 보세요. 당신이 당신의 기분을 통제하려고 하는 시도들 때문에 혹시 당신이 정말 살아가고 싶은 모습의 삶으로부터 점점 멀어지고 있는 건 아닌지요.

행크 : 예전에 비해 확실히 놓치고 있는 것이 많아지긴 했지요.

상담자 : 그렇다면 구체적으로 어떤 것들을 놓치고 있나요?

행크 : 하루 종일 집에 있긴 하지만 아이들과 충분한 시간을 보내고 있지 않아요. 아이들이 집 안에서 뛰어다니면서 시끄럽게 구는 것이 싫어요. 그런 소음은 정말 짜증을 확 불러일으키죠. 아내와 몇 달 동안 성관계를 갖지 않았어요. 그녀는 저를 되도록 피한다고 볼 수 있죠. 정말 멀어진 느낌이에요. 더 이상 함께 이야기를 나눌 사람이 없어요.

상담자 : 와, 정말 무거운 대가네요. 집 밖에서의 상황은 어떤가요? 일이
　　　　나 친구관계 말이에요.

행크 : 직장 동료들은 절 이해해주려고 정말 노력하고 있어요. 충분한 시
　　　간을 갖고 기분이 나아지기 위해 노력하라고 하죠. 그런데 현실을
　　　보면 제가 잘할 수 있는 프로젝트들도 놓치고 있어요. 제가 그 자
　　　리에 없으면 당연히 다른 사람에게 그 일들을 넘겨야 하니까요.
　　　제가 잘 어울렸던 남자친구들이 몇 명 있어요. 서로의 집에 가기
　　　도 하고, 축구도 함께 보고, 치맥도 가끔씩 하고요. 그런데 요즘에
　　　는 그들이 초대를 해도 이런저런 핑계를 대고 가지 않고 있어요.
　　　이제 곧 결승전인데, 예전에는 이맘때쯤 항상 같이 모였죠. 그런
　　　데 이제 그들도 오랫동안 연락을 안 하네요. 저에 대해 이미 포기
　　　를 한 듯해요.

상담자 : 그렇군요. 예전에는 당신이 중요하게 기여할 수 있었던 일들을
　　　　놓치고 있다는 이야기네요. 그리고 당신의 친구들이 당신 없이 지
　　　　내는 것에 익숙해진 것 같다고 말씀하셨고요. 그렇지만 그들이 정
　　　　말 어떻게 생각하고 있는지는 잘 모르는 일이에요. 그렇죠? 그들
　　　　은 당신이 기분이 별로 좋지 않다는 것을 알기 때문에 부담을 주
　　　　지 않으려고 하는 걸 수도 있어요. 요점은 지금 시점에서 당신은
　　　　그들과의 연결감을 잃어버렸다는 것이네요.

행크 : 그렇네요. 종합해보면 결국 아침에 일어나서 기대할 게 별로 없어
　　　요. 그저 집에 틀어박혀서 지루하게 보내는 또 다른 하루의 시작
　　　인 거죠.

상담자 : 그럼 추가적인 대가가 있다는 걸로 들리네요. 당신의 의욕을 불
　　　　러일으키는 것이 더 이상 없다는 거죠. 일어나서 활동적으로 생활
　　　　하고 싶은 마음을 불러일으키는 요소가 전혀 없네요.

행크 : 맞아요. 잘 설명하신 것 같아요. (눈물 보임)

상담자 : 이것에 대해 이야기하는 것이 당신에게 매우 괴로운 일이라는
걸 알겠어요. 당신은 적절하게 대응하려고 최선을 다했어요. 당신
이 요즘 느끼는 우울감을 생각하면, 정말 하루하루를 살아내는 것
자체에는 큰 용기가 요구되는 거예요. 오늘 이렇게 상담에 온 것
은 매우 큰 첫걸음이라고 생각하고, 그 첫걸음을 뗄 수 있었다는
점에 대해 전 당신이 자랑스러워요. 개인적인 문제에 대해 이야기
하는 것은 마치 치과의사한테 가는 일이랑 비슷한 것 같아요. 치
과의사는 당신 입안의 곳곳을 찔러보면서 자세히 들여다볼 거예
요. 그리고 만약 어디엔가 문제가 있다면, 당신은 고통을 느끼겠
죠. 하지만 찔러보고 들여다보는 것은 당신의 건강을 위해서 필수
적이에요. 여기에서도 마찬가지예요. 우리는 아픈 곳을 치료할 수
있게 그것이 어디인지를 찾아내려는 거예요.

　이 대화가 보여주듯이 회피의 대가는 내담자에게 항상 뚜렷하지는 않다.
사람들은 매우 회피적인 생활 패턴 속에 있을 때 그러한 삶의 방식이 그들
의 가치나 삶의 가능성으로부터 얼마나 동떨어진 것인지를 잊게 된다. 따
라서 이렇게 끈질기게, 부드럽게 질문하는 과정의 목표는 내담자들이 다
시 회피에 대한 정서적인 대가와 접촉하는 것이다. 대가들 그 자체는 또다
시 피해야 하는 다른 부정적인 것들을 만들어내기 때문에 여기에서는 그러
한 부수적인 손해 또한 포함한다. 예컨대 우울한 내담자는 자신이 내면이
마비되는 느낌을 종종 보고하는데, 사실상 우울증 그 자체가 본질적으로
하나의 정서적 회피 전략으로 기능한다. 사실 항우울제나 감정을 둔화시키는
다른 약물을 복용하는 행위 또한 정서적 회피의 한 형태로 볼 수 있을 것이다.
　내담자는 이 인터뷰 단계에서 절망감에 종종 눈물을 보이거나 그 절망감
을 다른 식으로 표현한다. 그때, 상담자는 연민의 태도를 갖추는 동시에 내
담자가 돌이킬 수 없는 회피의 대가에 대해 접촉하게 되는 경우 내담자에
게 위안 또한 때때로 제공해야 한다. 이 개입 단계의 초점은 회피의 결과를

들먹이면서 내담자에게 불편한 체험을 주는 것이 아니다. 이러한 과정을 통해 내담자가 결국 새로운 시도를 할 수 있도록 건강한 의욕을 유발하는 것이 중요하다.

근본적인 변화를 위한 장을 마련하기 : 선택할 수 있다면 당신은 어떤 삶을 선택하겠는가?

FACT의 주목적은 내담자가 삶의 방향에 근본적인 변화를 꾀할 수 있도록 돕는 것이다. 내담자가 마음의 문제 해결적 모드에 갇혀 있을 때는 보다 큰 삶의 목표와 바람들로부터 종종 멀어진다. 내담자들로 하여금 비효과적인 회피 전략들을 내려놓을 수 있게 하려면 그러한 위험을 감수하는 것을 정당화할 수 있는 중요한 계기가 필요할 것이다. 궁극적으로는 내담자가 계속해서 회피 전략을 쓸 것인지 아니면 완전히 다른 어떤 것을 시도해볼 것인지에 대해 자신이 선택할 수 있다는 사실을 인지할 수 있도록 돕는 것이 우리의 목표이다. 즉 현재 내면에 있는 것들을 수용하면서 여전히 자신이 가치 있게 생각하는 삶의 방향으로 적극적으로 나아갈 수 있다는 것을 인지하게 도울 수 있다. 이것이 근본적인 변화를 촉진하는 과정의 핵심이라고 할 수 있다. 내담자가 도움 받기를 원하는 호소 문제로부터 시작해서 핵심 가치, 회피의 대가, 그리고 다른 삶을 살 수 있다는 가능성에 대한 논의로 마무리한다. 다음은 다시 행크와의 대화를 통한 예시이다.

상담자 : 당신이 꿈꿔 왔던 삶의 모습에 대해 궁금해지네요. 만약 당신이 원하는 대로 삶을 살아낼 수 있고, 당신이 할 수 있는 것에 아무런 제약이 없다면, 당신의 삶은 어떤 모습일까요?

행크 : 음, 저는 아내와 좋은 시간을 보낼 것 같아요. 예전처럼 친밀한 관계겠지요. 하지만 제 우울증이 제가 원하는 그런 모습이 될 수 없게 만들어서 가망이 없어 보이네요.

상담자 : 그래요. 그렇지만 지금은 무엇이든 가능하다고 생각해봅시다. 우울증같은 장애물에 대해서는 조금 나중에 보도록 하고요. 나는 그저 당신이 바라는 삶의 모습에 대해 듣고 싶어요.

행크 : 음, 아이들에게는 지금보다 더 나은 아빠가 되고 싶어요.

상담자 : 그래요. 가능하다면, 당신이 바라는 것과 지금의 모습 간의 비교는 빼놓고 이야기해볼까요? 그건 나중에 다시 해보도록 하고요. 만약 당신이 원하는 모습의 아버지가 될 수 있다면 무엇을 하고 있으실까요?

행크 : 계속해서 제가 하고 있지 않은 부분으로 자꾸 돌아간다는 게 신기하네요. 저는 늘 이런 식이죠. 알겠어요. 이런 이야기는 나중에 하자고 하실 거죠?

상담자 : 잘 아시네요. 자, 이제 어떤 아버지가 되고 싶은지 말씀해주세요.

행크 : 글쎄요. 예전에는 아이들이 운동할 때 자주 함께 했었어요. 아이들이 속해 있는 팀의 코치를 하기도 했고, 뒤뜰에서 여러 스포츠를 함께 했죠. 그들에게 롤모델이 되고 싶어요. 일을 할 때는 어떻게 관리할지, 공부는 어떻게 하는지, 최선을 다하는 건 어떻게 하는지 보여주고요. 아이들이랑 함께 시끌벅적하게 놀고, 그들이 자라는 모습을 보면서 즐길 수 있으면 좋겠어요.

상담자 : 가정 밖에서의 직장이나 다른 일과 관련해서는요?

행크 : 사실 저는 제가 하고 있는 일이 매우 좋아요. 다른 사람들에게 긍정적인 영향을 줄 수 있죠. 도전적인 면도 좋아요. 다른 사람들과 함께 어떤 문제에 대한 해결책을 찾는 일도 좋습니다. 친구들은… 아내랑 저와 함께 항상 캠핑을 가던 친구들이 있었어요. 온 가족이 늘 캠핑을 같이 갔죠. 그리고 전에도 말씀드렸듯이 축구를 함께 했던 친구들이 있어요. 지역 리그에서 같은 볼링팀에서 활약을 하기도 했고요. 다시 시작하고 싶네요.

상담자 : 멋지네요. 만약 그런 삶으로 다시 돌아갈 수 있다면 정말 멋지지 않을까요? 정말 만족스러운 인생일 것 같네요.

이 대화는 상담자가 무언가가 소용없다는 억압적인 느낌으로부터 가치 있는 삶을 살아가는 것에 대한 희망감으로 대화의 톤(tone)을 바꿔 나가는 방식을 보여준다. 상담자가 내담자의 가치 있는 삶에 대한 비전에 대해 관심을 보이는 것 그 자체로도 '당신이 선택하기만 한다면 이러한 삶을 살 수 있습니다'라는 메시지를 간접적으로 전달한다. 우리는 우스갯소리로 FACT 상담자는 '학습된 낙관주의 장애'가 있다고 이야기한다. 즉 상담자는 누구든지 언제라도 인생의 행로를 바꿀 수 있다고 믿는다. 여기에서 가장 큰 장애물은 내담자의 정신병리가 아니라 내담자가 정서적 회피를 하고 있는 동안에는 가치 있는 삶을 살 수 없다는 점이다. 이 둘은 공존할 수 없다. 이 대화에서 간접적으로 보여지는 또 다른 메시지는 사람들은 자신의 정서적 쓰레기를 먼저 치우지 않고서도 가치 있는 삶을 살 수 있다는 해방적인 발상이다. 사람들은 정서적인 쓰레기를 갖고 있으면서도 동시에 가치 있는 삶을 살 수 있다.

문제 재구성하기

만약 근본적인 변화를 촉진하는 기술이라는 게 있다면, 그것은 내담자의 문제를 새롭게 조명하는 능력에 기반할 것이다. 보기에 복잡한 문제를 보다 단순한 상황으로 전환할 수 있는 능력은 단기개입의 핵심이 된다. 단순한 문제라고 해서 그 해결책이 항상 단순하지는 않지만, 여전히 문제가 단순해지면 보다 초점이 명확해져서 어떤 행동들이 변화되어야 하는지를 발견하는 데 도움이 된다.

재구성하기는 여러 단기치료 접근에서 핵심 요소로 간주되고 있다. 이것은 문자 그대로 내담자를 기존의 준거틀로부터 벗어나게끔 도와준다는 뜻이다. 이 준거틀은 문제가 무엇인지, 무엇이 문제를 일으키는지, 내담자의 노력에도 불구하고 왜 문제가 지속되고 있는지에 대한 체계적인 신념들을 말한다. 내담자가 자신의 기존 신념체제에 대한 정확성이나 유용성에 대해 의문을 품도록 하는 것이 재구성하기의 근본적인 목표이다. 내담자는 기존 체제가 불확실해질 때 자연스럽게 다른 설명체계를 찾고자 하는 강력한 경향을 보인다. 이것은 내담자가 예전에는 거부했던 새로운 정보를 새롭게 고려해볼 수 있도록 한다. "제 상황에 대해 이런 식으로 생각해본 적은 없었어요." 혹은 "저의 문제에 대해 그런 식으로 이야기하실 거라고는 상상도 못했어요."라고 내담자가 말한다면 당신이 재구성하기에 성공했다는 힌트다.

FACT는 여러 재구성하기 전략을 포함하는데 주로 속담, 이야기, 비유, 은유 등의 형태로 진달이 되며 이것들은 내담자의 문제를 매우 초점화된, 해결 가능해 보이는 문제로 정의될 수 있도록 한다. 이러한 전략들은 반복해서 사용될 수 있는 핵심적인 치료적 메시지로서 그 기능이 두 배가 된다. 습관 변화의 초반 단계에서는 대부분의 사람들이 자신의 비효과적인 낡은 전략과 효용성 있는 새로운 접근 사이에서 왔다 갔다 하기 때문에 이렇게 반복해서 메시지를 전달하는 일은 불가피한 작업이다. 기술과 관련된 변화 과정은 낡고 습관적인 반응에 새로운 반응을 통합하는 작업을 수반한다. 이 단계에서 종종 사용되는 핵심 FACT 재구성하기 메시지들은 다음과 같다.

- 당신이 어떻게 느끼는지를 통제하려는 것은 문제이지 해결책이 아니다.
- 당신은 가망이 없지 않다. 당신이 사용하고 있는 전략들이 엉망일 뿐이다.
- 무엇을 믿을 것인가? 당신의 마음인가, 당신의 체험인가?
- 당신은 감정에 대한 통제력을 얻을 수는 있지만, 그것을 위해 당신은 삶에 대한 통제력을 잃을 것이다.
- 당신의 감정을 통제하려고 하는 것은 마치 공을 물 안에 집어넣고 있으

려는 것과 같다. 할 수는 있지만 그 외 다른 것에는 집중할 수가 없다.

- 토끼는 우선 뛰는 것을 멈춰야 안전한지를 알아낼 수 있다.
- 치과 치료를 받는 것은 고통스럽다. 하지만 치료를 받지 않으면 더욱 고통스럽다.
- 기분이 좋다고 느끼는 것이 포인트가 아니다. 잘 느끼는 것이 핵심이다.

요약 : 직접적 체험의 힘을 활용하기

이 장에서는 내담자와의 대화를 초점화하고 그들이 가지고 있는 문제에 대한 관점을 개정하기 위한 준비를 시킬 수 있는 FACT의 특정 인터뷰 전략들을 살펴보았다. 초점화 질문은 내담자의 반응을 촉진하고 내담자가 추구하는 바와 확실한 관련이 있다. 때문에 대부분의 단회 개입들은 기본적으로 초점화 질문 이후에 종료된다. 결국 내담자는 자신의 회피 전략이 소용이 없었고 앞으로도 그럴 것임을 인지하게 되면 대부분 자신의 행동 방향을 자발적으로 그러한 비효과적인 전략으로부터 멀어지게끔 변경한다. 그러고는 곧 상담자의 촉구 없이도 자신이 가치 있다고 생각하는 활동을 시도할 의지를 보일 수 있다. FACT의 관점에서 볼 때 초점화된 인터뷰는 임금님(달리 말해 문제 해결적 마음)은 사실 벌거숭이인 것을 드러내도록 고안된 것이다.

하지만 어떤 내담자에게는 추가적인 개입들이 필요하다. 상담자는 내담자의 강점과 약점에 대해 보다 심층적인 평가를 하여 그 정보를 활용하여 구체적인 개입 목표와 전략들을 제시하는 사례분석을 진행해야 할 수도 있다. 다음 장에서는 이 중요한 과제를 해낼 수 있도록 돕는 사례분석 방법과 도구들을 소개할 것이다.

제5장

동기부여를 위한 전략과 도구

우리는 문제를 만들 때와 똑같은 생각으로 문제를 풀 수 없다.

알버트 아인슈타인(Albert Einstein)

상담자는 내담자와 몇 번의 만남을 통해 빠르고 지속가능한 변화를 촉진하기 위해서는 많은 정보 중에서 정수를 뽑아냄으로써 내담자의 관여를 촉진함과 동시에 인생을 변화시킬 수 있는 일관된 관점(coherent framework)을 만들어낼 필요가 있다. 효과적인 FACT 상담자는 내담자에게 가장 핵심적인 이슈들을 발견하고, 가치 있는 삶의 방향에 대한 대화에 참여하게 하고, 내담자가 갖고 있지 않은 기술들을 평가하며, 근본적인 변화를 위한 이러한 핵심 요소들을 모두 통합하는 개입을 고안할 수 있어야 한다. 이 장에서는 먼저 내담자가 상담 회기에서 보이는 행동을 활용하여 변화를 촉진할 수 있는 지점(leverage point), 즉 근본적인 변화에 참여하게 하는 동기의 근원을 발견하는 법에 대해 논의한다. 그다음, 회기 내 체험적 평가를 통해 내담자가 새로운 인생 방향을 선택하는 것에 대한 논의를 할 수 있도록 하는 방법을 소개한다. 마지막으로는 내담자의 심리적 유연성과 경직성의 근원을 신속하게 평가하고, 효과적/비효과적인 반응 등을 발견하고, 개입 방안을 개발하며, 회기와 회기 사이에서 내담자가 보이는 진전을 추적할 수 있는 도구와 접근법에 대해 논의할 것이다.

변화촉진지점 찾아내기

제4장에서는 내담자가 비효과적인 정서통제 전략들의 결과들을 직면하고, 근본적인 변화의 방향으로 나아갈 수 있도록 동기의 원천을 작동시키는 일련의 질문들을 제시하였다. 이러한 질문들은 자극적이면서 동시에 특정 기억이나 감정을 환기시킨다. 질문들은 내담자에게 여러 많은 감정을 불러일으키며 당면한 딜레마의 핵심을 찌른다. 대화 도중에는 민감한 이슈가 다루어지고 있는지를 탐지하기 위해 내담자의 반응(언어적인 반응과 비언어적인 반응 모두)을 관찰하는 것이 중요하다. FACT에서는 이러한 과정을 '고통을 채굴한다(digging for pain)'고 표현한다. 변화촉진지점에 근접했다는 신호로 두 가지 유형의 힌트가 존재하는데, 그것은 회기 내 회피행동과 '규칙에 대한 이야기(rule speak)'이다.

힌트 1 : 회기 내 회피행동

내담자는 실제 삶에서 그러하듯이 회기 내에서도 고통스러운 것이라면 자동적으로 피하려고 한다. 사실상 내담자는 당신과의 상호작용을 하는 과정에서 문제를 보일 것이다. 회피행동은 너무나도 만연하고 자동적이라서 내담자가 당신에게 좋은 인상을 남기려고 노력할지라도 여전히 회피하는 모습을 보이게 된다. 당신이 조심스럽게 그러나 집요하게 고통을 채굴한다면 내담자의 아픈 곳(sore spot)은 반드시 발견될 것이며 이에 내담자는 자신 특유의 전략들을 사용하면서 반응할 것이다. 내담자가 회피할 때 보이는 비언어적인 신호가 있는지 잘 살펴보라. 예를 들어 갑자기 눈을 마주치지 않는다든지, 말을 하다가 평소답지 않게 말을 멈춘다든지, 눈물을 보이거나 입술을 깨문다든지, 시선이 바닥이나 다른 곳으로 향한다거나, 손으로 머리를 싸매거나, 가슴 위로 팔짱을 끼거나 손을 부들부들 떠는 행동을 보일 수 있다. 당신의 질문에 이러한 비언어적인 반응을 직접적으로 보인다면 그것은 매우 중요한 신호다. FACT에서 우리는 이러한 비언어적인 힌트를 '움찔하기(flinching)'라고 부른다.

이와 더불어 내담자는 다양한 언어적 회피를 보일 것이다. 주제를 바꾼 다든지, 하나의 주제에서 다른 주제로 스치듯 지나간다든지, 질문에 대한 답을 하지 않거나, 질문을 잘 못들은 것처럼 행동하거나, 질문과 무관한 답을 한다든지, 구체적인 질문을 했는데 과하게 일반적인 답을 하는 것 등은 언어적 회피일 가능성이 있다. 가끔 내담자는 자신의 감정, 생각, 기억을 경험하기 싫다고 대놓고 이야기할 것이다. "그 생각은 하지 않으려고 해요.", "이건 그냥 잊어버리고 싶어요.", 혹은 "이건 별로 다루지 않았으면 좋겠어요."라고 말하는 것은 내담자가 정서적 회피를 하고 있다는 명백한 신호이다.

힌트 2 : 규칙에 대한 이야기

일반적으로 사람들은 자신이 어떠한 규칙을 따르고 있다는 것을 인지하고 있지 않으며, 만약 인지하고 있다고 해도 그것이 문제라고 보지 않을 가능성이 많다. 사실상 사람들은 자신의 규칙들에 대해 종종 상당한 자신감과 확신을 가지고 이야기한다. 예컨대 "성폭행 당했던 기억이 계속 떠올라서 남자들과 가까워질 수가 없어요.", "나에게 상처를 준 사람들이 벌을 면하도록 해서는 안 돼요."라고 이야기한다면 그러한 규칙이 그 사람의 행동을 통제한다는 것을 알 수 있다. 내용적인 측면에서는 규칙은 과일반적이고 '사람들', '그들' 등 복수 형태의 단어로 표현되어 있다. '원래 그래(Way Things Are)'라는 식의 단언(declaration)들인 경우가 흔하다. 또 규칙 따르기의 신호로 흔히 나타나는 어법은 "이렇게 기분이 안 좋은데 출근한다는 것은 말이 안 되죠."와 같은 흑백논리나, "친구들과는 속 이야기를 하지 않는 게 좋아요. 안 그러면 나와 같이 어울리는 것을 싫증 낼 테니까요."와 같이 과도하게 사회적 규범을 언급하는 경향으로 드러난다.

화법 중에도 규칙 따르기에 대한 신호를 주는 것들이 있다. 예를 들어 사람들은 긴장하면 말의 속도가 빨라지는 경향이 있다. 자세가 경직되는 것이나, 목소리 톤이 거칠어지거나 세지는 것을 느낄 수도 있다. 많은 경우 내담자는 구어적 표현을 통해 아무 의심 없이 받아들여지는 사실들을 강조한다. 예컨대 "사람들이 그러잖아요. '다른 사람에게 대접받고 싶은 대로 그들을 대하라'라고." 내담자가 규칙으로 가득 차 있는 자신의 이야기에 깊이 빠져 있을 때에는 내담자가 실제로 우리 앞에 없다는 느낌을 받을지도 모른다. 그의 입술은 움직이지만 그의 이야기는 진솔한 이야기로 들리지 않고 그저 자신의 비효과적인 행동들을 설명하거나 합리화하려고 진부하게 자주 이야기해온 레퍼토리처럼 느껴진다.

변화촉진지점 찾기에 대한 임상적 예시

줄리와 실비아 사이에서 오고가는 임상적 상호작용을 살펴보면 정서적 회피와 규칙 따르기가 어떻게 이들을 경직되고 비생산적인 소통 패턴에 갇히게 하는지를 볼 수 있다.

> 실비아 : 엄마는 내가 어떤 기분인지 모르잖아요. 그러니까 학교로 다시 돌아가기 위해 내가 뭘 해야 하는지 잔소리하지 말아요. 엄마 인생도 어떻게 관리해야 하는지 잘 모르면서 내 인생에 대해 이래라저래라하지 말란 말이에요.

> 줄리 : (상담자를 쳐다보며) 저는 제 부모님에게 이런 식으로 이야기하는 것은 전혀 생각조차도 하지 못했을 거예요. (실비아를 노려보며) 넌 부모에게 그런 식으로 이야기하면 안 된다. 아주 무례하고, 상스럽고, 버릇없구나! 조시는 엄마에게 절대로 이렇게 대하지 않아!

(비고 : 줄리는 실비아의 도전하는 발언의 정서적 충격을 피해 아이들은 부모에게 어떤 태도를 보여야 한다에 대한 규칙으로 빠진다.)

> 실비아 : 또 시작이시네요. 어쩔 수 없으신가 보죠. 항상 오빠는 어떻다로 이어지죠. 근데 전 걔가 어떻게 하든 눈곱만큼도 관심 없어요.

제가 조금이라도 다른 의견을 가지고 있으면 버릇없게 구는 건 거죠. 저는 그냥 제 생각을 이야기해서는 안 되나봐요.

(비고 : 실비아는 화가 난 것보다 상처를 받았다. 그녀는 분노를 통해 자신의 상처받은 감정을 피하고 있다. 그녀의 규칙은 자신은 엄마(줄리)에게 독립적인 존재로서 가치가 없다는 것과 엄마에게 사랑을 받으려면 오빠처럼 되어야 한다는 것이다.)

상담자 : 줄리, 실비아와 이런 식의 다툼이 잦으신 것 같네요. 이런 상황은 당신 안에서 무엇을 불러일으키나요? 실비아의 행동이 당신 안에서 무엇을 불러일으키나요?

줄리 : 저 아이는 그냥 자신이 원하는 대로 하는 거죠, 뭐.

(비고 : 줄리는 자신의 감정과 접촉해야 하는 질문에 답을 회피한다.)

상담자 : 지금 기분이 어떤지 말해주실 수 있나요?

줄리 : (시선은 아래로 하고 잠시 가만히 있는다.) 지금 아무것도 느껴지지 않아요. 저 아이가 저에게 다시 상처주지 못하게 할 거예요.

(비고 : 줄리는 자신이 느끼는 감정과 접촉을 하지 않으려고 한다. 이러한 회피행동은 감정과 접촉하는 것이 이전에 유사한 사건에서 얻은 상처를 다시 받게 만들 것이라는 규칙으로 인해 발생한다.)

상담자 : 당신이 지금 느껴지는 것들을 그냥 있는 그대로 느껴본다면 어떤 것들이 올라올까요?

줄리 : 저는 저 아이를 혼자 키워야 했어요. 아이의 아빠는 아이를 버렸죠. 양육비를 주고 있지만 아이에게는 관심이 없어요. 그가 아무것도 하지 않을 때 직장을 두 군데나 가지면서 아이를 돌본 것은 저예요. 그런데 비난받는 것도 저네요. 제가 항상 죄인인 거죠.

(비고 : 줄리는 자신은 다른 사람들에게 모든 것을 주었지만 아무것도 돌려받지 못했다는 이야기로 빠지면서 고통스러운 감정을 직면하는 것을 회피한다.)

상담자 : 그리고 적어도 지금 이 순간에는 아이가 그 부분에 대해 감사하지 않는 것 같다는 점에 대해서는 어떤 감정이 드나요?

줄리 : (훌쩍이며) 혼자 된 느낌이에요. 실비아에게 버림받은 느낌. 남편
　　　이 떠났을 때도 이런 느낌이었죠. 인생이 이런 식으로 풀릴 수밖
　　　에 없는 것은 제가 무언가 잘못했기 때문이겠죠.

(비고 : 줄리는 자신의 고통스러운 감정을 살짝 보여준 후 다시금 자신의 부족한
점 때문에 벌을 받는 것이라는 오래된 규칙으로 이동한다.)

　이 대화가 보여주듯이, 회피와 규칙 따르기를 촉진하는 과정들은 임상적
대화에서 대개 반복적으로 나타난다. 제2장에서 논의된 바처럼, 내담자가
달고 다니는 자신에 대한 이야기(self-stories)들은 고차적 규칙인 동시에 고
통스러운 것들로부터 벗어날 수 있는 피난처의 역할을 할 수 있다. 줄리의
경우, 실패로 끝난 자신의 결혼생활을 떠올리게 만드는 감정들을 직면하게
되면 현 시점에서 벗어나 자신의 이야기로 빠져들어 가는 경향을 보인다.
동시에, 그녀는 자신의 전남편과의 과거(그리고 그 외 젊은 시절에서 겪었
던 다른 유사한 거절 혹은 '실패' 경험들)를 그와는 사뭇 다른 딸과의 상호
작용에서 드러나는 요구사항들과 혼동하고 있다. 그녀가 이러한 근본적인
차이(당신은 딸과 결혼하지 않았다. 당신은 그녀의 어머니이다)를 놓친다면, 실
비아가 조금 더 독립하고자 하는 욕구에 유연하게 반응할 수 있는 능력을
상실하게 된다. 그녀는 실비아로부터 버림받는 느낌을 피하기 바빠서 부모
로서 효과적으로 기능할 수 없게 된다. 이 지점이 바로 그녀에게 변화촉진
지점이 된다. 효과적인 부모가 되기 위해서 그녀는 자신의 감정을 직접적
으로 경험하고자 해야 하고 어머니로서의 역할과 버림받은 전처(ex-wife)라
는 자신의 신분을 구별할 수 있어야 한다.

내담자가 삶의 방향을 선택할 수 있도록 돕기

FACT는 대부분의 치료적 접근과는 다소 다른 관점으로 내담자의 딜레마
를 바라본다. 우리는 내담자를 회피 기반 생활양식의 희생물로 보며, 활력

으로 가기 위해서는 가치중심적 행동에 참여해야 한다고 본다. 방향을 바꾸는 데 있어 가장 큰 걸림돌은 변화해야 할 필요를 알려줄 수 있는 자연스러운 정서적 신호를 무시한 채 회피 전략들을 촉진하고 정당화하는 규칙들을 따르는 상태이다. 경험적 활동과 은유들을 통해 이러한 딜레마에 '형태를 부여(physicalize)'하는 것이 유용할 수 있다. 이 방법은 상담자가 내담자의 언어체계와 문제 해결적 마음에서 비롯한 경직성(inflexibility)를 피해갈 수 있도록 하기 때문이다.

여정(journey)이나 방향과 관련된 은유들은 내담자의 현재 행동을 통해 드러나는 삶의 방향에 대한 큰 그림을 지각할 수 있도록 하는 훌륭한 도구들이다. 결국 우리 모두는 알든 모르든 어떠한 삶의 방향을 향해 가고 있다. 이를 위해 〈삶의 경로와 방향 전환(Life Path and Turnaround)〉 활동과 〈나침반 맞추기(True North)〉 활동은 특히 효과적인 접근이다.

〈삶의 경로와 방향 전환〉 활동

〈삶의 경로와 방향 전환〉 활동은 내담자의 삶의 방향에 대한 시각적인 은유를 만들기 위해 고안되었다. 이 활동은 가치에 기반한 행동의 결과와 현재의 회피 전략에 대한 대가를 대조함으로써 내담자가 비효과적인 전략의 결과, 즉 에너지가 얼마나 많이 소비되고 명시한 가치에 어떠한 영향을 주고 있는지를 볼 수 있게 한다. 아래 행크와의 대화에서 이 단순한 활동이 얼마나 강력한 도구가 될 수 있는지를 볼 수 있다.

상담자 : 들어보니 몇 년 전 당신의 기분이 저조해지기 시작하기 전에는 매우 활기찬 삶을 살았던 것 같네요. 아내와 친구 가족들과 함께 캠핑도 가고, 당신의 두 아들을 위해서는 어린이 야구단 코치도 하고, 볼링 동호회에도 참여하고, 당신의 아내와 함께 어울리던 친한 친구들도 있었고요. 이제 현재 당신이 삶의 어느 시점에 와 있는지 조금 더 확실하게 볼 수 있도록 활동 하나를 같이 해볼까

합니다. 자, 여기 이 줄을 당신의 삶의 경로라고 합시다. (종이에 직선 하나를 그린다.) 우리는 모두 삶의 경로를 가지고 있지요. 최선의 삶을 살기 위한 각자의 전략을 중심으로 구성되어 있어요. 여기 이 끝점에는 (가리키며) 당신이 이전에 언급한, 당신이 바라는 삶의 모습이 있어요. 당신은 아내와 좀 더 친밀해지고 싶고, 아이들과 좋은 시간을 갖고, 볼링도 치고 캠핑도 다니고, 직장에서 주어진 일을 해내고 싶어 하고 있어요. 반면에 이쪽에는(가리키며), 당신의 우울증을 억누르고 당신의 기분을 통제하려고 할 때 삶의 모습이에요. 당신은 집에 틀어박혀 과도하게 잠을 많이 자고, 친구나 재미있는 활동은 피하고 일도 안 나가는 식으로 살고 있어요. 이 선 위에 화살표를 그려서 당신이 삶의 경로에서 지금 어디쯤 있다고 생각하는지, 그리고 어떤 방향으로 나아가고 있는지를 표시해보세요. 당신은 활력 쪽(가리키며)에 와 있나요, 아니면 좀 더 이쪽(가리키며)에서 우울증을 억누르는 쪽에 와 있나요?

행크 : 음, 아무래도 한참 이쪽에 표시를 해야 할 것 같네요. 한 이 정도 쯤? (통제 쪽으로 향하는 화살표를 그린다.)

상담자 : 이 상황에 대해 어떻게 생각하세요?

행크 : 제가 바라는 대로 살고 있지 않네요. 점점 수습할 수 없을 정도예요. 뭔가 해야 할 거 같아요.

〈삶의 경로와 방향 전환〉 활동을 마친 후(그림 2 참조), 상담자는 내담자의 삶의 방향을 어떻게 하면 돌릴 수 있을지에 대해 생각해볼 수 있다. 이 과정은 내담자가 처한 곤경과 보다 의미 있는 삶을 향해 나아가려면 무엇이 요구되는지에 대한 분석을 요한다. 이것은 주로 어떻게 하면 삶의 방향을 바로잡기 위한 첫 단계들을 시작할 수 있을지에 대해 내담자와 함께 이야기하는 것을 포함한다. 이 과정에 대한 예시는 아래에 제시된 행크와의 대화를 통해 볼 수 있다.

더 많은 통제
무엇을 통제하고 회피하고 없애고
싶나요? 그렇게 하기 위해 무엇을
하고 있나요?

> 우울과 슬픔 : 방에 박혀 있기, 아
> 내와 아이들 피하기, 친구들과 만
> 나지 않기, 부끄러워지거나 실수
> 를 하지 않기 위해서 아예 일을
> 하지 않기

더 많은 의미
만약 선택할 수 있다면 어떤 삶을
선택하겠습니까?

> 아내와 아이들과 좋은 시간 보내
> 기, 친구들과 만나기, 어린이 야
> 구단 코치하기, 볼링하기, 일 열
> 심히 하기

1. 현재 당신 삶의 경로에서 어느 지점에 있는지 그리고 어느 방향으로 움
   직이고 있는지를 선 위에 화살표로 표시하세요.

2. 통제를 추구했을 때 얻는 것과 잃는 것이 있다면, 그것은 무엇인가요?
   이득은 내가 실패할 수 있는 상황으로부터 벗어나 있는 것, 스스로 창피하지 않
   아도 되는 것, 갈등을 피할 수 있는 것이다. 대가는 가족과 친구들과의 관계에서
   소외되는 것, 직장에서 성취감을 느끼지 않는 것이다.

3. 어떤 행동을 하면 삶의 의미를 향해 움직이고 있다는 것을 알 수 있나요?
   아내와 더 많은 시간을 보내고 아이들과 함께 더 많은 활동을 한다.

4. 막다른 골목에 다다른 것 같을 때에도 의미를 향해 전진하려면 어떻게
   해야 할까요?
   이렇게 하는 것이 내가 바라는 길이고, 나에게 중요한 것이라는 점을 기억해야
   한다.

5. 당신이 의미를 향해 추구하는 방향으로 움직일 수 있도록 도와줄 수 있
   는 것은 무엇이 있나요?
   아내가 날 도울 수 있을 것이다. 내가 퇴보할 때 아내가 날 붙잡아줄 수 있다.

그림 2. 행크의 〈삶의 경로와 방향 전환〉 활동지

상담자 : 자, 우리는 여기에서 전략적으로 생각을 해봐야 할 필요가 있어
요. 당신은 이미 한 방향으로 가고 있고 거기에는 상당한 가속도
가 붙어 있어요. 무슨 말인지 한 번 보여드릴게요. 일어나서 저쪽
으로 걸어가 보시겠어요? 제가 '지금'이라고 하면 한 발걸음에 정
반대방향으로 돌아서 그쪽으로 걸어가셔야 합니다. (행크가 걷기
시작한다.) 자, 지금!

행크 : (엉성하게 몸을 휙 돌려 한 번에 180도를 회전하려고 하다가 넘어질
뻔한다.) 아이고, 넘어질 뻔했네요.

상담자 : 그렇죠. 저도 예전에 한 번 시도했다가 발목을 삘 뻔한 적이 있
어요. 다시 한 번 걸어보시겠어요? 이제는 조금 더 안전한 방법으
로 방향을 바꿔보세요.

행크 : 음, 먼저 걷는 것을 멈출 거예요. 그리고 한 발로 반 정도 회전하
고, 다른 발로 끝까지 돌려 방향을 바꿀 거예요.

상담자 : 그렇군요. 그럼 세 번의 움직임을 통해 방향을 바꾸게 되겠네
요. 그렇게 하면 넘어질 가능성이 매우 적고요. 좋네요. 그렇다
면 당신의 인생 경로도 그와 비슷하게 생각해볼 수 있을 것 같아
요. 첫 단계는 당신이 원하지 않는 방향으로 움직이는 것을 멈출
수 있는 방안을 찾는 것일 수 있겠어요. 그렇게 하기 위해서는 그
방향으로 계속 가게 만드는 요인이 무엇인지를 찾는 것일 수 있고
요. 당신의 감정을 통제하는 쪽으로 가게 만드는 것들은 뭐가 있
을까요?

행크 : 아마 그냥 관성(inertia) 아닐까요. 제가 계속 해 왔던 것이니까요. 익
숙하고. 숨어버리면 창피해질 필요도, 실패할 이유도 없으니까요.

상담자 : 네, 그러면 무엇이 당신을 다른 방향으로 끌어줄 수 있을까요?
현재 방향으로 나아가는 것을 멈출 힘을 줄 수 있는 것은 뭐가 있
을까요?

행크 : 저의 신념이요. 반대방향에는 친밀감이 있어요. 아버지가 되는 것
　　　또한 저기 있지요. 직장에 잘 나가고 다시 삶을 즐길 때 따라오는
　　　많은 것들이 있어요.

상담자 : 방향을 바꿔서 반대쪽으로 계속 가기 위해 당신이 배워야 할 기
　　　술이 있나요?

행크 : 제가 실수할 수 있다는 점을 수용하는 법을 배워야 할 것 같아요.
　　　그리고 아무것도 하기 싫을 때에도 스스로 동기부여할 수 있는 방
　　　법을 배워야 해요.

상담자 : 삶의 방향을 바꿀 때 당신을 지지해줄 수 있는 사람이 혹시 있나
　　　요? 다시 틀린 방향으로 가려고 할 때 당신을 잡아줄 수 있는 사람
　　　이 있나요?

행크 : 제 아내가 협력자 역할을 잘 해줄 수 있을 것 같아요.

　위의 상호작용이 보여주듯이 삶의 방향을 바꾸는 계획을 세우는 것은 마
치 전략 회의와 같다. 삶을 풍요롭게 하는 행동들을 방해하는 장애물들을
발견하고, 그런 장애물들이 나타날 때 대처할 수 있는 조치계획을 세운다.

〈나침반 맞추기〉 활동

나침반(compass heading) 비유법은 변화를 위한 풍부한 정보와 전략들의
원천이 된다. 예정된 방향으로 나아가고 있는지 아니면 그 방향을 벗어났
는지에 대한 비유는 방향을 수정하는 것이 가능할 뿐만 아니라 그것은 사
실 어떠한 삶의 여정에서도 지속적으로 이루어지는 과정이라는 점을 암시
한다. 다음에 제시된 줄리와 실비아와의 대화에서 〈나침반 맞추기〉 활동이
어떤 것인지 볼 수 있다. 이 활동의 목표는 〈삶의 경로와 방향 전환〉 활동과
동일하게 내담자가 스스로 자신이 원하는 삶의 방향으로부터 벗어나 있다
는 것을 깨닫고 그 문제의 원인이 되는 요인들을 발견하게끔 하는 것이다.

상담자 : 혹시 당신은 나침반을 보거나 사용한 적이 있나요? 그냥 가지고 놀거나 등산을 하다가 어디쯤 와 있는지 파악하기 위해서 말이죠.

실비아 : GPS 용도로 제 스마트폰에 나침반 어플이 있어요. 꽤 유용하던데요?

줄리 : 저런! (실비아의 휴대전화를 쳐다본다.) 요즘 애들은 저런 거에 푹 빠져 있어서 문제예요. 저는 마지막으로 나침반을 본 게 아마 열여섯 살 즈음에 아버지랑 캠핑을 갔을 때였던 것 같군요.

상담자 : 좋습니다. 두 분 모두 나침반의 주용도가 올바른 방향을 가고 있는지를 알 수 있게 하여 길을 잃지 않게 하는 것이라는 걸 알고 있지요. 평소에는 목적지를 볼 수 없기 때문에 나침반에 의존하여 과연 잘 가고 있는지 확인할 수밖에 없어요. 인생에서는 여러 어려움이 닥칩니다. 우리는 모두 삶의 목표를 가지고 있지만 자칫하면 쉽게 그 길을 벗어나게 되지요. 두 분 모두 지금 여기에 와 계신다는 사실은 당신이 가고 있는 방향에 대해 염려하고 있다는 것을 말해주고 있어요. 혹시 저번에 제가 "만약 당신이 원하는 대로 이 관계를 만들 수 있다면 그것은 어떤 모습일까요?"라는 질문을 했던 것 기억하세요?

줄리 : 선생님은 우리가 사실은 비슷한 신념들을 가지고 있다고 말씀해 주셨지요.

상담자 : 맞아요. 두 분 모두 서로에게 존중받고 싶고, 즐거운 활동을 함께 하고, 서로를 신뢰하며, 필요한 순간에 서로를 위해 있어 주고 싶다고 말씀하셨어요. 이런 것들을 제가 이 활동지에 한 번 적어보았어요. 이 활동지는 저에게는 약간 나침반 같다고 할 수 있겠네요. 여기 진북(true north) 위에는 '내가 선택한 삶 살기'라고 쓰여 있습니다. 그리고 여기 오른쪽에는 (가리키며) 당신의 가치들이 있는데, 우리가 방금 이야기한 것들을 속기로 받아썼어요. 자, 만

약 진북에는 '내가 바라는 대로 이 관계를 맺어가기'라고 적혀 있다면, 각자 지금 어느 방향으로 가고 있는지를 한번 표시해주세요. (둘 다 나침반에 표시를 한다.) 자, 각자 다른 방향으로 가셨군요. 한 분은 약간 서쪽을 향하고 있고, 한 분은 남동쪽으로 가셨군요. 평상시처럼 두 분은 참 독립적이시네요! (줄리와 실비아가 웃는다.)

실비아 : 저희는 각자 다른 방향으로 가고 있네요. 제가 생각했던 대로 우리는 참 단절되어 있군요.

상담자 : 자, 이걸 해석하는 하나의 방법은 "봐, 넌 서쪽으로 가고 있고, 나는 남동쪽으로 가고 있어. 넌 정말 뭐가 문제니?"일 거예요. 맞아요. 두 분이 다른 방향을 향해 가고 있다는 것은 사실이에요. 그렇지만 그것이 이 나침반이 보여주는 가장 중요한 점일까요?

줄리 : 아니요. 우리 둘 다 가고자 하는 방향에서 벗어나 있다는 걸 보여주고 있어요. 옳은 방향으로 가고 있는 사람이 없네요.

상담자 : 그렇죠. 그렇게 해석하는 것도 한 방법이네요. 둘 중 그 누구도 이 관계에서 원하는 방향으로 가고 있지 않아요. 여기서 조금만 더 작업해볼게요. 무엇이 당신을 가고자 하는 길에서부터 벗어나게끔 할까요?

실비아 : 음, 저는 엄마가 저보고 잘못하고 있다고, 나쁜 짓을 하고 있다고 할 때 정말 짜증이 나요. 거의 늘 바로 그다음에 나오는 말은 오빠라면 훨씬 잘 했을 거라는 이야기예요. 그러면 저는 엄마 보고 입 닥치고 저리 비키라고, 난 내 마음대로 할 거라고 소리 지르죠. 엄마한테 뭘 집어던지기도 하고, 엄마 전화를 받지 않은 적도 있어요.

줄리 : 쟤가 저한테 소리 지르면 저도 똑같이 소리 질러요. 딸이 엄마한테 그런 식으로 말하면 안 되죠. 집에서 내쫓을 거라고 협박도 하고, 일을 해서 저에게 하숙비를 내야 한다고 하기도 했어요. 버릇

없는 년이라고 욕도 했죠.

상담자 : 네, 들어보니 각자 나름대로의 기준에 초점을 두는 것 같네요. 해라 마라 하는 것은 듣기 싫다, 버릇없이 이야기하는 꼴은 못 보겠다. 이런 것들을 제가 한 번 적어볼게요. 두 분이 사용하는 전략이 '원치 않는 조언을 주는 것', '버릇없이 행동하는 것' 등이라고. 두 분 다 이런 전략들이 별로 효과적이지 않다는 점에 대해서는 동의하실 것 같아요. 그리고 두 사람 모두 소리 지르고, 협박하고, 그 후에 서로에게 벌을 준다고 하셨어요. 보아하니 두 분은 의견충돌이 있을 때 서로 합의한 대처법이 없는 것 같네요. (둘 다 고개를 끄덕인다.) 그러면 여기 '기술' 부분에 그걸 적겠습니다. "갈등이나 의견충돌을 해결하는 더 나은 기술을 배우고 싶다."

앞서 나온 대화에서 볼 수 있듯이 〈나침반 맞추기〉 활동의 디브리핑(debriefing) 측면은 내담자로 하여금 상담자와 함께 자신의 현재 행동이 원하는 삶의 방향으로 향하게 하는지를 평가할 수 있도록 한다. 이러한 대화는 내담자가 발달시켜야 할 기술들에 대한 평가 또한 포함할 수 있으며, 이것은 〈삶의 경로와 방향 전환〉 활동과 연결하여 삶을 호전시키는 계획을 하는 것으로 이어질 수 있다. 이 활동지는 임상적 이슈들과 유용한 개입 목표들을 요약 및 정리해볼 수 있는 상담자를 위한 도구 역할도 한다.

사례개념화 : 관찰한 것 해독하기

상당수의 내담자들이 FACT에 매우 빨리 반응하지만, 어떤 내담자들은 더 많은 도움을 필요로 한다. 그런 경우, 보다 정교한 사례분석이 유용할 수 있다. 내담자의 강점과 약점을 제대로 평가하고 그 정보를 토대로 즉각적인 개입을 만들어내는 것은 어려운 내담자들을 대상으로 근본적인 변화를 촉진하는 일에 있어 매우 중요하다. 결국 내담자가 어떤 기술을 개발하고

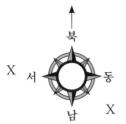

내가 선택한 삶 살기

당신의 가치는 무엇입니까?

- 서로 존중으로 대하는 것
- 함께 재미있는 시간 보내는 것
- 신뢰를 키우는 것
- 지지해주며 통제하지 않는 것

현재 사용할 전략은 무엇이며, 그것은 효과가 있습니까?

- 원치 않는 조언 주기(효과적이지 않음)
- 버릇없이 굴기(효과적이지 않음)
- 서로 소리 지르기(효과적이지 않음)
- 협박하거나 벌주기(효과적이지 않음)

여행을 하기 위해 어떤 기술들이 필요한가요?

- 갈등 시 협상하는 기술
- 의견이 일치하지 않고 서로에게 화가 나는 경우에도 소통할 수 있는 기술

임상적 주제

1. 자각(현재에 머무를 수 있는가? 내적 경험을 알아차릴 수 있는가? 조망할 수 있는가? 자신과 타인에게 연민을 보일 수 있는가?
   줄리 – 자신의 과거로부터 거리를 두고 과거의 고통/거절 경험과 현재 느끼는 감정들을 구별할 필요가 있음.

2. 개방성(내적 경험을 투쟁 없이 받아들이는가? 효과가 없는 규칙들을 알아차리고 버리는가?)
   줄리 – 실비아의 독립성을 자신에 대한 거부나 자기가치의 상실로 받아들이지 않고 수용하는 법을 배워야 함.
   실비아 – '엄마의 평가는 통제하려는 시도'라는 규칙으로부터 벗어날 필요가 있음.

3. 참여(가치가 분명한가? 효과적인 행동을 조직할 수 있는가? 강화를 얻을 수 있는가? 대인관계 기술이 충분한가?)
   둘 다 긍정적인 활동(쇼핑, 영화 보기, 커피숍 가기)을 함께 하도록 노력해야 함.

그림 3. 줄리와 실비아의 〈나침반 맞추기〉 활동지

개선해야 하는지에 대해 상담자가 혼란스럽거나 명확하지 않으면, 개입은 그만큼 덜 정교하고 덜 효과적일 수밖에 없다. FACT에서 사례개념화(case formulation)를 하는 과정은 두 가지 핵심 요소를 포함한다. 첫 번째는 (〈유연성 프로파일〉 활동지를 사용하여) 유연성을 평가하는 것이고, 두 번째는 [〈사분면(Four Square)〉 도구를 활용하여] 효과적인/비효과적인 행동에 대한 자세한 분석을 수행하는 것이다. 궁극적으로, 세심하게 계획된 사례개념화는 상담자가 내담자에게 근본적인 변화를 가져올 수 있는 단기개입들을 선택할 수 있게끔 한다.

〈유연성 프로파일〉 활동지로 유연성 평가하기

유연성을 평가하기 위해 먼저 우리는 각 핵심 과정 영역 — 자각, 개방성, 참여의 기둥 — 에서 내담자의 강점을 파악해야 한다. 개입 목표를 선정할 때 일반적으로 사용되는 규칙은 상대적으로 강한 핵심 과정을 활용하여 상대적으로 약한 것(들)을 강화하고 개선하는 것이 최선책이라는 것이다. 따라서 강점과 약점을 모두 평가하는 것은 사례개념화 과정에서 매우 중요한 부분이다. 여기서 면담 중 상담자가 내담자를 관찰한 내용이 대단히 중요하다. 예를 들어 내담자는 얼마나 개방적으로 보이는가? 내담자는 고통스러운 경험을 수용하고자 하는 의지에 대해 이야기하는가? 어려운 전략들을 시도해보려는 열린 자세를 보이는가? 규칙을 따르는 데 빠져 있어 보이는가? 내담자는 현재에 머물러 면담 과정 중 일어나는 정서적 경험을 처리하는 능력이 있는가? 내담자는 스토리텔링 모드에 자주 빠지는가? 아니면 현재와 과거 사건에 대해 큰 어려움 없이 조망할 수 있는가? 자신의 개인적인 가치와 연결되어 있어 보이는가? 효과적인 문제 해결 행동을 하고 있는가?

그림 4는 상담자가 행크와의 초기 회기 이후 작성한 〈유연성 프로파일〉 활동지를 예시로 제시하였다. 이 예시에서 두드러지는 것은 행크가 참여

영역에서 약점을 보인다는 것이다. 그가 자신이 가치 있다고 생각하는 많은 활동으로부터 멀어져 있는 것을 볼 수 있다. 또한 그는 개방성에 있어서도 다소 약점을 보인다. 규칙 따르기 문제(부정적인 정서를 불러일으킬 수 있는 상황들을 피하는 것이 기분이 나아지는 방법이라고 믿는 것)를 보이고 있으며, 힘든 감정들을 수용하는 데 어려워하고 있다. 그는 자각 영역에

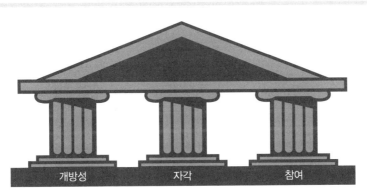

그림 4. 행크의 〈유연성 프로파일〉 활동지

서 상대적인 강점을 나타내고 있다. 고통스러운 주제로 대화를 할 때 가끔 멍해지기도 하지만, 대체로 현재에 머무를 수 있는 능력이 있고, 자신의 삶에서의 과제와 사건들에 대해 조망할 수 있다. 따라서 상담자는 행크의 자각 영역에서의 능력을 활용하여 그의 가치와 연결될 수 있도록 도울 수 있으며, 그 결과로 행크는 자신의 기분이 우울하더라도 긍정적인 활동에 참여할 수 있게 될 것이다.

〈사분면 도구〉를 통해 효용성 살펴보기

어려운 내담자들을 위한 임상적 개입들은 복잡하고 혼란스러울 수 있으며, 유동성 있는 목표 설정이 요구된다. 내담자의 문제가 바뀌거나 만날 때마다 어떤 특정 개입에 대한 그들의 반응이 달라질 때 상담자 또한 쉽게 방향을 잃을 수 있다. 따라서 효과적인 행동과 효과적이지 않은 행동을 모두 단순하고 정확하게 설명할 수 있는 방법을 갖추는 것이 중요하다. 사분면 도구는 개입에서 표적으로 삼을 수 있는 내담자의 반응들을 발견하는 데 유용할 수 있다. 내담자와 만난 이후 공식적인 평가 보고서로 이것을 작성하는 것도 좋지만, 경험이 많은 FACT 상담자는 회기 내에 내담자와 만나는 도중 머리로 이런 분석을 시행하기도 한다. 그림 5에서의 예시를 통해 알 수 있듯이, 사분면의 첫 번째 축은 효과적인 vs. 비효과적인 전략이고, 두 번째 축은 외적(public) vs. 내적(private) 행동이다. 우리는 이미 효용성에 대한 개념을 폭넓게 다루었기 때문에 이러한 축은 이해하기 어렵지 않을 것이라고 생각된다. 이 축은 내담자의 현재 행동들을 효용성을 기준으로 증진시켜야 할지 감소시켜야 할지를 분류하는 데 도움이 된다.

이에 비해 우리는 아직 외적, 내적 행동의 연속선에 대한 논의를 충분히 하지 않았다. FACT에서는 (행동적 접근을 취한 모든 상담치료에서 그렇듯이) 모든 내담자 반응들은 행동으로 간주되며, 그것은 피부 아래에서 일어나는 반응 또한 포함한다. 내적 행동은 관찰될 수 없다. 일반적으로 내적

		효용성	
		비효과적인 것(더 적게 하기)	효과적인 것(더 많이 하기)
행동	외적	• 집에 박혀 스스로 고립 시키기 • 일하러 나가지 않기 • 친구와 만나는 것 피하기 • 아이들에게 퉁명스럽게 대하기	• 아내와 더 많은 시간 보내기 • 도움 구하기 • 직장 상사의 안부 묻기
	내적	• 반추하고 분석함으로써 우울감을 통제하려고 하기 • 가족, 결혼생활, 친구, 양육 등에 대한 가치로 부터 멀어져 있기 • 실수하는 것이나 부끄 러움을 느끼는 것을 피 하기 위한 규칙 따르기	• 현재에 머물러 있기 • 자기 이야기에 대한 전체적인 관점 갖기

그림 5. 행크의 〈사분면 도구〉

행동은 정서, 사고, 기억, 신체 감각과 같은 내면에서 일어나는 과정들을 포함한다. 외적 반응들은 타인에 의해 관찰될 수 있다. 이것들은 주로 내담 자가 일상에서 하거나 하지 않는 것들이다. 예를 들어 행크는 직장에 가지 않고 집에 있는다. 이 행동은 다른 사람들이 관찰할 수 있는 것이기 때문에 외적 행동이다. 집에 있으면서 행크는 자신이 어떻게 하면 우울증을 극복 할 수 있는지, 자신은 왜 다른 사람들처럼 행복할 수 없는지에 대해 반추한 다. 반추는 타인에 의해 직접적으로 관찰될 수 있는 것이 아니므로 내적 행 동이다. 〈사분면 도구〉는 이름이 말해주듯 4개의 사분면을 가지고 있으며, 각 사분면은 단기개입의 잠재적 표적들을 알려줄 수 있다. 이것이 어떻게 활용될 수 있는지 살펴보자.

외적 영역에서 비효과적인 것 이러한 행동들은 내담자가 일상에서 잘 기능하는 것을 방해하는 것들이다. 우리는 이것들을 임무의 실패(행크의 경우 자녀들에게 짜증을 내거나 사교모임 초대를 거절하는 행동이 해당됨) 혹은 누락의 실패(직장에 나가지 않거나 친구를 피하는 행동)로 본다. 내담자가 비효과적인 외적 행동을 많이 보인다면, 상담에서의 목표는 이러한 행동의 빈도를 줄이는 것이 될 수 있다. 예컨대 상담자는 행크에게 안방에 들어앉아 자신을 고립시키지 말고 거실에서 더 많은 시간을 보낼 것을 제안할 수 있다. 이것은 그의 만성적인 고립의 영향을 조금이라도 감소시킬 수 있을 것이다.

외적 영역에서 보다 효과적인 것 이러한 행동들은 주로 내담자의 가치와 일관되어 있으며 삶에서 긍정적인 성과를 만들어낸다. 이런 경우, 그런 활동들을 더 많이 계획하도록 하는 것이 개입이 될 수 있다(예 : 행크는 친구들에게 전화해서 미식축구를 같이 보자고 할 수 있음). 이러한 행동들은 행크의 사례에서처럼 오래된 행동들 중 도중에 실패했던 것들일 수 있다. 반면 완전히 새로운 행동일 수도 있다. 내담자들은 간혹 더 효과적인 행동을 취하기 위한 기술을 갖추지 못하고 있을 수 있다는 점을 기억해야 한다. 예를 들어 줄리와 실비아는 갈등해결 기술이 부족해서 의견충돌이 생길 경우 현재 해결책에 대한 협상을 성공적으로 이끌어낼 수 없는 상황이다. 이런 경우, 그러한 기술을 습득하도록 돕는 것이 개입의 목표가 될 수 있다.

내적 영역에서 비효과적인 것 이러한 행동들은 내담자가 유연하게 대처하는 것이 도움이 되는 상황에서 그렇게 하지 못하게 하는 방해물 역할을 한다. 예를 들어 행크의 행동은 그가 실수를 하거나 창피를 당할 수 있는 상황들을 피하게끔 하는 규칙들에 의해 이루어진다. 행크는 자신의 우울증을 분석하는 데 많은 시간을 할애하면서, 무엇이 우울증을 불러일으켰는지,

그것으로 인해 어떤 손해를 보았는지를 살펴본다. 하지만 이러한 정신적 활동은 그의 기분이나 기능을 개선하지 않을뿐더러 자신의 문제를 다루기 위해 무엇을 해야 할지에 대한 혼란감만 증가시킨다. 주로 이 사분면에 속하는 FACT 개입들은 내담자가 그저 자신의 부정적인 정신적 활동들을 알아차리는 법을 배우게 하고, 그들의 외적 행동을 너무 과하게 조절하지 않도록 주력한다.

내적 영역에서 보다 효과적인 것   이러한 행동들은 보다 효과적인 외적 행동들을 촉진하는 경향이 있다. 예를 들어 내담자는 현재에 머무른 채 불쾌한 생각과 감정들을 관찰하며 적극적으로 수용하는 법이나, 현 상황에서 중요한 것에 주의를 기울이는 법을 배울 수 있다. 행크의 경우에는 친구들과 연결되고자 하는 자신의 가치에 근거하여 사교적 기회를 선택하는 것을 배울 수 있다.

　임상적 경험에 비추어보면, 상담자는 〈사분면 도구〉에서 나오는 용어에 따라 생각하는 것만으로도 꽤 초점화된 개입을 내놓을 수 있게 되며, 치료 계획을 정식으로 구상하는 데 들이는 시간에 비해 훨씬 적은 시간이 소요된다. 마지막으로 강조하고 싶은 점은 개입의 초반부터 각 사분면에 대한 정보를 모두 갖춰야 할 필요가 없다는 것이다. 하지만 만약 하나의 사분면이 완전히 비어 있다면, 그것은 당신의 치료 계획에 상당한 영향을 미칠 수 있다. 예컨대 외적 행동 중 효과적인 행동을 전혀 찾아볼 수 없는 내담자는 기술 훈련이 필요한 사람일 수 있으며, 자신의 개인적 가치로부터 완전히 벗어나 있을 수도 있다. 이 예시에서 볼 수 있듯이, 사분면 하나에 대한 작업은 종종 다른 사분면에서의 행동을 바꾸는 것을 포함할 수 있다. 마찬가지로 3개의 핵심 강점 영역 중 하나에 대한 작업을 할 때, 다른 핵심 영역에서의 기술을 발달시키거나 강화시키는 경우가 종종 있다.

요약 : 진전도 파악의 중요성

임상 효과를 최대치로 올리려면 FACT 상담자는 매 회기의 매 순간이 의미 있을 수 있도록 충실히 임해야 하며, 자신이 틀렸음이 증명되는 것 또한 두려워하지 않아야 한다. 이 장에서 계속해서 논의된 것처럼, 평가와 사례개념화와 치료 계획의 주된 목적은 최상의 개입을 만들어내는 데 있다. 하지만 내담자는 당신이 선택한 개입으로부터 효과를 보지 못할 수도 있으며, 만약 그런 상황이 발생한다면 이를 감지할 수 있어야 한다. 효과성을 확보하기 위한 방법 중 하나는 매 회기가 진행되는 동안 내담자의 진전도를 평가하는 습관을 기르는 것이다. 이것은 부담스러운 과정이지 않아도 된다. 그저 내담자의 호소 문제의 심각도, 회기 내에서 논의된 행동 변화 계획을 수행해내는 것에 대한 자신감 정도, 그리고 회기의 유용성 등에 대한 점수를 부여할 것을 권장한다. 부록에 이를 위한 간단한 질문법과 권장되는 평가법을 자세히 소개한 내용을 실었다.

이 장과 제4장에서 설명한 면접과 평가 도구들은 모두 부록에 다시 포함되었다. 바로 사용할 수 있는 큰 버전이 필요하다면 이 책의 웹사이트 (nhpubs.com/23451)에 가서 내려받을 수 있다.

제6장

근본적인 변화 촉진하기

> 한겨울에야 나는 내 안에 여름이 계속 도사리고 있음을 깨달았다.
>
> 알베르 카뮈(Albert Camus)

삶에서 주어지는 불가피한 어려움들에 직면했을 때에도 내담자가 자신이 선택한 길로 전진할 수 있게 하는 요인이 바로 심리적 유연성인데, 이 장에서는 이 심리적 유연성을 촉진하는 몇몇 핵심적인 FACT 개입들을 살펴볼 것이다. 변화 과정 중에서 이 시점쯤 도달하면 제4장과 제5장에서 나온 전략들을 통해 내담자는 이미 정서적 회피 전략이 비효과적이라는 점, 정서적으로 회피하게 만드는 정신적 규칙들이 경직되고 무분별한 문제 해결 모드에서 비롯된다는 점, 그리고 그로 인한 모든 결과가 삶에서의 활력, 의미, 목적 측면에서 많은 손실을 가져왔다는 점 등을 직시했을 것이다. 또한 상담자는 이 시점이 되면 내담지의 강점과 약짐에 대해 내락 파악하고 있으며, 개입 목표에 대해서도 어느 정도 결정을 내린 상태일 것이다. 이 모든 과정은 어쩌면 모두 첫 만남의 전반 30분 동안 일어났을 수도 있다! 이제는 근본적인 변화를 촉진할 시점이 왔다.

유연성 기둥 강화하기

심리적 유연성의 핵심 과정들을 강화하는 것이야말로 FACT에서 추구하는 것이다. FACT는 사람들이 대부분 적절한 기술을 갖춘다면 셰익스피어의 표현을 빌려 '가혹한 운명의 돌팔매질과 화살'을 견딜 수 있는 능력을 가지고 있다고 가정하기 때문에 FACT는 사실상 행동치료로 볼 수 있다. 상담자가 해야 할 일은 내담자가 필요한 기술들을 개발하고 실생활 상황에 적용할 수 있도록 돕는 것이다. 우리가 강조했듯이 이것은 반복적인 과정으로서, 새로운 행동들에 착수하고, 그 결과를 완전히 이해하며, 전략을 개선하는 절차를 포함한다. 삶에서 직면하는 어려운 상황에 완벽하게 대처할 수 있는 사람은 거의 없을 뿐 아니라, 완벽하게 되는 것에 관심이 있는 것도 아니다. 중요한 것은 좀 더 효과적으로 되는 것이지 많은 '스타일 점수'를 따려고 하는 것이 아니다. 그보다 우리는 효과적일 필요가 있으며 '스타일 점수'는 포기해도 된다. 이제부터는 유연성 기둥들―자각, 개방성, 참여―에 대해 보다 세세하게 설명할 것이며, 사례의 예시를 통해 상담자가 어떻게 하면 내담자로 하여금 현재에 머무르고 내적 경험에 열린 태도를 가지며, 자신에게 가치 있는 방향으로 움직이도록 하는 행동에 참여하게 하는지를 보여줄 것이다. 책의 제3부(사례 예시)에서는 FACT가 실제 치료에 어떻게 적용될 수 있는지를 보여줄 것이다. 표 2는 개입 전략들을 나열하고 각 전략이 어떤 핵심 과정을 목표로 삼는지를 보여주고 있다.

자각 증진하기

자각은 현 순간에 주의를 집중하고, 삶 속에서 나타나는 어려운 상황들과 그것들이 자극하는 이야기(narratives)에 대해 거리를 두고 관찰하는 태도를 취하는 능력을 포함한다. 현재에 머물러 있지 못할 때 내담자는 과거나 미래에 살게 됨으로써 앞에 닥친 경험으로부터 아무것도 얻을 수 없게 된다. 이처럼 과거 지향적 혹은 미래 지향적인 정신 활동을 선호하는 것이 인간의 마음에 큰 해가 되지는 않는다고 보는 것은 옳지 않다. 오히려 그것

표 2. 제7~10장에 나오는 FACT 개입 전략

기둥	개입	장
자각	작은 자기, 큰 자기	7
	현재 시점의 호흡	7
	몸 스캔	8
	자력	9
	그저 알아차리기	10
	마음챙김 쇼핑(과 다른 마음챙김 활동들)	10
	목격자 되기	10
개방성	하늘 위의 구름	7
	용기 있는 한 걸음	7
	물건상자	8
	불량배에게 맞서기	9
	천천히 말하기	9
	이름붙이고 갖고 놀기	10
참여	용기의 훈장	7
	사랑과 보호를 위해(부모용)	7
	선택 저울	8
	손바닥을 위로, 아래로	9
	좋은 날을 위한 좋은 출발	10
	지혜의 말	10

은 회피와 규칙 따르기를 촉진하는 핵심 과정이다. 우리가 '공상에 잠겨(off in the clouds)' 지낸다면 현재의 고통은 상당히 감소할 것이다. 만약 우리가 과거로부터 형성되거나 불가피한 미래로 인식되는 자기충족적 예언 속에

산다면, 우리는 무언가를 선택할 때 훨씬 더 의지와 무관한 선택을 할 것이고, 활력에 찬 삶을 살려고 할 때에도 불가사의하고 비효과적인 규칙들에 영향을 받을 것이다.

　마음에 관한 한, 마음이 현 시점에서 할 수 있는 것이 별로 없다는 것이 문제이다. 정신적 활동은 외부 세계에서 방금 일어난 것을 평가하는 데 초점이 맞춰져 있으며, 이것은 현 순간에서의 경험을 대체하기에는 형편없다. 지루한 마음은 인간으로 하여금 단순한 현 순간의 활력에 참여하기보다는 정신적 모략(자신이나 타인에 대한 이야기, 또는 개인사에 대한 해석)에 집착하게끔 만든다. 이것이야말로 대형 뇌를 소유함으로써 맞닥뜨리게 된 진화 과정상의 어려운 도전이며, 한 개인이 삶의 방향에서 근본적인 변화를 꾀하기 위해 우선적으로 마주해야 하는 문제이다. 자각 증진을 돕기 위해 고안된 FACT 개입들이 몇 가지 있다. 이 장에서는 그중 몇 가지를 소개할 것이고, 나머지는 다른 장에서 다루어질 것이다.

현 순간에 대한 주의력 발휘하기

회기 중 즉각적인 개입은 현재와 접촉하는 것을 촉진하여 내담자의 자각 수준을 높일 수 있는 가장 좋은 기회이다. "방금 뭔가 느껴진 그것을 계속 좀 느껴보시겠어요?", "그 말을 저에게 하면서 드는 감정을 한 번 설명해보시겠어요?" 혹은 "이 이야기를 할 때 당신의 몸은 어떤 느낌인가요?"와 같은 코멘트는 내담자가 현재 순간에 닻을 내릴 수 있도록 돕는다. 앞에서도 논의되었듯이, 내담자가 현재 순간에 머물러 있기 어려워하는 것을 보여주는 충분한 증거들이 있다. 한숨을 쉬거나, 시선을 피하거나 바닥을 쳐다보거나, 몸의 자세가 갑자기 바뀌거나, 주제를 변경한다거나, 구체적인 질문에 흐릿한 답을 한다. 상담자는 이러한 과정들이 발생하는 즉시 감지하여 그 상태에서 마치 '얼음'을 외치듯 머물러 있게 해야 한다. 구체적인 방법에는 그 과정이 발생하는 순간 명명하거나, 내담자에게 다시 이곳(상담실)

으로 돌아오라고 하거나, 또는 내담자를 회피하게 한 내적 경험을 그 순간 지적해주는 것 등이 포함된다. 이러한 증거가 나타날 때 내담자가 현재에 머물러 있는 것을 연습할 수 있도록 하는 것은 중요한 자각 기술을 가르치는 것이다. 우리는 내담자가 부드러운 눈으로 현 순간을 볼 수 있도록 훈련시켜야 한다. 즉 비판단적이고 관찰하는 방식으로 현재 순간에서 경험되는 것들에 주의를 집중하게 해야 한다. 단순하게 자신의 내면에서 무엇이 일어나는지를 자각하게 되는 것만으로도 내담자는 현명한 마음의 관점으로 들어갈 수 있게 된다.

　내담자가 현재에 머물러 있지 못한다고 해서 그것을 문제 삼아서는 안 된다. "왜 현재에 머물러 있지 못하나요? 지금 여기에 존재하는 것은 위험한 게 아니에요."와 같이 지시적이거나 지적으로 이야기하는 것은 실패의 대가가 크다는 것을 암시하기 때문에 현재에 머무르는 것이 내담자에게 오히려 더 위험하다는 인상을 줄 수 있다. 내담자가 얼마나 현 순간을 잘 경험하는지가 중요한 것이 아니다. 중요한 것은 내담자가 특정한 방법으로 의도적으로 주의를 집중하는 것을 배울 수 있도록 돕는 것이다. 우리 모두는 평소에 현 순간을 들락거리는 일을 하루에도 몇 번씩 반복한다. 그리고 대부분의 사람들은 현 순간의 경험을 활성화해주는 계기들을 자연스럽게 마주하게 된다. 현재에 존재하는 것의 가치에 대해 지시적이거나 지적인 멘트를 하기보다 오히려 현재에 머물러 있는 것이 어렵고, 적은 수의 사람들만이 항상 현재에 집중할 수 있다는 점, 그리고 현 순간에 참여할 수 있는 기회들을 더 잘 자각하게 되는 것이 우리의 주목표라는 점을 부드럽게 언급하는 것이 훨씬 더 효과적이다. 예를 들어 전형적인 FACT 숙제로 하루 일과가 끝났을 때 '자각 온도계'를 활용하는 것을 내줄 수 있다. 그리하여 하루하루를 0점(하루 종일 전혀 자각하지 못함)에서 10점(오늘은 부처와 동등한 상태였음)까지의 척도에서 점수를 매기게 할 수 있다. 또한 내담자는 하루 일과 중 자각을 높여준 상황을 적어보고(예 : 음악 감상, 춤추기,

요가하기, 운동하기), 이러한 자연스러운 계기들을 하루 일정 안에 더 집어 넣을 수 있다.

효과적인 관점을 갖는 기술 기르기

효과적 관점의 습득과 현재에 머무르기의 습득은 밀접한 관련이 있다. 효과적 관점 습득의 가장 큰 방해물은 머릿속에서 끊임없이 지속되는 배경음악과 같은 자기서사(self-narrative)인데, 이것은 지속적인 의미 부여(sense making) 과정으로서 문제 해결적 마음의 주요 산물이다. FACT 상담자는 내담자의 자기서사 내용 자체보다 이 같은 자동화된 의미화 과정에 대해 어떤 입지를 취하는지에 초점을 둔다. 이 점은 이야기들이 실제로 정확하고 심지어 설득력 있는 부분을 포함하고 있어도 마찬가지이다. FACT에서는 이런 이야기들을 사회적 교류를 통해 구성된 어떤 독립체들로서 개인의 현재 상황―그리고 많은 경우 과거와 미래의 인생 방향―을 설명하고 때로는 정당화하는 것으로 간주한다. 어떤 이야기의 평가기준은 그것이 정확한 요소들을 포함하고 있는지 여부가 아니라, 그 이야기가 내담자에게 가장 이로운 삶을 촉진하는지 여부이다. 어떤 이야기는 유연성과 활력 있는 삶에 참여한다는 느낌을 촉진하고, 또 어떤 이야기들은 그와 정반대의 효과를 가져온다. 맥락적인 관점에서 첫 번째 유형의 이야기는 내담자의 안녕과 이익을 촉진하기 때문에 기능적으로 옳은(functionally true) 것으로 볼 수 있다. 두 번째 유형의 이야기는 내담자에게 활력을 불어넣을 행동을 방해하기 때문에 기능적으로 잘못된(functionally false) 것으로 본다. 따라서 목표는 상담적 대화의 초점을 독립체 또는 마음의 창조물로서의 이야기에 맞춤으로써 개인과 마음 사이의 틈새를 벌려 거리가 생기게 하는 것이다. 이렇게 했을 때 우리는 새로운 척도를 사용하여 이야기들을 평가할 수 있게 된다―과연 이 이야기에 의거하여 살아갈 때 당신은 삶에서 원하는 것을 얻을 수 있는가?

여기에서 문제는 이야기들은 시간이 지날수록 사회적 관계 안에서 강화되어 정말 그것이 사실이라고 믿게 될 수 있다는 것이다. 내담자가 자신의 이야기에 깊이 몰두되어 있으면 그 이야기를 옹호하는 것이 효과적이고 활력 있는 가치 지향적인 삶을 사는 것보다 더 중요한 일이 된다. FACT의 목표는 보다 건강한 이야기를 만들어내어 건강하지 못한 이야기를 대체하는 것이 아니다. 모든 이야기는 마음의 문제 해결적 모드가 만들어낸 제멋대로인 창조물이기 때문이다. 그보다 FACT 상담자들은 내담자가 이야기를 이야기로서 자각하고 그 존재를 의식하도록 돕기 위해 노력한다. 다시 말하지만, 자각을 증진하는 방법은 자극적이지만 별로 유용하지 않은 정신적인 활동(과거에 관한 이야기 혹은 미래에 대한 예측)으로부터 매우 적절한 정신 과정(현 순간의 경험)으로 주의를 돌리는 것이다.

종종 내담자를 현재 순간으로 데리고 오는 전략은 자기패배적인 이야기들에 대해 새로운 관점을 갖게 하는 데도 도움이 된다. 내담자가 자동적으로 자신의 이야기를 보는 경향을 줄이기 위해 당신은 다음과 같이 질문할 수 있다. "내게 당신의 아동기와 청소년기에 대한 이야기를 할 때 당신 안에서는 어떤 것들이 느껴지나요?" 지금 이 순간에 올라오는 것들에는 어떤 것들이 있나요? 이 이야기를 하면서 어떤 느낌이 들지요?" 또 다른 전략은 철저하게 내담자의 이야기대로 전개된다면 어떤 결과가 발생할지 예측해 보게끔 하는 방법이다. 당신은 다음과 같은 질문을 통해 내담자가 자신의 이야기들이 실제로 자신의 현재 행동을 좌우한다는 것을 볼 수 있도록 도울 수 있다. "당신의 이야기가 전개되는 대로 지금 행동을 한다면, 어떤 일이 벌어질까요?" 혹은 "만약 당신의 이야기대로 된다면 당신은 그 결과에 대해 어떤 느낌이 들 것 같나요? 그것이 당신이 원했던 결과인가요?"

또 다른 FACT 전략은 이야기를 만드는 정신 능력이 얼마나 자동적이고 제멋대로인지를 깨닫게 하는 것이다. 이것을 쉽게 보여줄 수 있는 한 가지 방법은 내담자에게 여러 가지 가상적인 사회적 상황에서 '당신 자신에 대해 이야기해보라'는 타인의 요청에 어떻게 답할지 대략 말해보게끔 하는 것이다. 예컨대 어떤 파티에 가서 내담자가 좀 더 알아가고 싶은 사람을 만나는 상황, 취업 면접 상황, 혹은 먼 친척을 처음으로 만나는 상황을 제시할 수 있다. 몇몇 시나리오에 대해 질문한 이후, 내담자에게 다음과 같은 질문을 던져라. "이 중 어떤 이야기가 진정한 당신의 모습인가요?" 이것은 이야기들이 상담자-내담자 관계의 목적을 포함한 특정 사회적 목적에 맞게 고안되어 있다는 것을 강조한다. 상담자는 이야기가 가진 지속적인 특성은 인정해야 하는 한편, 이야기의 내용은 가볍게 여기는 것이 중요하다는 점을 강조해야 한다.

한편, 이야기를 만드는 현상에 대해 과도하게 지적으로 분석하거나 무시하는 태도로 말하지 않는 것이 중요하다. "그건 그냥 당신의 이야기죠." 혹은 "지금 이야기를 만들고 있는 거 모르시겠어요?"와 같은 반응은 핵심을 벗어난 반응이며, 치료 관계에도 긴장을 불러일으킬 수 있다. 요점은 현재 발생하는 사건 및 어려움들을 내담자의 개인사와 관련시켜 설명하면 그럴듯하기 때문에 이야기들이 실제보다 매력적으로 보일 수도 있다는 사실을 내담자가 알게 해야 한다는 것이다. 이야기들은 우리에게 일관성과 예측 가능성을 더해주는 한편, 개인적인 유연성을 그 대가로 치른다. 이러한 이유로 우리는 특히 팽팽한 긴장감이 도는 생활 속에서 이야기들과 적당한 거리를 둘 수 있는 능력이 필요하다.

자각 증진하기 : 임상적 예시

다음은 행크와의 두 번째 회기에서 일어난 임상적 대화이다. 상담자는 행크가 사회적 유대감의 상실을 다루는 대화 도중 현 순간에 머무르지 못하는 것을 알아차렸다.

상담자 : 잠시 타임아웃을 했으면 좋겠어요. 마치 당신과 더 이상 연결되어 있지 않은 느낌이에요. 당신은 다른 곳에 가 있는 것 같군요.

무슨 일이죠?

행크 : 음, 별 거 아니에요. 그저… 살면서 다른 사람들에게 수용받은 느낌을 마지막으로 경험했던 적이 언제였나 생각해보고 있었어요. 와, 정말 오래전 일인 것 같네요. 삶이 점점 더 내리막길로 접어드는 것 같아요. 아내는 월급을 받아오지 않는다고 저에게 화가 나 있어요. 제 아이들은 제가 애들이 떠드는 것을 못 참으니 절 멀리해요. 정상적인 게 뭔지도 잘 모르겠지만, 아무튼 정상적으로 살아보려고 발버둥치는데 계속 실패하는 기분이에요.

상담자 : 당신 마음에 인생이 점점 내리막길로 접어드는 것 같을 때 어떤 이미지나 생각이나 감정이 떠오르나요?

행크 : 아마도 슬픔과 같은 감정인 것 같아요. 하지만 솔직히 말하면 아무것도 느껴지지 않아요. 그냥 멍해요.

상담자 : 그럼 양파 껍질을 벗겨내듯이 그 멍함을 벗겨낸다면, 뭐가 떠오를까요? 할 수 있다면 지금 몇 분 동안만 여기에서 저와 함께 앉아서 그 멍함을 벗겨내고 그 안에 뭐가 있는지 보도록 해보세요. 전 여기에 당신과 함께 앉아 있을 거예요. 천천히 해도 좋습니다.

행크 : (오랫동안 아래를 내려다본다.) 저는 슬프고, 외롭고, 나 자신을 이렇게 되도록 내버려둔 것에 대해 스스로에게 화가 나요. 이 우울증 때문에 너무 많은 세월을 잃어버렸어요. 그런데 전 아직까지 그대로 이 자리에 있네요.

상담자 : 당신 눈을 보니 이 이슈들과 접촉하는 것이 정말 아픈 과정이란 걸 알겠어요.

행크 : 네, 정말 아프네요. 그리고 문제는 시간이 지나도 나아질 것 같지 않다는 거예요. 전 마치 불구가 되어 남자로서 자기 가정도 지키지 못한 사람이 된 기분이에요. 내 삶의 모든 사건이 다 똑같다는 생각이 들어요. 다 내리막길이에요.

상담자 : 당신의 마음은 그런 고통스러운 감정들 뒤편으로 바로 뛰어 들
　　　　어가서 당신이 계속해서 이런 경험을 하게 될 것이라고 예측하기
　　　　시작하는 것처럼 들리네요. 마치 이것이 당신 미래의 이야기라도
　　　　되는 것 마냥 말이에요. 제가 좀 전에 타임아웃을 외쳤을 때 당신
　　　　은 당신 마음속에 있는 과거와 미래의 이야기에 귀를 기울이고 있
　　　　었던 것이 맞나요?

행크 : 맞아요, 전 그 짓을 하면서 많은 시간을 보내죠. 이걸 뭐라고 말씀
　　　하셨죠? 과거에 사는 거라고 하셨나요?

상담자 : 아니면 당신의 삶이 한 여정이라면 지금 중요한 기로에 놓여 있
　　　　다고 생각해보세요. 왼쪽으로는 '과거를 살고 미래를 걱정하기'
　　　　라는 길이 있어요. 오른쪽으로는 '현재에 존재하고 나에게 중요한
　　　　것 하기'라는 길이 있고요. 당신은 당신이 걷고 싶은 길을 자유롭
　　　　게 선택할 수 있어요. 아무도 당신의 선택을 막을 수 없습니다. 둘
　　　　중 뭐든 고를 수 있다면 당신은 어떤 길을 택하시겠어요?

행크 : 당연히 오른쪽 길을 택하겠죠.

상담자 : 그렇게 하려면 당신은 슬픔, 외로움, 그리고 분노와 함께 존재
　　　　해야 할 수도 있어요. 그렇지요? 당신은 구제불능이라는, 내리막
　　　　길을 가고 있다는 마음의 이야기 또한 그 여정에 함께 따라다닐
　　　　거예요. 이런 것들이 기다리고 있다는 걸 알아도 오른쪽 길을 택
　　　　하시겠어요?

행크 : 지금 이대로 사는 것보다는 그 길을 택하겠어요.

　이 짧은 대화 속에서 상담자는 행크를 현재로 다시 데려와 그저 거기에
있는 것들과 함께 현재에 머물러 있도록 돕는다. 상담자는 행크의 과거에
대한 반추와 미래에 대한 염려를 단지 자기서사 과정의 일부에 불과한 것
으로 관점을 재구성한다. 그제야 행크는 자신의 현재와 미래 행동이 그 이
야기들에 의해 지배되는 것과 현 순간의 자각과 활력을 증진하는 데 초점

을 둔 새로운 삶의 방향을 선택하는 것 중 하나를 선택할 수 있게 된다. 후자를 선택하려면 슬픔, 죄책감, 자책하는 생각들 등 그때그때 떠오르는 것들을 위한 공간을 만들 용의가 있어야 한다는 것을 기억하라. 달리 말해 그는 자신의 경험들에 열려 있고 수용할 수 있어야 하며, 이 부분을 다루기 위해서는 유연성 기둥에 대한 내용으로 넘어가야 한다.

개방성 촉진하기

개방적인 태도를 가지려면, 사람들은 문제 해결적 마음이 즐겨 하는 평가적이고 판단적이며 분류하는 활동에서 한 발짝 물러나 현재를 수용해야 한다. 이러한 관점은 투쟁하거나 변화시키거나 억압시키려는 시도 없이 불편한 내용을 기꺼이 직시한다는 점이 특징이다. 현재 순간으로 들어가는 데에 있어 가장 큰 장애물 중 하나는 그곳에 고통스러운 것들이 우리를 기다리고 있다는 사실이다. 만약 우리가 자기평가의 혹독한 렌즈를 내려놓지 못하거나 사회적으로 부여된 가치로부터 자신을 분리하지 못한다면 고통스러운 감정, 거슬리는 기억, 부정적인 생각, 혹은 불편한 신체 감각이 나타날 때 견디기 매우 어려워진다. 따라서 상담에서 개방성에 대한 이야기는 종종 자각 혹은 현재에 존재하기와 관련된 이슈들을 자극하는 한편, 반대로 그 이슈들이 개방성에 대한 이야기를 자극하기도 한다. 이러한 두 개의 유연성 기둥은 FACT 개입 시 서로를 상기시킨다. 그렇기 때문에 현재-순간 개입들로부터 성과를 얻지 못하고 있다면 개방성으로 초점을 옮겨 보는 것도 좋다. 그 반대도 마찬가지다. 즉 내담자가 경험에 대해 더욱 개방적이게 하는 과정이 어렵다면, 먼저 현재-순간 개입들로 방향을 틀어서 내담자가 상담 회기에 나와서 뭐가 떠오르던지 그것에 열린 태도로 임하는 것을 연습할 수 있도록 할 수 있다.

마음에 대해 탈융합된 거리를 두는 관점 기르기

개방성의 주요 전제조건은 자신을 마음과는 별개의 것으로 보는 것이다. 이것은 FACT의 핵심 메시지 중 하나이다. 당신은 마음이 아니다. 당신은 마음을 가지고 있지만, 당신의 마음과 당신은 똑같지 않다. 이것은 많은 사람들에게 놀라운 사실이다. 그들은 자신의 정체성을 문제 해결적 마음의 활동들과 연관짓는 경향이 있다. 그들은 생각에 빠져 길을 잃으면 문제 해결적 마음과 더 큰 자신(self)을 구별하지 못하게 된다. FACT에서는 이처럼 사라지는 현상을 **융합**이라는 용어로 부른다. '융합'이라는 용어는 문자 그대로 '함께 쏟아진다'라는 의미이다. 융합이라는 정신 과정에서 더 큰 자기가 문제 해결적 마음의 활동들과 함께 쏟아져 나올 때, 큰 자기는 사라지게 된다. FACT에서는 이러한 정신적 사라짐 현상을 촉진하는 요인들을 '끈적거리는 생각'이라고 하며, 여기에는 고통스럽고 원치 않는 생각, 감정, 기억, 혹은 신체 감각이 포함된다. 대개 끈적거리는 생각들은 고통스러운 것들이 떠오르는 지금, 우리가 무엇을 해야 하는지에 대한 규칙들을 환기시키기도 한다. 이러한 경향은 "그냥 스스로 생각하지 않으려고 노력해요." 혹은 "다른 이야기로 넘어갔으면 좋겠어요. 지금 다루고 싶은 내용이 아니에요."와 같은 말 속에서 잘 드러난다. 즉 내담자가 자신의 고통을 다루기 위해 일정한 규칙을 따르고 있다는 것을 볼 수 있다.

표 2에서 나온 전략들을 설명할 때 자세히 알게 되겠지만, FACT의 기본 목표는 내담자의 마음과 내담자 사이에 틈을 만드는 것이다. 여러 개입들과 그와 관련된 비유들은 이 틈을 만들어내고 강화하는 데 활용된다. 하나는 마음과 내담자 사이에 말하는 사람(마음)-듣는 사람(내담자) 관계를 구성하는 것이다. 말하는 사람-듣는 사람 관계는 모든 문화에서 흔히 접할 수 있으며 물리적 수준에서도 이해가 용이하다. 이 핵심 비유의 목적은 내 내담자들이 실제로 말하는 사람과 맺는 관계처럼 마음과도 그러한 관계를 맺게끔 돕는 것이다. FACT는 특유의 대화법을 통해 이 점을 강조하게 되

는데, "여기에 대해 당신 마음은 뭐라고 이야기하고 있나요?" 혹은 "방금 제가 말한 내용에 대해 당신의 마음은 어떻게 반응하나요?"와 같은 질문들이 그 예시이다.

또 다른 핵심 비유는 마음이 자신만의 계획을 갖고 있으며 그것은 내담자에게 득이 될 수도 있고 안 될 수도 있다는 것을 보여준다. FACT 상담자는 직접적으로 혹은 비유적으로 내담자의 최대 이익을 마음의 이익과 겨루게 한다. 이것은 치료적 대화에서 FACT 특유의 대화법을 통해 드러나며, 예시로는 "당신은 무엇에 귀를 기울이고 있나요? 당신의 마음인가요, 아니면 당신 자신의 경험인가요?" 혹은 "당신이 당신 마음이 하라는 대로 하는 것을 멈춘다면 당신 마음은 매우 화가 날 거예요. 아마 마음은 더 큰 소리를 내면서 자기 말을 들으라고 하겠죠."가 있다.

세 번째 FACT 특유의 대화법은 마음의 문제 해결적 모드의 자동성과 속도를 약화시키기 위한 것이다. 예를 들어 우리는 내담자에게 '그러나'를 '그래서(또는 그리고)'로 대체해볼 것을 요청한다. '그러나'는 배제하기 위한 단어로 소망하는 효율적인 삶의 행동(예 : 차분하게 앉아 우리가 해결하지 못한 문제에 대해 배우자와 함께 이야기하기)을 그렇게 했을 때 발생할 수 있는 수용하기 어려운 정서적 결과(예 : 배우자가 나에 대해 관심이 없다는 것을 확인하게 되면 고통스러울 것임)와 겨루게 한다. 이러한 정서적 결과는 받아들이기 힘들기 때문에 효과적인 행동을 하지 않게 된다. 대부분의 상담자들은 임상적 조언에 대해 기본 응답으로 "네, 그러나(또는 하지만)…"라고 말하는 내담자들에 익숙하다. '그러나(또는 하지만)' 대신에 '그래서(또는 그리고)'라는 단어를 사용하는 것을 부드럽지만 강하게 요구하라. 이것은 부정적인 감정, 생각, 기억이 존재할 때 효과적인 행동을 할 수 없다는 문제 해결적 마음의 메시지의 영향을 약화시킨다.

또 다른 FACT 특유의 대화는 내담자가 자신의 생각, 감정, 기억, 혹은 감각에 대해 이야기할 때 그것을 자신이 반응하고 있는 실제 심리적 과정에 이름을 붙이는 방식으로 재진술하도록 하는 것이다. 예를 들어 "전 화가 났어요."라는 문장을 "전 지금 화라고 명명할 수 있는 느낌을 알아차렸습니다."라는 식으로 수정하도록 한다. 이렇게 자신의 경험에 이름을 붙임으로써 내담자는 자신을 내적 경험으로부터 분리할 수 있다. 일반적으로 내적 경험에 이름을 붙이는 행위는 그 경험을 덜 압도적이고 강압적이게 만든다.

상담자는 탈융합이라는 개념을 지적으로 분석하지 않도록 주의해야 한다. 물론 지적으로 분석하려는 강한 유혹과 함께 그럴 기회도 반복적으로 주어지겠지만 말이다. 내적 사건으로부터 분리하고 밀착하는 과정들은 항상 존재하며 치료적 상호작용에 지속적으로 영향을 미친다. 특별히 내담자가 내적 사건에 지나치게 밀착되어, "그건 그저 당신의 마음이 주는 생각입니다." 혹은 "그건 그저 기억이죠. 과거에 있었던 일이고 당신이 지금 할수 있는 일은 그저 그것으로부터 어느 정도의 거리를 두는 것뿐입니다." 혹은 "또 그러시네요! 당신의 마음이 당신에게 또다시 무슨 짓을 하는지 모르시겠어요?"와 같은 말을 하고 싶은 유혹을 매우 강하게 느낄 것이다. 불행히도 이러한 지적인 진실은 자신의 생각, 감정, 기억, 혹은 신체 감각으로부터 거리를 두는 능력이 부족한 내담자들에게는 별 의미가 없다.

상담자는 내담자가 활용해야 할 해결책보다 그저 내담자에게 펼쳐지는 과정을 언급하는 것이 훨씬 더 효과적이다. 당신은 설교를 하거나 애원을 하거나 꼬드기지 않아도 암암리에 내담자의 마음과 내담자 사이에 틈을 만들어줄 수 있다. 그저 다음과 같은 멘트를 하면 된다. "방금 당신의 마음이 어떤 메시지를 가지고 나타난 것 같네요. 지금 어떤 메시지를 당신에게 보내고 있나요?" 혹은 "방금 당신의 마음이 우리의 대화에 끼어드는 거 알아차리셨어요? 환영해줍시다." 분리(detachment)는 머리로 습득되는 것이 아니라 경험적 훈련을 통해 배우는 것이다.

수용적인 태도 기르기

열린 태도의 두 번째 특징은 고통스럽고 원치 않는 감정, 생각 혹은 기억이 있을 때 관찰자 역할을 할 수 있는 능력이다. 잘 알려진 '평안을 비는 기도 (serenity prayer)'[1]가 암시하듯, 어떤 것을 받아들일지 아니면 바꾸려고 노력할지를 아는 것은 삶의 중요한 지혜이다. 사람들은 자신이 직접적으로 경험하는 고통스럽고 원치 않는 내적 사건들을 바꾸려는 목적으로 회피와 통제 전략들을 사용한다. 하지만 이러한 사건들은 쉽게 통제되거나 제거되거나 억압되지 않기 때문에 회피 전략에 들이는 관심과 에너지는 결국 낭비되곤 한다.

이러한 견지에서 볼 때 수용은 어떠한 노력도 요구하지 않으므로 에너지를 절약하는 입장이다. 그 에너지는 그대로 저장되어 보다 의미 있는 변화를 위해 사용될 수 있다. 인간의 경험 중에는 제1단계 변화(first-order change)가 가능하지 않고 그저 수용하는 수밖에 없는 다음 몇 가지 유형이 있다.

- 개인적인 과거 혹은 현재 나타나는 그 과거의 흔적
- 순간 촉발되는 자연스러운 생각, 감정, 기억, 감각들
- 타인의 태도, 행동, 감정
- 미래

수용을 연습한다고 정신적 풍경에서 고통스러운 내용이 사라지지는 않는다. 하지만 적어도 억압과 회피의 역설적 효과 때문에 그 내용이 커지는 것을 막아준다. 따라서 수용을 촉진하는 대화는 고통스러운 것들이 나타날

---

1) 역주 : 신학자 라인홀트 니부어(Reinhold Neibuhr)가 제안한 기도로 그 일부를 발췌하면 다음과 같다—"제가 변화시킬 수 없는 것은 받아들이는 평정을, 제가 변화시켜야 하는 것은 변화시키는 용기를, 그리고 이 둘을 구별할 줄 아는 지혜를 주소서"("God grant me the serenity to accept the things I cannot change, courage to change the things I can, and wisdom to know the difference.").

때 그것을 환영하거나 연민 어린 태도를 묘사할 수 있는 은유적인 대화법
이 요구된다. 상담자는 "잠시 돌아와서 여기에 있는 것들을 껴안을 수 있겠
어요? 밀어내려고 하지 말고?" 혹은 "지금 막 나타난 그것을 위해 공간을
좀 만들어볼 수 있겠어요?" 혹은 "이걸 당신에게 정말 소중한 것을 할 때
같이 가져갈 수 있나요?" 혹은 "이걸 당신의 지갑이나 뒷주머니에 넣고 돌
아다닐 수 있을까요?"와 같은 말을 할 수 있다. 이 모든 질문은 방어 없이
고통스러운 것을 가볍게 안고 가는 것이 그것을 통제하거나 억제하는 것의
대안이 될 수 있다는 것을 암시한다.

　수용을 마치 내담자가 꼭 받아들여야 하는 합리적인 결정처럼 전달해서
는 안 된다. 대부분의 내담자들은 수용을 이미 또 다른 형태의 정서적 통제
로 이해하려고 하기 때문이다. 내담자는 '그렇군, 당신 말은 내가 슬픔을 그
냥 수용하면 지금처럼 슬프지는 않을 거라는 말이군.'이라고 생각할 수 있다.
그렇기 때문에 내담자가 지금까지 회피해 왔던 고통스러운 경험을 수용한
결과 어떤 일이 일어나거나 일어나지 않을지에 대해 상담자가 이야기할 때
신중을 기하는 것이 매우 중요하다. 내담자가 특정 고통스러운 감정이나
기억을 수용할 때 어떤 일이 발생할지에 대해서는 그 어떠한 약속도 해줄
수 없다. 무엇이 일어나든 그것이 결과이며, 그 이상도 그 이하도 아니다.
만약 상담자가 수용으로 인해 내담자가 덜 고통 받을 거라는 암시를 한다
면 그 길로 내담자는 수용을 또 다른 정서적 통제 전략으로 사용하게 될 것
이다. 상담자는 오히려 "이런 것들을 위해 당신이 공간을 만들기로 선택한
다면 어떤 일이 벌어질지 저도 잘 모르겠어요. 더 악화될 수도 있죠. 모르
는 일이에요. 하지만 우리는 당신이 이것들과 계속해서 싸운다면 어떤 일
이 벌어질지는 알고 있다고 할 수 있죠. 지금까지 얻어 왔던 결과를 계속해
서 얻겠죠. 실험 삼아 다른 행동을 시도해보고 어떤 일이 발생하는지 한 번
보는 건 어때요?"라고 말할 수 있다.

개방성 촉진하기 : 임상적 예시

아래에 제시된 줄리와 실비아의 예시는 임상적 대화에서 열린 태도를 빠르게 촉진할 수 있는 방법을 보여준다. 이번 회기에서 실비아와 줄리는 서로 적대적인 말을 주고받고 있으며, 줄리는 점점 더 답답해하면서 인내심을 잃고 있다.

> 상담자 : 당신과 실비아가 싸울 때 당신 마음은 그 상황에 대해 여러 강력한 메시지들을 주는 것 같네요. 실비아가 계속해서 말을 듣지 않는다면 당신은 실패한 엄마가 되는 거라고. 실비아가 특정 방식으로 당신을 사랑하지 않는다면 당신은 이 세상에서 혼자라고. 마음은 당신을 남에게 이용당하는 인심이 좋은 사람으로 묘사하면서 지금껏 세상이 당신에게 준 것보다 더 많은 것을 누릴 자격이 있다고 말하고 있어요. 당신의 마음은 불에 휘발유를 뿌리고 있는 것 같네요.
>
> 줄리 : 맞아요. 저를 너무 화나게 해서 침착함을 잃어버려요. 스스로 절대 폭발하지 않을 거라고, 침착할 거라고 다짐하지만.
>
> 상담자 : 이런 것들이 다 올라오는 상황에서 침착함을 유지하는 것은 매우 힘든 일이죠. 저는 이런 상황에서 침착할 수 없을 거예요. 이런 것들이 올라올 때 잠시 머물러 있을 수 있는 다른 장소가 있을까요?
>
> 줄리 : 음, 무슨 말씀인지 잘 모르겠어요.
>
> 상담자 : 이 모든 생각과 이미지들이 올라올 때 그냥 그대로 내버려두는 게 가능할까요? 물론 그냥 내버려둔다고 사라지지는 않겠죠. 당신의 관심을 얻어내려고 머물러 있을 거예요. 하지만 그것들에 휘말리는 건 당신이 원하는 방식대로 실비아와 관계를 맺는 것을 방해하는 것 같아요. 당신이 원하는 모습의 엄마가 되기 위해서는 어쩌면 이런 것들이 나타나도록 두되 그로 인해 곁길로 새지 않는

것이 필요한 것이 아닐까라고 생각해본 적 있으세요?

줄리 : 그런 식으로 생각해본 적은 한 번도 없어요. 선생님 말씀은, 그냥 불안이 올라오도록 내버려두고 아무것도 하지 말라는 말씀이신가요? 없애려고 애쓰지 말고요? 무섭네요. 이런 생각들이 마음속에 떠오르도록 허락하면 침착함을 유지하지 못할 거라고 늘 생각해왔거든요. 그것들을 내 마음에 들어오도록 하면, 너무 화가 치밀어 올라서 실비아에게 친절하게 대할 수 없을 거예요.

상담자 : 그렇죠! 지금 막 또 다른 생각이 떠올랐네요. 이런 다른 생각들이 있으면 침착성을 유지할 수 없어. 자, 그 생각도 환영해주세요. 그리고 다른 생각들과 함께 가방에 넣고 다닐 수 있겠어요?

이 짧은 회기에서 상담자는 줄리를 그녀의 마음으로부터 체계적으로 분리해내는 작업을 하고 있으며, 그녀의 마음이 얻는 이익(그녀가 두려움을 느끼고, 침착함을 잃으며, 엄마로서 실패했다는 느낌이 들게 하는 것)[2]과 그녀의 이익(딸과의 관계가 회복되는 것, 모든 것을 주었지만 아무것도 돌려받지 못했다는 자기의 이야기를 떨쳐버리게 되는 것)이 서로 겨루게 만들고 있다. 이 짧은 개입의 목적은 줄리가 자신의 불편한 생각들을 수용하게 도와 매 순간 실제로 중요한 것들에 집중할 수 있도록 하는 것이다.

생활 속에서 참여하기

참여(engagement)는 자신이 굳게 갖고 있는 개인적인 가치들을 발견하는 능력과 그러한 가치에 부합하는 더 큰 행동 패턴을 만들어내는 능력을 수

---

2) 역주 : '그녀가 두려움을 느끼고, 침착함을 잃으며, 엄마로서 실패했다는 느낌이 들게 하는 것'은 언뜻 보면 별로 이익이라고 생각되지 않는다. 그러나 이런 반응들이 결국 내담자의 핵심적인 고통을 회피하게 만드는 마음의 작용이라고 보는 ACT의 관점에서는 마음이 취할 수 있는 이익으로 볼 수 있다.

반한다. 앞서 제시된 줄리와의 대화가 보여주듯 현재에 머무르고 순간순간 나타나는 것들을 받아들이는 능력은 그저 목적을 달성하기 위한 수단이다. 그 목적은 개인적인 가치와 일치하는 방식으로 행동할 수 있게 되는 것이다. FACT에서는 이것을 '몸으로 의사 표시하기(voting with your feet)'라고 부른다. 우리 자신이나 타인들은 우리의 행동 자체를 기억하지 우리의 양쪽 귀 사이에서 일어나는 것들을 기억하지 않는다.[3] 성공적인 삶을 살기 위해서는 사람들이 자신의 가치와 일관된 행동을 하는 것이 요구된다. 만약 그러한 행동들이 고통스러운 일들을 촉발한다 해도 말이다. 결국 성공적인 삶을 살기 위해서, 사람들은 정서적 회피와 규칙 따르기의 그림자 안에서 헤매지 않고 자신의 인생에서 가장 중요한 것들과 연결된 끈을 놓치지 말아야 한다. 내담자에게 만약 당신이 선택할 수 있다면 어떤 삶을 살 것인지 상상해보라고 할 때, 우리는 그들의 개인적인 가치에 대한 논의를 시작하게 된다. 내담자와 이러한 가치를 구현하는 구체적인 행동에 대한 대화를 하게 될 때 우리는 그들이 더 이상 사회적으로 부과된 비효과적인 규칙들의 영향 아래 있지 않고 자신이 원하는 세상에 참여하도록 돕게 된다.

개인적 가치와 접촉하기

FACT(그리고 ACT)의 독특성은 그것이 내담자들로 하여금 자신의 개인적인 가치를 재발견하고 가치와의 연결성을 회복하게 하는 데 초점을 둔다는 점이다. 가치의 힘은 오랜 기간 동안 복잡한 행동 패턴을 조직하고 동기를 유발하는 능력에 있다. 가치를 어떤 구체적인 삶의 성과가 아니라 삶의 원칙이나 방향으로 생각하라. 여러 삶의 사건들이나 성과들이 그 가치를 구현할 수 있지만 그 가치는 항상 더 많은 삶의 상황에서 적용될 수 있다. '사랑이 많고, 사려 깊으며, 경청하는 파트너가 되고 싶다'와 같은 가치는 끝

---

3) 역주 : 우리의 행동은 자신이나 타인에게 기억되지만, 사고 과정은 기억되지 않아 별 의미가 없다는 뜻

이 없다. 사랑이 많고, 사려 깊고, 경청하는 행동은 죽을 때까지 항상 더 있을 수 있다. 사람들이 자신의 가치와 연결을 잃으면, 행동은 사회적 또는 문화적 규범, 중요한 사람들의 압박, 비난과 수치를 피하려는 욕구 등에 의해 통제된다. 결국 사람들은 일상생활의 방향성에 대한 주인의식을 잃게 되고 그에 따라 삶의 의미도 상실하게 된다.

FACT에서 우리는 몇몇 본질적 은유(root metaphor)와 경험적 활동들을 사용하여 내담자들이 자신의 깊은 가치들과 접촉을 시작할 수 있도록 돕는다. 핵심 개입 중 하나는 장례식 활동인데, 이 활동을 통해 내담자는 자신의 장례식에 참석하는 것을 마음속에 그려보고 친구, 가족, 자녀, 배우자 혹은 반려자가 읽어주는 조문에서 어떤 이야기를 듣고 싶은지를 상상하게 된다. 또 이와 유사하게 내담자가 자신의 은퇴기념 파티에 참석하는 것을 마음속에 그려보고 동료들과 친구들이 자신에 대해 어떤 말을 했으면 좋겠는지를 상상하게 하는 활동도 있다. 내담자들은 자신이 듣고 싶은 핵심 내용을 종이에 적어보면서 현재 자신의 삶의 방향이 사람들이 나를 기억하면서 이야기할 내용들과 일치하는지를 생각해보는 시간을 갖는다. 이러한 활동은 삶을 환기시켜주며, 개인적 가치에 의해 사는 것을 가볍게 생각하지 않아야 한다는 것을 확인시켜준다. 되감기 단추를 눌러 삶을 다시 시작할 수 없는 일이니 말이다. 우리 인간들은 몸으로 의사 표현을 한다는 것을 강조하기 위해서 상담자는 다음과 같은 코멘트나 질문을 할 수 있다. "그럼 지금 당신이 당신의 무덤에 놓인 묘비명에 들어갈 내용을 쓴다면 어떤 내용이 들어갈까요?" 혹은 "다른 사람들이 당신을 기억할 때 당신에 대해 어떤 부분을 특별히 기억했으면 좋겠나요?"

이전 장에서 언급되었듯이, 자신의 진북 따라가기나 인생 경로에서 자신이 선택한 방향으로 움직이기 등의 지시적인 은유들은 내담자의 현재 행동들이 개인의 가치와 얼마나 일치하는지를 평가하기 위해 사용될 수 있다. FACT에서 우리는 가끔 이러한 활동들을 방향 재조정(reorienting) 개입이라고 부르는데, 이것들이 문제 해결적 마음으로 인한 규칙 지배적인 반응들을 제압하는 경향이 있기 때문이다. 내담자의 관심을 얻기 위한 확실한 방법은 인생의 큰 그림과 무엇이 그들에게 정말 중요한지에 대한 대화를 시작하는 것이다. 삶의 어려운 순간에도 가치를 사용하는 것의 중요성을 강조하기 위해 당신은 다음과 같은 질문을 사용할 수 있다. "이 상황에서 당신에게 중요한 것은 무엇인가요?" 혹은 "여기에서 당신이 옹호하고 싶은 것은 무엇인가요?" 혹은 "어떤 것이 이 상황을 당신에게 명예롭고, 의미 있고, 정당하도록 만들어줄 수 있을까요?"

이와 비슷하게, 가치에 중심을 둔 논의는 초반에는 내담자에게 불안을 야기할 수도 있는 새로운 대안행동을 시도할 동기를 증진하는 데 사용될 수 있다. 근본적인 변화에 대한 준비를 하기 위해서는 다음과 같은 질문들이 매우 도움이 될 수 있다. "당신이 지금 가고 있는 방향과 가고 싶은 방향이 다른데, 이에 대해 무언가 하고 싶은 게 있나요?" 혹은 "만약 당신이 이 문제를 다룬다면 당신의 인생이 흘러가고 있는 방향에 대해 좀 더 기분이 나아질까요?" 혹은 "이 행동을 하면 당신이 당신의 가치에 좀 더 가까운 인생을 산다고 느껴질까요?"

가치에 대한 대화는 내담자를 강요하는 데 사용되어서는 안 된다. 자신의 개인적 가치와 접촉하고, 수개월 혹은 수년 동안 그 가치와 반대되는 삶을 살아 왔다는 것을 깨닫는 것은 고통스러운 과정이다. 그렇기 때문에 어떤 내담자들은 그들의 가치에 근접해지면 매우 회피적인 반응을 보인다. 그들은 가치가 아예 없다고 주장하거나 가치의 중요성에 대해 즉시 부인하기 시작할 수도 있다. 여기에서 상담자가 "누구든지 가치는 있어요. 당신도 있을 겁니다."라거나 "당신은 고통스럽기 때문에 회피하려는 거예요."라는 식의 멘트로 대응하는 것은 임상작업을 오히려 지연시킬 수 있다. 그 대신, 상담자는 우리는 모두 가치와 접촉하지 못하거나 가치에 부합하는 행동을 하지 못할 때가 있다는 점, 그리고 사람들이 개인적인 가치에 따라 살 때 발생할 수 있는 사회적 파문 때문에 우리 사회가 사람들이 진정 중요한 것을 인식하지 못한 채 살아가는 것을 장려한다는 점을 부드럽게 언급해줄 수 있다. 그렇게 함으로써 상담자는 가치와 접촉하지 못한 채 살아가는 것이 받아들여질 수 있는 것으로 만들어준다. 결국 우리는 우리가 도달하고 싶은 지점이 아닌, 실제로 우리가 현재 발을 딛고 있는 지점부터 시작할 수 있을 뿐이다.

선택, 기꺼이 하는 마음, 그리고 전념행동

인생 참여도를 높이기 위해 고안된 FACT 개입들은 개인적 가치의 유도 시스템(guidance system)을 목표 삼는 것뿐만 아니라 내담자가 상담실에 와서 예전에는 회피해 왔던 무엇을 직면하고자 하는 선택을 내리는 것의 중요성 또한 강조한다. 선택은 때때로 자유로운 주체자로 불리기도 한다. 즉 선택은 사회적 규율에 의해 통제되거나 규제되는 행동이 아니다. 선택을 하는 행위는 규칙 따르기와 전혀 양립할 수 없다. 선택은 어떤 사람이 무엇을 해야 하기 때문에 하는 것이 아니라 원하기 때문에 하는 것을 의미하기 때문이다. 선택은 FACT 개입 전략 목록에 크게 두 가지 방식으로 등장한다. 첫째, 우리는 원치 않고 힘든 경험을 유발할 수 있는 상황에 들어가려는 선택을 설명하기 위해 기꺼이 하는 마음(willingness)이라는 용어를 사용한다. 예를 들어 상담자는 이렇게 질문할 수 있다. "당신 마음이 당신에게 친구들이 당신을 깔보고 약하다고 생각한다고 자꾸 이야기해도 친구 모임에 기꺼이 가겠습니까?"

둘째, 선택은 효과적인 삶의 행동, 혹은 전념행동의 핵심 요소로 제시된다. 전념행동(committed action)은 개인적인 가치를 구현하는 행동을 하는 동안 내 안에서 올라오는 괴롭고 원치 않는 생각, 감정, 기억, 혹은 감각이 있어도 그것들을 견디기로 선택하는 것이다. 예를 들어 역기능적인 결혼생활에 처한 내담자는 건강한 관계적 행동(배우자와 이야기하고, 구체적인 행동 변화에 대한 요청을 하며, 폭력적인 대화에 한계를 정하는 등)을 하는 것이 커다란 개인적인 고통(비난받고, 거절당하고, 이혼을 당하는 등)을 가져올 수 있더라도 그렇게 하기로 선택함으로써 전념행동을 할 수 있다. 이러한 행동들은 배려하고 반응적이고 애정 어린 파트너가 되기 위한 노력이다. 전념행동과 개인적 가치는 동전의 양면 같으며, 전념행동에 대한 대화는 대개 개인적인 가치에 대해 이야기하면서 다음과 같은 질문들을 통해 자연스럽게 이어진다. "당신은 개인적인 가치에 부합된 삶을 살고 있다고 느낄 수 있으려면 구체적으로 무엇을 할 수 있을까요?" 혹은 "만약 선택할 수 있다면, 이 상황에서 무엇을 달리하고 싶나요?"

기꺼이 하는 마음을 갖고 전념행동을 하려는 동기를 부여하기 위해 FACT 상담자는 몇 가지 다목적적인 본질적 은유들을 사용할 수 있다. 여행 은유(journey metaphors)는 긴 여정에는 여러 가지 작지만 목적이 있는 행동들이 필요하다는 생각을 전달할 수 있다. 또한 이 은유는 즉각적인 결과들이 항상 좋은 것이 아니며, 더 부정적인 결과를 방지하기 위해 여행을 멈추고 싶은 유혹이 든다는 점을 강조하기 위해 사용된다. 즉 이 은유는 개인의 가치에 부합하는 방향으로 움직인다는 큰 사명과의 연결성을 잃지 않은 상태에서 그 여정을 기꺼운 마음으로 꾸준히 지속하는 것이 중요하다는 점을 전달할 때 사용될 수 있다. 이 은유의 또 다른 용도는 여정 그 자체가 개인적인 의미를 만들어낸다는 점을 강조하는 것이다. 내담자는 자신이 어떠한 가치를 추구하면서 새로 떠오른 다른 가치들이 기존에 추구했던 그 가치를 덜 중요하게 만드는 것을 발견할 수도 있다. 이 중요한 진실을 짚어주는 FACT 경구가 하나 있다. "목표는 과정이 목표가 되게 하는 과정이다."

전념행동은 근본적인 변화로 들어서는 입구로 기능하지만, 만약 상담자가 내담자에 대한 자신의 목적을 추구하는 경우 역효과를 초래할 수 있다. 이것은 주로 내담자가 어떤 유형의 행동 변화(예 : 술이나 마약이나 문란한 성생활을 그만하는 등)를 시도해야 한다고 상담자가 확신할 때 발생한다.

상담자가 부적절하게 자신의 가치를 내담자에게 강요하고 있음을 나타내는 단서는 다음과 같은 멘트를 통해 드러날 수 있다. "만약 당신이 폭음으로 인해 발생한 좋지 않은 일들을 무시하고 계속해서 폭음을 한다면, 그건 당신의 선택이겠죠." 이러한 멘트는 겉으로는 상담자가 내담자의 선택을 존중한다고 암시하는 듯하지만, 사실은 내담자에게는 본질적으로 의미 없는 행동을 선택하도록 내담자를 압박하는 미묘한 시도를 나타낸다. 치료적 상호작용은 상담자가 무엇을 가치 있게 생각하는지에 대한 것이 아니라는 점을 기억하는 것이 중요하다. 이 왜곡을 방지하는 한 가지 좋은 방법은 다음과 같은 질문을 하는 것이다. "만약 당신의 가장 친한 친구를 포함한 그 누구도 당신이 이 행동을 하고 있다는 것을 모른다고 해도 당신은 이 행동을 선택하겠습니까?"

참여를 촉진하는 임상적 예시

다음 줄리와 실비아의 임상적 대화에서 상담자는 〈나침반 맞추기〉 활동을 통해 알게 된 그들의 가치에 대한 정보를 활용하여 서로를 대하는 방식을 개선하고자 하는 공통된 소망에 접근하는 방식의 상호작용을 하게끔 돕는다.

> 상담자 : 둘 다 꽤 고집이 센 것 같군요. (줄리를 쳐다본다.) 물론 실비아는 이런 성격을 당신에게서 물려받은 게 아니라 모두 전남편에게서 물려받았겠지요.
>
> 줄리 : (실비아와 함께 웃음.) 제 부모님은 둘 다 황소고집인 걸요. 저도 물려받았고, 저는 또 제 자식들한테 물려주겠죠.
>
> 상담자 : 흠, 황소고집이라고 다 나쁜 건 아니에요. 기본적으로 고집이 있는 사람들은 그저 매우 끈질기죠. 어떤 때는 (정말 옳아서가 아니라) 자신이 옳다는 것을 보여주려고 고집을 피울 때도 있지요. 하지만 실제로 올바른 상황에서는 포기하지 않는 것이 미덕이 될 수도 있어요.

실비아 : 그건 제 남자친구가 나에 대해서 하는 말이에요. 제가 무언가를 시작하면 매우 공격적이고 무자비하게 된대요. 가끔 제가 화를 낼 때 그는 그냥 날 내버려둬요. 얘기해봤자 소용이 없다는 걸 아는 거죠.

상담자 : 그래요. 이런 식으로 두 사람은 계속해서 싸울 수도 있겠네요. 그리고 그 누구도 먼저 상대방이 이기게 내버려두지 않겠네요. 그 냥 계속 빙글빙글 돌 수도 있겠어요. 이게 두 분 모두에게 중요한 가요? 누가 옳고 누가 잘못된 대우를 받고 있는지를 따지는 것이 당신의 관계의 핵심이 되길 원하는 건가요?

줄리 : 전 아니에요. 우리의 관계에서 일어나는 것들이 마음에 들지 않아 요. 우린 예전에 더 가까운 사이었는데, 이제는 같은 방에 있는 것 도 힘들 정도예요.

실비아 : 맞아요. 짜증나요.

상담자 : 또 다른 방법이 있을까요? 두 분 다 여기에서 무슨 일이 일어나 고 있는지에 대해 관심이 있다고 제게 이야기하고 있어요. 둘 다 이 관계가 원하는 방향으로부터 벗어나 있다는 것에 대해 동의하 고 있네요. 두 분은 개인적인 상황에 휘말려서 자신의 신념과 상 반되는 행동을 하고 있어요. 두 분이 모든 것에 대해 항상 동의해 야 한다는 뜻은 아니에요. 그게 목표는 아니죠. 어쩌면 우리가 지 향해야 할 목표는 그저 함께 하면서, 두 분 다 진북을 향해 가고 싶 어 한다는 것을 기억하고, 최선을 다하는 것일 수도 있어요. 그 누 구도 완벽하게 예정된 방향으로 항상 직진하는 사람은 없어요. 늘 좋지 않은 상황은 있기 마련이죠. 앞으로 나아가면서 계속 대화하 고 문제를 해결하려는 게 중요해요.

줄리 : 지금으로서는 전 뭐라도 시도해보고 싶은 심정이에요. 전 애한테 뭘 하라고 할 수도 없어요. 앤 저와는 정반대니까요. 그냥 제가 뭘

걱정하고 있는지를 알려주고는 뒤로 물러나야 하나 봐요. 나머지
는 자기가 알아서 해야죠.

실비아 : 내 문신이나 피어싱, 아니면 내가 누구랑 어울리는지에 대해서
좀 덜 얘기하고, 그냥 같이 나가서 예전처럼 쇼핑도 하고 영화도
보면서 재미있는 활동을 하면 좋겠어요. 그리고 내가 하고 있는
일에 대해 이야기하면서 오빠와 비교하지 않았으면 해요.

이 대화가 보여주듯이, 자신과 타인에 대한 각자의 이야기를 넘어서기
위해서는 의식적이고 의도적인 선택이 요구된다. 스토리텔링 과정이 지배
적이거나 지나치게 광범위해지면 대인관계적 행위는 누가 옳고 그르며, 누
가 피해자인지 밝히거나 상대편이 인생에서 성공하지 못하고 있음을 확인
하는 것으로 구성된다. 다행히 대화의 초점을 바꿔 가치와 연결되고, 선택
을 하고, 전념행동을 하는 것에 집중할 때 혁신적인 변화가 일어날 수 있다.

요약 : 문을 통과하기

FACT는 올바른 문이 열린다면 얼마나 오랫동안 투쟁을 해 왔는지와 상관
없이 누구나 그 문을 통과하여 완전히 다른 삶을 시작할 수 있다는 가정에
기초하고 있다. 근본적인 변화로 가는 길에는 여러 방법이 있으며, FACT
는 그중 어떠한 기제라도 성공시켜 내담자를 변화시킬 수 있도록 노력한
다. 예컨대 예전에는 두려움을 불러일으켰던 고통스러운 감정, 생각, 기
억 등을 포함하는 내적 사건들이 이제는 개인적인 건강과 온전함을 암시
하는 징후가 될 수 있다. 현 순간에 존재하는 것이 과거를 반추하거나 미래
에 대해 걱정하는 것보다 더 나은 것으로 경험될 수 있다. 억압적이고 자기
패배적인 내러티브는 자기충족적 예언이 아니라 그냥 이야기로 받아들여
질 수 있다. 목적 없는 혹은 회피적인 생활은 삶의 목적과 의미를 창조하는
가치에 기반을 둔 접근 방식으로 대체될 수 있다. 단독으로든 결합되어서

든, 이러한 과정들은 모두 내담자의 인생을 바꿔 놓을 수 있다는 점이 바로 FACT의 묘미라고 할 수 있다. 만약 하나의 개입 전략이 별로 효과적이지 않다고 느껴진다면 상담자는 근본적인 변화를 촉진하는 또 다른 기제로 상담의 초점을 변경할 수 있다. 다음 이 책의 제3부에서는 사례 예시들을 통해 아동과 가족, 약물남용 문제를 가지고 있는 사람들, 트라우마에 기반한 기분 문제를 가지고 있는 사람들, 우울과 사기저하로 인해 고통받고 있는 노인들에게 FACT가 어떻게 적용될 수 있는지에 대해 자세히 다루고 있다. 이를 통해 FACT 평가, 개입원리와 실제가 실제 사례에서 어떻게 펼쳐지는지를 들여다볼 수 있을 것이다.

3

사례 예시

Brief Interventions for Radical Change

제7장

스월로우처럼 크게 :
성폭력 피해아동을 위한 FACT

크리스토퍼 로빈이 푸우에게 : 네가 항상 기억하겠다고
내게 약속해 : 너는 네가 믿는 것 이상으로 용기 있고,
보이는 것보다 강하며, 네가 생각하는 것보다 똑똑해.

A. A. 밀른(A. A. Milne)

아동기 학대와 유기는 매우 많이 발생하며, 이러한 경험들이 정신적 · 신체적 건강에 미치는 악영향에 대해서 많은 연구문헌들이 보고하고 있다. 「아동학대와 유기의 발생에 관한 제4연구보고서(NIS-4)」의 결과에 의하면 이 연구가 진행되는 기간(2005~2006년) 동안 약 300만 명의 아동과 청소년이 학대와 유기를 경험했다. 이는 미국에서 25명의 아동 중 1명에 해당한다(Sedlak et al., 2010).

여러 보호요인이 이러한 외상 경험의 악영향을 완화하거나 경감시키며, 그중 어떤 요인들은 미래의 외상사건이 발생할 확률을 감소시킬 수도 있다. 보호요인 중에는 아동이나 청소년의 개인 내면에 있는 타고나거나 학습된 능력, 예컨대 지능, 정서를 경험하고 행동을 조절하는 능력, 자신을 외상 경험으로부터 거리를 둘 수 있는 능력, 문제 해결 기술을 지속적으로 적용하는 능력, 그리고 강한 성취동기 같은 것이 포함된다. 다른 보호요인들은 가족 배경에서도 찾아볼 수 있는데, 부모나 보호자와 맺고 있는 강한 관계, 애정이 가득한 조부모, (남아의 경우) 가족 내 구조와 규칙, (여아

의 경우) 자율성에 대한 격려 등이 이에 해당한다. 마지막 유형의 보호요인
에는 지역사회의 지원, 예컨대 지지적인 교사, 멘토가 있는지 여부, 의학
또는 정신건강 측면의 지원에 대한 접근가능성 등이 포함된다(Werner &
Smith, 1992).

　불행하게도 아동과 청소년을 대상으로 한 외상 후 스트레스 증상의 치료
결과를 검토한 잘 설계된 연구는 그리 많지 않다(Caffo, Forresi, & Leivers,
2005). 그나마 접할 수 있는 연구들은 부모-자녀 상호작용치료(parent-
child interaction therapy)같은 것이 미래의 아동학대 비율을 감소시킬 수 있
다는 점을 시사하고 있다(Chaffin et al., 2004). 그러나 이러한 치료는 아직
미국 내 많은 지역에서는 접하기 어려우며, 경제적으로 열악한 가족들이
거의 접하기 어려울 정도로 비용이 많이 든다. 뿐만 아니라 많은 학대나 유
기 사례는 결코 발견되지 않거나, 발견되더라도 신체적 학대, 정서적 유기,
가정폭력의 목격 등을 포함한 복합외상을 경험한 이후에야 겨우 발견된다.
많은 아동이나 가족들은 외상이 처음 발견되는 그 시점에서 단기적 개입
을 통해 도움을 받을 수 있다. 단기개입은 외상의 영향을 모조리 제거할 수
는 없지만, 그 개입은 아동으로 하여금 적절한 발달과업을 해결하고 부모
나 교사와의 관계를 개선하게끔 할 수 있다. 아동의 외상을 치유하는 대부
분의 접근들은 3단계로 구성된다. 그리고 이것들은 각각 3개의 핵심 과정
또는 앞에서 논의했던 유연성의 기둥 —자각, 개방성, 참여—과 대응된다.
첫 단계는 아동으로 하여금 현재 시점에서 피부 내부의 경험(예 : 고통스러
운 정서)과 외부의 경험(예 : 어두운 방에 혼자 있는 것과 같은 불편한 정서
적 경험을 촉발하는 것)을 자각하게끔 돕는 것이다. 두 번째 단계는 외상적
경험에 대한 자신의 반응에 대해 좀 더 개방적이 되게끔 돕는 것과 관련된
다. 이 단계는 대체로 자신을 돌보는 성인에게 자신들의 외상 경험에 대해
탐색하고 이야기하는 것으로 구성된다. 이 단계는 외상 경험을 좀 더 넓은
시각, 예컨대 외상 경험이 아동의 전반적 정체성(예 : 나쁜 아이 또는 상한

물건 등)을 결정하는 것이 아니라 그들의 삶에서 일부일 뿐이라는 점에서 바라보게끔 한다. 세 번째 단계는 아동으로 하여금 자신의 나이에 적합한 사회적 관계와 활동, 학습, 그리고 창의적 행동을 수행하게끔 돕는 것과 관련된다. 이 단계에서 아동은 고통스러운 기억과 생각에서 한 걸음 물러나 학업에서의 성취, 건강한 관계의 발달, 원기를 회복시키는 여가활동 참여 등과 같은 좀 더 가치 있는 삶의 방향으로 나아가는 데 도움이 되는 기술을 습득해야 한다. 학대의 피해자가 된 아동에게 자각은 아동이나 그들의 보호자가 자각하지 못했던 회피행동의 패턴을 극복하고 건강한 발달의 기반을 구축하게 하는 중요한 관문이다.

사례 : 프레디

정신건강 서비스를 받는 대부분 아동의 사례처럼 프레디와 그의 가족을 1차 서비스를 제공하는 심리학자에게 의뢰한 사람은 그의 소아과 의사인 제임스 박사였다. 프레디의 엄마가 제임스 박사에게 주의력결핍장애(ADD)에 도움이 되는 약을 다시 받으러 왔을 때, 엄마는 프레디가 "새로 간 학교에서 많은 문제를 일으켰고" 그래서 통학버스에서 자신의 성기를 내보인 후 퇴학을 당했다고 말했다. 제임스 박사는 버스 속에서의 사건을 고려할 때 프레디가 성추행을 당한 적이 있었던 것 같다고 염려했지만, 정작 프레디는 부정했다. 제임스 박사가 프레디를 의뢰한 심리학자는 1차 서비스 행동건강 모델[primary care behavioral health model, 상세한 내용은 Robinson & Reiter(2006) 참조]에 입각하여 서비스를 제공했고, 소아과 의사가 의뢰한 내담자에게 자문과 단기개입을 했다. 심리학자의 작업은 대체로 매회 약 30분 정도 지속되었고 1차 서비스 담당자가 내담자를 그녀에게 직접 소개하는 방식으로 이루어졌다.

프레디는 10살의 백인 남자아이로서 친모 케이틀린, 양부, 여동생과 함께 소도시에 거주한다. 그들은 약 5개월 전 뉴멕시코에서 이주해 왔으며, 프레디의 양부는 새로운 직장에서 일을 시작할 수 있었다. 케이틀린은 가정주부로서 프레디와 그녀의 여동생, 그리고 건강 문제로 그녀 집에 살고 있는 노모를 돌보았다. 프레디에게는 17살 되는 배다른 형인 숀이 있었는데, 그는 뉴멕시코에서는 프레디의 친부 및 양모와 함께 살았으나, 작년에는 그들과 연락을 끊고 지냈다. 숀은 약물거래로 6개월간 수감되었다. 프레디는 어렸을 때 숀과 가까운 사이였는데, 그들은 아버지의 집에서 둘만 지내는 경우가 많았다.

프레디는 체구가 작은 아이다. 그는 두꺼운 렌즈의 안경을 끼고 있으며, 그의 실제 나이보다 더 어려 보인다. 그는 5학년이며 현재 케이틀린과 함께 홈스쿨링을 하고 있다. 그는 부적절한 성적 행위 사건에 관여되었다는 이유로 2개월 전부터 학교에서 퇴학당한 상태이다. 학교의 교장은 케이틀린과의 만남을 거부했으며, 케이틀린은 프레디의 남은 수업일수를 홈스쿨링으로 채우는 것이 좋겠다고 생각해서 프레디의 퇴학에 대해 더 이상 이의를 제기하지 않기로 결정했다. 프레디는 비디오 게임과 비디오 게임의 캐릭터와 관련된 카드 수집을 좋아했다. 케이틀린은 프레디가 퇴학당한 이후에는 친구들을 자주 만날 수 없다고 말했다. 그는 때때로 이웃에 사는 나이어린 남자아이들이나 여동생과 놀았다. 그의 가족은 교회나 다른 지역사회 활동에 참여하지 않았다. 사실상 케이틀린은 새로운 이웃들을 좋아하지 않았으며, 이사한 것에 대해서 좀 후회하고 있었다. 그녀는 프레디의 양부가 직장을 잃을지도 모르며, 그렇게 되면 그들은 두 시간 정도 떨어진 친척집으로 이사할 것을 고려하고 있다고 말했다.

프레디는 지난 3년간 주의력결핍장애를 치료하는 약을 복용하고 있었다. 이전부터 그는 사회적 미성숙성, 학교 숙제를 잘 못하는 문제, 집에서 해야 할 사소한 일들을 하지 않는 문제가 있었다. 그러나 그는 시험에서는 좋은 성적을 받아서, 그의 선생님은 프레디가 좋은 학생이 될 능력이 있다고 생각하고 있었다. 프레디는 약물이 도움이 된다고 생각하고 있었으며, 케이틀린 역시 그렇게 생각했다. 그러나 두 사람은 모두 프레디가 약을 매일 잘 챙겨 먹는 데 어려움이 있다고 말했다.

초점화 질문

상담자가 세운 첫 번째 목표는 프레디를 퇴학당하게 한 사건과 그 사건에 대해 프레디가 체험한 것들에 대해 좀 더 상세한 정보를 얻는 것이었다. 상담자는 또한 프레디가 그 문제에 대해 어떻게 대응하려고 하는지, 그리고 프레디가 중요하다고 여기는 것이 무엇인지에 대해서도 알고 싶어 했다. 한 사건은 프레디가 자신보다 어린 남자아이와 속옷에 대해 나누었던 대화가 관련되어 있었다. 어느 날 그는 한 남자아이에게 만화 캐릭터가 그려진 속옷을 집에서 가져와 자기에게 빌려달라고 했다. 또 한번은 프레디가 교실바닥에 누워 여학생들의 치마 속을 들여다보기도 했다. 여학생이 몸을 피하려고 하자, 프레디는 여학생의 다리를 붙잡았고 여학생이 다리를 놓아달라고 했을 때 프레디는 놓아주지 않았다. 세 번째 사건은 방과 후에 통학버스에서 발생했는데, 그는 자신의 바지를 내리고 옆에 앉은 남자아이에게 자신의 성기를 보여주었다.

초기 면담에서 프레디는 게임기를 손에 들고 계속 게임을 했으며, 간혹 게임이 잘 될 때 소리를 내면서 흥분했다. 그가 가장 좋아하는 캐릭터인 스월로우(Swallow)는 크기가 작았지만, 앞으로 크고 강해지기를 원하는 캐릭터였다. 프레디가 게임에 집중한 것처럼 보이지만, 그는 대화에도 신경을 쓰고 있었으며, 케이틀린의 잘못된 설명에 대해서는 수정하거나 설명을 덧붙였다.

케이틀린은 언뜻 보기에도 무척 괴로워하는 것 같았으며 집중하지 못했다. 그녀는 가끔 맥락과 무관한 이야기를 했으며 날짜나 구체적인 부분에 대해서 확신 없이 말했다. 그녀는 가족을 좀 안정시키고 프레디의 홈스쿨링을 어떻게 할지 생각하느라 스트레스를 많이 받는다고 했다. 그녀는 학교의 교장이나 직원들에게 화가 나 있었으며 그들이 프레디를 학교로 다시 오라고 해도 되돌아가지 않겠다고 했다. 프레디는 학교는 자신이 학교로 다시 돌아오기를 원할 수도 있지만, 가족들의 전화 서비스가 중단되어 있기 때문에 연락을 할 수 없을 것이라고 부연 설명했다.

1. 당신은 무엇을 추구합니까?

약간의 배경정보를 수집한 후, 상담자가 가장 먼저 한 일은 프레디가 찾고자 하는 해결책을 확인하는 것이었다.

> 상담자 : 그래, 프레디. 네가 왜 여기에 왔는지 말해줄 수 있겠니? 그리고 이 방문을 통해서 네가 바라는 것이 무엇이니?
>
> 프레디 : 엄마가 데리고 왔어요. 내가 약을 더 타야 해요.
>
> 상담자 : 약이 도움이 되었니?
>
> 프레디 : 넵, 그런 것 같아요.
>
> 상담자 : 네 게임에 대해서 이야기해줄래? 그거 재밌어 보이는구나.
>
> 프레디 : 글쎄요, 이거는 처음에는 작지만 게임을 제대로 하면 계속 자라는 캐릭터가 나오는 게임이에요.
>
> 상담자 : 네가 가장 좋아하는 캐릭터는 누구니?
>
> 프레디 : 스월로우예요. 잠깐만요… 제가 보여드릴게요. (게임기 화면을 상담자에게 보여준다.) 얘가 지금은 작고 보잘것없어요. 그런데, 자라면 더 용감하고 강하게 돼요. 나는 계속 게임을 할 거예요. 나중에 게임의 마지막에 이 스월로우가 어떻게 변하는지 보여드릴 수 있을 거예요.
>
> 상담자 : 그거 좋겠다, 프레디. 게임을 하면서 혹시 우리가 버스에서 있었던 일에 대해서 이야기를 나눌 수 있을까? 제임스 박사와 내

가 그때 무슨 일이 있었는지 알고 싶어서.

프레디 : (끄덕인다.)

상담자 : 학교에서 오던 길이었니?

프레디 : (끄덕인다.)

상담자 : 네 옆에 누가 앉아 있었니?

프레디 : 호세가 있었어요. 내가 아는 남자아이예요. 저는 그 아이를 좋아하는데, 그 아이는 저를 좀 짜증나게 할 때도 있어요.

상담자 : 그 아이가 너더러 바지를 내리게끔 한 일이 있었니? 아니면 다른 아이들이라도. 예컨대 너를 노려본다거나 아니면 그 비슷한 다른 행동이라도.

프레디 : 아니요.

상담자 : 네가 바지를 내리기 식전에 어떤 느낌이었니?

프레디 : 머리가 꽉 차 올랐고, 점점 더 뭔가 쌓여 가는 것 같았어요. 가끔 그럴 때가 있어요. 저는 화가 나고 그래서 폭발할 것 같아요.

상담자 : 그래. 내가 그날 파리가 되어서 버스 창문에 붙어 있다고 하면, 나는 어떤 장면을 보게 되었을까?

프레디 : (오랫동안 침묵) 철퍼덕!

상담자 : 네가 꽤 많이 화가 났던 것 같구나.

프레디 : 넵.

상담자 : 그래서 네가 바지를 내렸구나. 그다음에 어떤 일이 있었니? 호세가 뭐라고 안 했니?

프레디 : 걔는 그냥 '우웩~~'이라고 했어요.

상담자 : 그다음에 넌 뭘 했니?

프레디 : 전 다시 집어넣고 바지 지퍼를 올렸어요.

상담자 : 그때 네 느낌은 어땠니?

프레디 : 어… 기억이 안 나요.

상담자 : 그날 바지를 내린 이유에 대해 생각나는 게 없니?

프레디 : 아마 제가 약을 안 먹었었나? 모르겠어요.

상담자 : 그래서 다음 날 학교에 갔는데, 그때 어떤 일이 있었니?

프레디 : 다른 애들이 절 보고 웃었어요. 그리고 놀렸구요.

상담자 : 저런. 그때 어떤 느낌이었어?

프레디 : (오랫동안 침묵) 상처가 돼서 아팠어요.

상담자 : 당연히 그랬겠다.

이 대화를 통해서 상담자는 프레디가 부정적인 감정 상태("머리가 꽉 차오르는")에 있을 때 그것에 대해 반응하는 방법과 관련된 문제가 있음을 알게 되었다. 이제 상담자는 이 문제에 대해 프레디가 대응하는 방법을 탐색하기 시작한다.

2. 당신은 어떤 시도를 해보았습니까?

두 번째 초점화 질문을 사용해서 상담자는 프레디가 힘든 내적 경험을 다루는 방법뿐 아니라 통학버스에서 호세와 있었던 사건 이후에 친구들의 놀림과 같은 고통스러운 상호작용에 반응하는 방법을 탐색할 수 있다. 상담자는 프레디가 분노나 상처와 같은 느낌을 가능한 한 피하려 할 것이라 생각했으며, 그가 좀 더 효과적인 행동을 하게 하기 위해서 새로운 기술을 학습해야 할 것이라 예상했다. 상담자는 프레디가 성추행 경험이 있었고, 그래서 도움을 구하기도 어려웠던 것이 아닐까 생각했다.

상담자는 성기 부분에 대해 간략히 설명했을 때, 프레디가 그 부분에 대해 꽤 잘 알고 있다는 점도 알게 되었다. 더욱이 그는 자신의 성기를 다른 사람에게 보여주거나 다른 사람의 성기를 만져서도 안 된다는 점을 알고 있었다. 상담자는 프레디와 호세 사이에 있었던 일을 프레디의 실수로 발생한 것으로 간주하고, 프레디에게 그의 머리가 꽉 차오르는 것 같은 느낌이 들 때 어떻게 해야 하는지 알게끔 도와줄 수 있다고 말했다. 프레디는 상담자의 제안이 도움이 될 것이라 말했는데, 그 이유는 자신이 머리가 꽉 차오르는 느낌이 들 때마다 대체로 문제를 일으켜 왔기 때문이었다. 프레디의 이런 이야기를 듣고 상담자는 두 번째 초점화 질문을 했다―당신은 무엇을 시도해보았습니까?

> 상담자 : 프레디, 너 참 똑똑하구나. 나도 네가 때때로 훌륭한 문제 해결사가 될 것이라 생각했지. 네 머리가 꽉 차오르는 것 같거나 네 마음에 뭔가 쌓이는 것 같을 때, 너는 그 문제를 해결하려고 어떤 시도를 해보았니?
>
> 프레디 : 잘 모르겠어요. 아마 그것에 대해 생각을 하지 않으려고 했던 것 같아요.
>
> 상담자 : 그걸 어떻게 하는데?
>
> 프레디 : 게임을 하고 머리에 대해 아예 생각하지 않아요.
>
> 상담자 : 네가 비디오 게임을 멈추고 그것에 대해 생각해보았니?
>
> 프레디 : 아니요. 저는 TV나 다른 뭔가를 봐요. 그것에 대해 생각하려고 하지 않아요.
>
> 상담자 : 네가 버스에서 실수를 했을 때 학교에서 친구들이 놀렸던 것에 대해서는 어떤데?
>
> 프레디 : 그것에 대해서도 생각하지 않아요. … 음, 아마 제가 학교에 가지 않으면 친구들이 놀리지 못하겠지요.

상담자는 프레디가 회피 패턴에 갇혀 있다는 점과 그 패턴을 바꾸는 것 자체가 정서적으로 매우 어렵다는 것을 알 수 있었다.

3. 그러한 시도는 얼마나 효과적이었습니까?

세 번째 질문을 탐색하려면 상담자는 우선 문제 해결에 대한 정보를 제공하는 일부터 한다. 문제 해결에 대한 정보를 제공하는 것은 특히 아직 문제 해결 방법을 배우지 못한 어린 아동들에게는 필수적이다.

상담자 : 프레디, 살아오면서 내가 겪는 대부분의 문제는 내가 해결할 수 있지만, 어떤 경우에는 내가 문제에 갇혀버리는 때도 있었단다. 나는 문제를 해결하려고 했는데도 풀리지 않을 때는 어떤 다른 일을 해야 할지 잘 모르게 되지. 그동안 해 오던 방법이 잘 통하지 않지만, 그래도 그것을 계속 사용하는 것이 더 쉽거든. 그러면 때때로 더 많은 문제들이 생기더라구. 내 말을 이해하겠니?

프레디 : 글쎄요⋯ 그런 것 같아요.

상담자 : 우리가 문제를 잘 해결하고 있는지 가늠하는 한 가지 방법은 문제를 해결하려고 지금 사용하는 방법이 정말 우리가 이 세상에서 되고 싶은 사람이 되는 데 도움이 되는지 알 수 있어야 해. 예를 들면 나는 사람들을 도와주고 싶고, 화초를 가꾸고 싶고, 동물들에게 친절하고 싶거든. 프레디, 너는 어떤 사람이 되고 싶으니?

프레디 : 저는 친구들을 사귀고 싶어요.

상담자 : 그리고 또?

프레디 : 숫자 다루는 일을 잘하고 싶어요.

상담자 : 그러니까 산수나 컴퓨터 같은 것을 잘하고 싶은 거니?

프레디 : 맞아요.

상담자 : 그러면, 네 머릿속이 꽉 차오르는 상태처럼 화가 나는 문제를 잠깐 생각해보자. 그것은 문제가 되겠다. 왜냐하면, 네게 가장 도움이 되는 일을 하기 어렵게 만드니까. 그리고 그것 때문에 네가 생각없이 어떤 행동을 해서 네가 실수를 하게도 되고. 너도 말했지만, 네가 문제에 대해 생각하지 않는 방법으로 문제를 해결하려고 했었지. 그 방법이 통했었니?

프레디 : (긴 침묵) 모르겠어요.

상담자 : 그 방법이 네가 친구를 사귀고 산수를 배우는 데 도움이 됐었니?

프레디 : 아닌 것 같아요.

상담자 : 너도 알겠지만, 나는 뭔가에 대해 생각하지 않는 방법으로 내가 되고 싶은 것이 될 수 있을 것 같지는 않아. 사실 무언가에 대해 생각하지 않으려고 하면 할수록 그것에 대해 더 많이 생각하게 되더라구. 우리 같이 한 가지 실험을 해보자. 나는 네가 잠시 동안만 스윌로우에 대해서 생각하지 않으면 좋겠어.

프레디 : (눈을 감고) 저는 그래도 스윌로우에 대해서 생각하고 있어요. 생각하지 않으려고 했는데도 말이죠.

상담자 : 생각하지 않는 것은 별 도움이 되지 않더라구. 그리고 그것이 친구를 사귀는 일이나 산수를 배우는 데도 도움 되지 않고.

프레디 : 넵.

4. 그러한 시도의 대가는 무엇이었습니까?

그다음으로 상담자는 프레디가 사용하는 회피 전략 때문에 그가 치르고 있는 비용, 특히 사회적인 목표와 관련해서 손해 보고 있는 측면을 이해하고 평가하게 돕는다.

상담자 : 친구들에게 놀림을 받지 않으려고 학교에 가지 않는 방법은 어떤 것 같니? 그 방법이 친구들을 사귀거나 산수를 잘 배우는 데 도움이 되고 있니?

프레디 : 아니요. 하지만 놀림을 당하지는 않아요.

상담자 : 그렇지. 그건 참 어려운 주제란다 ─ 놀림을 당하지 않는 것(왼손을 들어 보인다.) 또는 친구를 사귀는 것(오른손을 들어 보인다.).

프레디 : 넵.

상담자 : 그래, 내가 제대로 이해하고 있는지 보자. 너는 집에 있어서 친구들에게 놀림을 당하지 않을 수 있지. 하지만 그렇게 되면 친

구들을 사귀기 어렵고.

프레디 : 그래요. 그것도 좋은 것 같지 않네요. 아마 학교를 다시 가보려고 시도해봐야 할 것 같아요.

상담자 : 글쎄, 그럴 수도 있지. 네 머릿속이 꽉 차오르는 것 같을 때 그것에 대해 생각하지 않을 때 네가 입게 되는 손해에 대해서도 생각해보자. 그렇게 생각하지 않으면 다른 문제가 생기지는 않니?

프레디 : 그런 것 같아요. 어떤 때는 그냥 폭발해버려요.

근본적인 변화를 위한 장을 마련하기 : 당신은 어떤 삶을 선택하겠는가?

앞서 묘사한 네 가지 초점화 질문은 근본적인 행동 변화를 위한 준비 단계이다. 프레디는 그동안 자신이 문제를 해결하기 위해서 사용했던 방법이 실제로는 자신에게 도움이 되지 않았으며, 오히려 그가 가치를 두는 일들(예 : 친구를 사귀는 일)을 하지 못하게 방해했다는 점을 이해했다. 최적의 반응을 이끌어내기 위해 상담자는 무엇이든 가능한 세상이라고 간주하고 삶의 방향성에 대한 질문을 한다.

상담자 : 프레디, 무엇이든 가능한 세상이라고 한다면 너는 지금 무엇을 하고 있을 것 같니?

프레디 : 학교에 가서 친구들하고 놀고 있을 거예요. 그리고 산수도 잘하고.

상담자 : 그리고?

프레디 : 엄마, 아빠와 지금 뭔가를 하고 있어요.

상담자 : 그리고?

프레디 : 아마 컴퓨터 게임을 만들고 게임에 나오는 캐릭터를 그리고 있어요.

상담자 : 좋아. 산수를 잘하면 게임을 만드는 데 도움이 될 거고 친구를

사귀면 어떤 게임을 만들지, 아이들이 어떤 게임을 좋아하는지 아는 데도 도움이 될 것 같아.

프레디 : 넵.

방향 선택하기 : 〈삶의 경로와 방향 전환〉 활동

상담자는 프레디가 자신의 문제에 대한 이해 방식을 재구성하고 마음속에 쌓이는 상처받은 마음과 부적인 감정을 이해하게 하려고 〈삶의 경로와 방향 전환〉 활동지를 사용한다(그림 6 참조). 프레디는 자신이 원하는 삶의 방향을 비디오 게임에 나오는 스월로우처럼 성장하고 싶다는 식으로 묘사했는데, 이 방식은 그에게 좀 더 의미가 있는 것이었다. 자신이 설정한 삶의 방향에는 친구 사귀기, 산수 배우기, 학교에 가기, 부모님과 즐거운 시간 보내기 등도 포함되었다. 그는 자신의 삶을 상처를 받지 않으려 하고, 감정을 폭발시키지 않게끔 자신을 보호하고 통제하는 방향으로 살아온 것으로 묘사했다. 상담자는 머리가 꽉 차오르는 것을 다루는 기술과 이런 문제를 가지고 있으면서도 여전히 학교에 가서 배우고 친구를 사귈 수 있는 기술을 배우는 게 좋겠다고 제안했다. 프레디는 좀 더 의미 있는 방향으로 자신을 동기화하는 방법을 알지 못했다. 그러나 그는 이것에 대한 상담자의 생각을 더 듣고 싶어 했다. 상담자는 프레디의 부모와 할머니가 프레디를 도와줄 수 있을 것으로 생각했다.

사례개념화 : 〈사분면 도구〉

상담자는 어떤 내적 또는 외적인 행동이 프레디에게 도움이 되는지를 이해하기 위해 〈사분면 도구〉(그림 7 참조)를 작성했다. 그는 자신에게 도움이 되지 않는 성적인 행동을 다루어줄 필요가 있다. 그가 내적으로 자신에게

더 많은 통제
무엇을 통제하고, 회피하고, 없애고 싶나요? 그렇게 하기 위해 무엇을 하고 있나요?

더 많은 의미
만약 선택할 수 있다면 어떤 삶을 선택하겠습니까?

상처 입은 느낌
폭발

스월로우처럼 성장하기-강해지기 친구 사귀기, 산수 배우기, 학교 가기, 부모님과 즐거운 시간 보내기

1. 현재 당신 삶의 경로에서 어느 지점에 있는지, 그리고 어느 방향으로 움직이고 있는지를 선 위에 화살표로 표시하세요.

2. 통제를 추구했을 때 얻는 것과 잃는 것이 있다면, 그것은 무엇인가요?
   학교에 가지 않음으로써 얻는 것은 상처 입지 않는 것. 사람들과 함께하지 않음으로써 얻는 것은 폭발하지 않는 것과 문제에 빠지지 않는 것. 학교에 가지 않고 사람들과 함께하지 않음으로써 잃는 것은 친구를 사귀지 못하고 함께 놀지 못하는 것.

3. 어떤 행동을 하면 삶의 의미를 향해 움직이고 있다는 것을 알 수 있나요?
   산수 배우기, 다른 아이들과 놀기, 부모님들과 즐거운 시간 갖기

4. 막다른 골목에 다다른 것 같을 때에도 의미를 향해 전진하려면 어떻게 해야 할까요?
   몰라요.

5. 당신이 의미를 추구하는 방향으로 움직일 수 있도록 도와줄 수 있는 것은 무엇이 있나요?
   모르겠어요. 아마 부모님, 아니면 할머니가 기분 좋으실 때는 할머니도 도움이 될 것 같아요.

그림 6. 프레디의 〈삶의 경로와 방향 전환〉 활동지

하는 이야기("그냥 생각하지 마.")는 자신에게 손해이며, 문제를 촉발하는 충동적 사회행위와 관련되는 것 같다. 비디오 게임은 어떤 측면에서는 도움이 되지만 다른 측면에서는 도움이 되지 않는다. 비디오 게임이 지나칠 때는 고통스러운 내적 행동을 다루기 위해 어른들에게 도움을 구하는 것 같은 목적 지향적이고 자신의 가치실현에 도움이 되는 행동을 할 개연성을

		효용성	
		비효과적인 것(더 적게 하기)	효과적인 것(더 많이 하기)
외적		• 성적인 내용이 포함된 공격행동을 하는 것 • 집에 머무르는 것(그래서 학교를 피하기) • 비디오 게임을 많이 하는 것	• 홈스쿨에서 적극적으로 공부하는 것 • 여동생과 잘 노는 것 • 이웃에 있는 친구들과 놀자고 이야기하는 것 • 비디오 게임을 잘하는 것
행동	내적	• 머리가 꽉 차오르는 것 같을 때 그 느낌을 억제하는 것 • 자신의 성장이나 기술의 습득을 제한하는 규율을 따름으로써 상처받은 느낌이나 다른 사적인 경험을 피하는 것 　- 그저 생각하지 마. 　- 문제를 일으키지 마. 　- 게임을 더 많이 해. 그러면 모든 게 해결될 거야. 　- 약을 잘 먹어. 그러면 모든 게 괜찮아질 거야.	• 자신이 성공한 모습에 대해 꿈꾸기(친구를 사귄 상태, 더 강하고 용감해진 상태, 의미 있는 일을 하는 상태) • 부모나 할머니와 더 좋은 시간을 상상하는 것

그림 7. 프레디의 〈사분면 도구〉

저하시킨다.

〈사분면 도구〉에 포함된 내용에 기초해서 상담자는 우선 문제가 되는 내적행동에 초점을 맞추기로 했으며, 현재 진행하고 있는 가치 명료화 작업이나 창조적인 백일몽, 그의 긍정적인 외적행동(예 : 공부하기, 여동생과 잘 놀기, 이웃에 있는 친구들과 좋은 시간 보내기 등)을 강화하기 위해 필요한 부모의 도움을 나열하는 것 등을 2차적인 목표로 세웠다. 상담자는 부모들에게 프레디가 이웃 친구들과 놀 때 적극적으로 지도하고 그에게 필요한 사회적 기술을 확인하라고 조언했다. 상담자는 부모들에게 자녀의 사회적 기술을 촉진할 수 있게끔 가르쳐서, 프레디가 친구들과 놀기 전이나 후에 프레디를 잘 가르칠 수 있게 되기를 희망했다.

상담 요약

상담자는 프레디와 지난 한 달 동안 세 번 만났다. 그와의 두 번째 만남은 초기 면접 일주일 후에 있었으며, 다시 일주일 후에 세 번째 만남이 있었다. 상담 목표에는 프레디가 자신을 괴롭히는 감정, 생각, 자신을 놀라게 했던 기억 등에 대해 좀 더 개방적인 태도로 자각하게 할 수 있는 안전한 환경을 만드는 것도 포함되었다. 상담자는 또한 프레디가 과거의 문제를 포함한 자기감에 대해 이해하고 현재의 내적 · 외적 체험에 대해 자각하며 좋은 친구관계와 학교에서의 성공, 어른들과 좋은 관계를 형성하고 싶은 희망과 그에 대한 자신감을 갖게 되기를 희망했다. 그림 8은 '머리가 꽉 차오르는' 문제의 심각도를 평정한 그래프이다.

그림 9는 각 회기 마지막에 상담자가 작성한 프레디의 유연성 지표에 대한 평가 결과를 보여준다. 처음에 프레디의 자각과 개방성 점수는 특별히 낮았던 한편, 그의 참여 점수는 높았다. 자각과 개방성 점수가 올라가면서 그의 참여 점수 역시 상승했다. 바라던 것보다 일찍 상담이 종결되기는 했

지만, 프레디는 심리적 유연성 부분에서 분명히 좋아졌다.

자각 증진하기

남은 시간 동안 상담자는 프레디의 자각 수준을 높이는 개입에 초점을 맞추었다. 이런 개입들은 그의 작은 자기(little self: 학생, 아들, 오빠인 아이, 학교와 친구관계 문제가 있는 아이, 그리고 형들에게 상처 입은 아이)와 큰 자기(big self : 어려운 상황에서도 발전할 능력이 있고, 자신과 타인에게 친절하며, 용감하고 상처를 자각하고 받아들이는 아이) 사이의 차이를 보게

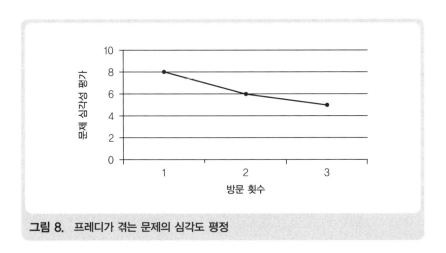

그림 8. 프레디가 겪는 문제의 심각도 평정

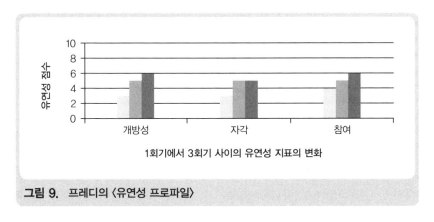

그림 9. 프레디의 〈유연성 프로파일〉

하는 것도 포함했다. 상담자는 프레디에게 현재 순간에 집중하는 데 도움이 되는 호흡법도 가르쳐주었다. (케이틀린은 첫 회기의 약 20분을 남긴 시점에서 남편을 직장에 데려다주기 위해 상담실을 떠났다.) 이러한 개입을 하는 중에 프레디는 비디오 게임을 하고 있었지만, 동시에 상담자에게 주의를 기울였고 조금 지나서는 체험적인 연습에 참여하기 위해 게임을 스스로 그만두었다.

개입 : 작은 자기, 큰 자기

〈작은 자기, 큰 자기〉 개입은 학령기 아동이 자신의 과거, 현재, 미래를 포함한 자기를 좀 더 잘 이해하게 돕는다. 이 방법은 프레디처럼 다른 사람들로부터 부정적인 피드백을 받아 왔거나 일종의 외상 경험을 가진 아이들에게 특히 유용하다. 이 방법은 개방성과 관여를 촉진할 수 있으며 1회기만 사용해도 유용하지만, 여러 회기에 걸쳐 사용했을 때 그 효과가 축적된다. (프레디의 〈작은 자기, 큰 자기〉 도식을 이해하려면 그림 10을 보라.)

> 상담자 : 프레디, 나는 그림 하나를 그려서 네 자신이 누구인지를 알게끔 하는 데 사용하려고 해. 여기 중앙에 내가 너에 대한 몇 가지 것들을 쓸 거야. 너는 10살이고 5학년이면서 형이기도 하고 아들이기도 하지.
>
> 프레디 : 그렇지요.
>
> 상담자 : 우리는 이것을 '작은 자기'라고 부를 거야. 이제 나는 그 바깥으로 큰 원을 그릴 텐데, 우리는 그 원을 '큰 자기'라고 부를 거야. 이 큰 자기는 너에 대한 많은 것들을 포함할 건데, 너의 이상과 원칙, 또는 너의 가치관 같은 것도 포함하고 있지. 너의 큰 자기는 너의 작은 자기가 할 수 없는 일을 할 수 있어. 작은 자기는 너에 대해서 말할 수 있고, 너의 큰 자기는 그 이야기들을 들을 수 있어. 그냥 듣기만 해. 큰 자기는 너의 작은 자기보다 훨씬

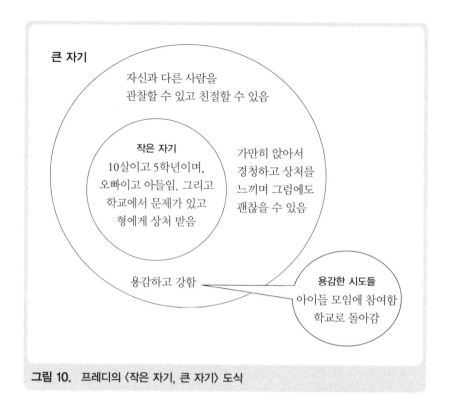

그림 10. 프레디의 〈작은 자기, 큰 자기〉 도식

더 많은 것을 이해할 수 있을 거야.

프레디 : 마치 스월로우가 자라면 그가 훨씬 더 많은 일을 할 수 있는 것 처럼 말이지요.

상담자 : 그렇지. 바로 그런 뜻이야. 내가 큰 원 안에 큰 자기가 할 수 있 는 것들을 적을 거야. 무엇을 더 적을 수 있을지 네가 좀 도와줄 수 있겠어?

프레디와 상담자는 이 작업을 계속했으며, 상담자는 프레디와 이야기를 할 때 남자 인형을 함께 사용했다.

상담자 : 이 인형의 이름은 밥이라고 해. 밥은 자기의 머릿속이 꽉 차오 르는 것 같은 어려움을 가지고 있어. 때때로 감정이 폭발하기도

하고. 하지만 다른 때는 큰 자기를 사용해서 자신의 머리를 관찰하고 거기에서 무슨 일이 일어나는지 보기도 해. 그냥 모든 생각과 느낌을 보고 있는 거지. 큰 자기는 마치 하늘처럼 많은 구름이 떠다니는데, 예쁜 구름도 있고 폭풍을 몰고 오는 무서운 구름도 있어.

상담자는 한 손으로는 인형을 붙잡고, 다른 손으로는 원을 그리면서 그것의 머리 부분을 가리켰다. 그러고 나서 상담자는 큰 원을 그리면서 인형의 머리와 몸 전체를 가리켰다.

> 상담자 : 이거 봐. 밥의 큰 자기가 여기에 있지. 여기에 여백이 많고 그의 큰 자기는 그냥 보고 있을 수 있어.
>
> 프레디 : (그 모습을 보면서 끄덕인다.) 맞아요.
>
> 상담자 : 나는 오늘 네게 한 가지 더 가르쳐주려고 해. 그것은 작은 자기에서부터 큰 자기로 옮겨가서 스월로우처럼 더 강하게 자라는 기술이야.

개입 : 현재 시점의 호흡

다음으로 상담자가 프레디에게 가르친 것은 〈현재 시점의 호흡〉인데, 이것은 성인이나 아이들이 현재 시점에 주의를 기울이고, 힘들고 견디기 어려운 감정, 기억, 생각 또는 신체적 감각이 있음에도 그간 하던 행동에 지속적으로 관여하게끔 돕는 개입과 함께 활용할 수 있는 다용도 기술이다. 이 기술을 사용하기 위해서 우선 내담자에게 복식호흡을 가르친다. 그후 그들이 복식호흡을 할 때 "들이쉬세요.", "내쉬세요."라고 말하면서 집중하게끔 돕는다. 그러고 나서 그들이 하던 말을 '여기', '지금'으로 바꾸어서 현재 시점에 대한 자각을 높인다.

이 절차를 프레디에게 가르친 후, 상담자는 프레디에게 자신이 '여기', '지금'이라는 말을 할 때마다 자신이 조금씩 작은 자기로부터 큰 자기로 커지는 상상을 하라고 했다. 프레디는 자신이 좀 더 큰 자기라는 느낌을 가지는 데 이것이 도움이 되는 것 같다고 말했다.

일주일 후 프레디와 케이틀린이 다시 방문했을 때, 프레디는 케이틀린에게 자신이 혼자서 상담자와 이야기를 나누어도 되는지 물었다. 그는 상담자에게 자신이 큰 자기와 접촉하기 위해 호흡을 연습했고 자신이 오랫동안 감추어 왔던 비밀을 말하고 싶다고 했다. 그는 상담자에게 자신이 여덟 살 때 배다른 형인 숀이 밤에 자기 방으로 세 번 찾아와서 프레디의 성기에 입 맞추었다고 했다. 그 후 숀은 프레디가 자신의 성기에 입 맞추게 하려고 했는데, 프레디는 무서웠고 울기 시작했다. 그때마다 숀은 화를 내면서 프레디의 침실을 떠났다. 숀이 프레디의 성기 부분을 마지막으로 만진 것은 시내버스에서였다. 그는 프레디의 사타구니를 붙잡으면서 "이제는 더 이상 네가 필요하지 않아. 더 나은 사람을 만났거든. 그리고 이 일을 아무한테도 말하지 않는 게 좋을거야. 안 그러면 내가 혼내줄 테니까."라고 말했다. 상담자는 첫 회기에 그렸던 프레디의 〈작은 자기, 큰 자기〉 그림을 꺼내서 중앙에 있는 원에 작은 글씨로 '형에게 상처받음'이라고 썼다.

참여 촉진하기

두 번째 방문에서 상담자는 케이틀린과 프레디의 참여 수준을 높이기 위한 개입을 했다. 프레디에게는 〈용기의 훈장〉 개입을, 케이틀린에게는 〈사랑과 보호를 위해서〉라는 개입을 사용했다.

개입 : 용기의 훈장

〈용기의 훈장〉은 아이들이 자신의 가치를 자각하고 가치와 행동 간의 일치성을 높이기 위한 작은 행동 변화를 계획하게 하는 개입이다. 이 사례에서는 케이틀린을 돕는 동시에 아동보호 서비스 담당자와도 협력해야 했기 때문에 〈용기의 훈장〉은 매우 짧은 시간 동안만 사용할 수 있었다. 그러나 아래에 제시한 짧은 대화를 함으로써 심층적인 개입에 필요한 정보를 충분히 얻을 수 있었다.

> 상담자 : 프레디, 너는 네게 있었던 일을 내게 이야기해줄 만큼 용감하
> 네. 이제 나는 용기의 훈장을 만들어주려고 해. (종이 위에 훈장
> 을 하나 그린 후, 가위로 잘라서 프레디에게 건네주었다.) 나는 네
> 형 손이 큰 잘못을 했다고 생각해. 그리고 너는 지금 스윌로우
> 처럼 자라고 있고. 그래서 너 자신과 형을 도와줄 수 있을 만큼
> 강해지고 있다고 생각해. 자, 이것이 용기의 훈장이야.
>
> 프레디 : 고마워요. 그런데, 우리 부모님이 뭐라고 하실지 걱정돼요. 저
> 는 부모님이 저나 형에게 화내기를 바라지 않아요.
>
> 상담자 : 프레디, 참 착하구나. 부모님에 대해서는 내가 도와줄게. 내가
> 엄마와 잠깐 이야기를 나눠도 되겠니? 도와달라고 말이야.
>
> 프레디 : 물론이죠.
>
> 상담자 : 내가 엄마와 이야기할 동안 너는 너의 큰 자기 속에서 보고 싶은
> 다른 가치나 특성에 대해서 목록을 만들어볼래? (프레디에게 작
> 업지와 펜을 넘겨준다.)
>
> 프레디 : 좋아요.

부모에 대한 개입 : 사랑과 보호를 위해

상담자는 케이틀린과 만나 프레디가 당했던 성추행 사건에 대해 이야기를
나눴다. 상담자는 케이틀린에게 그녀가 프레디를 사랑하고 지지한다는 선
서를 함으로써 프레디를 도와주시라고 말했다. 〈사랑과 보호를 위해〉 개입
방법은 자신의 심리 내적 어려움을 받아들이지 못하는 문제 때문에 자녀들
에게 꼭 필요한 도움을 주지 못하는 부모들을 위해 고안되었다. 상담자는
케이틀린에게 어떤 감정이 가장 견디기 어려운지 질문한 후, 다음과 같은
말을 따라 하라고 했다. "나는 ＿＿를 느낍니다. 그리고 나는 지금 여기에
서 프레디를 사랑하고 지지할 것을 선서합니다." 그녀에게 가장 견디기 어

려운 감정은 프레디가 아버지의 집에 있을 때 발생한 일에 대해 좀 더 유의 하지 못해서 프레디를 잃을 것 같다는 생각과 관련된 것이었다. 케이틀린 은 그날 밤 프레디의 양부와 이야기를 나누고 그와 함께 같은 연습을 하기 로 했다. 상담자 역시 케이틀린과 함께 아래와 같은 과제를 고안했다.

1. 엄마와 아빠는 돌아가면서 프레디와 매일 산책을 하는데, 그냥 함께 나가서 이야기를 나눈다.
2. 이틀에 한 번씩은 프레디가 부모 두 사람 중 한 사람과 공원에 나가는 것 같은 즐거운 활동을 한다. 프레디는 여동생이나 이웃에 있는 친구 들과 같이 가자고 할 수 있다.
3. 프레디가 받은 '용기의 훈장'은 냉장고 전면에 붙여둔다.
4. 프레디의 가족은 매주 10분씩 가족회의를 한다. 이 회의에서는 각자 가 중요하다고 생각하는 것에 대해 돌아가면서 간략히 이야기한다 (예 : 정직한 것, 감사를 말하는 것, 도움을 제공하는 것, 또는 멋있는 그림을 그리는 것 등).

케이틀린은 일주일 후 프레디를 다시 상담실에 데리고 오기로 했다.

개방성 촉진하기

세 번째 회기에는 케이틀린과 프레디의 양부가 프레디와 함께 방문했다. 회기 초반에 프레디의 아버지는 자신이 실직했기 때문에 다른 지역에 있 는 친척집으로 이사를 가기로 했다고 말했다. 상담자는 아동보호서비스 기 관과 이사 가는 지역의 지역정신건강서비스 기관에 전화연락을 취했다. 그 결과 상담자는 가족 및 아동서비스 기관에 프레디가 참여할 수 있는 사회 적 기술집단이 있음을 알게 되었다. 마지막 회기에서 상담자는 이와 같은 어려운 시점에서 프레디의 개방성을 촉진하려는 노력을 했다. 상담자는 프 레디의 나쁜 기억, 감정, 생각을 견디는 능력을 키우기 위해 〈하늘 위의 구름〉이라는 개입을 사용했으며, 프레디가 살아갈 때 좀 더 의미 있는 방향으로 한 걸음을 내딛지 못하게 방해하는 장벽을 다루기 위해서 〈용기 있는 한 걸음〉이라는 개입을 사용했다.

개입 : 하늘 위의 구름

〈하늘 위의 구름〉은 어른과 아이 모두에게 적합한 개입이지만, 아이들에게는 특히 유용하다. 그 이유는 아이들에게 쉽게 다가갈 수 있기 때문이다. 요점만 말하면, 이것은 시각화를 통해서 내담자를 인도하는 기법인데, 내담자가 괴로운 생각이나 기억, 감정들을 확인하고 그것들을 구름 위에 올려놓는데, 괴로운 내용은 검은 구름에, 즐거운 생각과 감정들은 예쁘고 푹신한 구름 위에 올려놓게 한다. 이 기법은 본질적으로 은유인데, 하늘은 크고 많은 구름을 담을 수 있으며, 내담자는 괴로운 생각과 기억, 감정들을 구름 위에 쉽게 올려놓을 수 있다는 아이디어에서 출발한다.

개입 : 용기 있는 한 걸음

〈용기 있는 한 걸음〉은 〈용기의 훈장〉 개입의 연장선상에 있는 개입이다. 이것은 내담자로 하여금 삶에서 자신이 선택한 방향으로 전진하려고 할 때 필요한 단계들을 확인하고, 그렇게 함으로써 참여의 수준을 높이려고 할 때 사용된다. 참여의 성공 여부는 강력한 개방성에 의해 좌우되는데, 상담자는 프레디의 참여 수준뿐 아니라 개방성을 높이기 위해 이 개입 방법을 사용했다. 상담자는 프레디가 삶 속에서 결정을 할 때 장애물이 되는 내적 사건을 프레디가 탐색하게끔 하기 위해 다양한 상황적 맥락을 만들어냈다. 상담자는 프레디의 〈작은 자기, 큰 자기〉를 사용하고, (프레디의 그림에서 큰 자기 속에 포함되어 있던) '용기'라는 단어에서부터 종이의 가장자리에 있던 말풍선까지 줄을 그음으로써 개입을 시작했다. 그 후 상담자는 프레디에게 삶에서 자신이 선택한 방향으로 한 걸음 더 나가기 위해 내딛여야 할 2개의 발걸음에 대해 생각해보라고 했다. 프레디는 '(상담선생님이 도움이 될 거라고 말했던) 친구들에게 가는 것과, 학교로 돌아가는 것'이라고 쉽게 말했다. 상담자는 프레디에게 친구들과 함께 있는 장면과 뭔가 불편해지고 어떤 말이나 행동을 해야 할지 모르는 장면을 상상해보라고 했다. 상담자는 작은 자기를 돌보기 위해 자신의 큰 자기를 활용해보라고 했다. 이와 함께 상담자와 프레디는 자신의 내적 경험을 개방하고 좀 더 세련되고 의미 있는 방식으로 행동하게끔 프레디를 돕기 위해 자신이 학교로 돌아갈 수 있게 부모님에게 도와달라고 요청하는 것과 같은 추가적인 연습상황을 만들었다. 개방적인 태도를 취하는 프레디의 기술이 증가함에 따라서 그는 용기 있는 발걸음을 좀 더 자신있게 내디딜 수 있었다. 그 후 프레디와 상담자는 부모님에게 이러한 발걸음을 내딛을 수 있도록 계속 도와달라고 요청했다.

끝맺으며

학대나 외상을 겪은 아동과 작업할 때 대부분의 정신건강 관련 상담자들은 아동과 가족을 접촉할 시간이 매우 짧다. 이처럼 시간이 제한된 상황에서 최대한의 효과를 내는 것이 필수적이다. 이것이 FACT의 정신이다 — 초점을 맞추고 실행하기. 다행스럽게도 프레디의 사례가 보여주었듯이 두세 번의 회기를 통해서도 치유를 시작하고 가족의 유대를 강화하는 많은 일들이 이루어질 수 있다. 아동과 그들의 부모 간의 관계를 강화하는 일은 언제나 중요하다. 특히 외상 경험을 오랫동안 견뎌 온 아동의 경우는 더욱 그렇다.

외상을 경험한 아동과 그들의 가족에게 FACT 사용하기

외상을 경험한 아동을 상담할 때 부모가 반드시 필요하다는 점을 가능한

한 조기에 언급하라. 유연성의 기둥(개방성, 자각, 참여) 주변을 돌면서 당신이 소개하는 개입 방법을 지지하게끔 가르치는 것이 좋다. 예컨대 부모는 자녀에게 하늘 위의 구름을 그리게 할 수 있고 즐겁고 고통스러운 생각을 구름 위에 쓰게 할 수 있다. 그리고 그 과정에서 받아들임을 몸소 보여줄 수도 있다.

아동과 상담할 때는 장난감을 사용하는 것이 도움이 된다. 심지어 중학생에게도 장난감은 유용한 도구이다. 장난감은 상담관계를 좀 더 실제 삶처럼 느껴지게 하며, 아이들로 하여금 은유를 더 깊이 이해할 수 있게 한다. 상담에서 장난감의 사용에 대한 풍부한 자료는 창의적 상담 가게(www.creativetherapystore.com)에서 찾을 수 있다.

아동은 외상적 성경험을 하는 중에도 긍정적인 반응을 보일 수 있음에 유의하라. 이 점을 질문하고 아동이 어떤 반응을 하든 받아들이며, 인간의 반응에 내포된 복잡성을 이해하라. 많은 성 학대 피해자들이 결국 외상의 특정 측면이 신체적 또는 정서적으로 쾌감을 주었다는 점에 대한 죄책감으로 괴로워한다. 상담자는 이와 같은 반응을 정상화하고, 아동에게는 아동의 그러한 반응에도 불구하고 학대는 아동보다 더 많이 알고 있어야 하는 성인에 의해서 착취를 당한 것임을 알려주어야 한다.

학대를 당한 아동에게 사회적 기술 훈련이 도움이 될 수도 있음을 유념하라. 외상을 겪은 아동은 사회적으로 회피 전략을 사용하기 때문에 부모, 형제, 친구, 교사를 비롯한 타인과의 상호작용의 직접적 경험으로부터 배울 수 있는 중요한 것들을 잘 배우지 못한다. 상담자는 상담 회기 중, 특히 친구, 교사, 형제들과의 상호작용에서 겪는 어려움이 주제가 되는 회기에서 적절한 사회적 기술을 보여주거나 코치를 할 수 있어야 한다. 좀 더 효율적인 사회적 기술을 습득하면, 외상을 겪은 아동도 뒤처졌던 기술들을 배우고 자신의 나이에 맞는 사회적 관계를 발달시킨다.

제8장

세상에서 길을 잃다 :
약물중독 성인을 위한 FACT

당신의 등에서 원숭이를 떼어냈다고 해서
서커스단이 동네를 떠난 것은 아니다.

조지 칼린(George Carlin)

최근 연구에 의하면 매년 미국 인구의 8.6%가 약물남용장애 문제를 겪고 있다. 지난 10년을 돌아보면 이 장애는 조금씩 증가 추세에 있다(Grant et al., 2004). 효과연구에 따르면 현재 통용되는 치료법만 가지고도 훨씬 더 많은 개선이 가능하다(Nathan & Gorman, 2002 참조). 예컨대 지역사회 강화 접근이라고 알려진 증거기반개입은 치료 중단 이후 재발률이 높은 내담자들의 50% 이상을 약물에 취하지 않게끔 했다(Roozen et al., 2004). 뿐만 아니라 약물이나 알코올 문제를 가진 내담자는 치료에 참여하는 것 자체가 무척 어려워서 그들 중 50% 이상이 치료를 중단한다(Nathan & Gorman, 2002).

약물이나 알코올이 그처럼 매력적인 것은 그것들이 매우 효과적으로 사람들을 마비시키기 때문이다. 그것들은 고통스러운 감정과 머릿속을 침투하는 기억들, 스트레스로 인한 불쾌한 신체 증상들을 날려버린다. 그 약물들의 효과가 빠르기 때문에 약물이나 알코올 남용은 신속하게 강화되며 정서회피의 전형적인 방법으로 자리 잡았다. 동시에 약물과 알코올 남용은 폭식, 자해, 자살시도와 같은 다른 형태의 정서회피와 함께 발생한다.

대부분의 사람들에게 나타나는 알코올 또는 약물의 장기적 사용 결과는 남용자들이 자신의 삶의 방향을 잃게 된다는 점이다. 약물에 취하는 경험 자체가 새로운 삶의 목적이 된다. 그리고 이런 방법으로 수년간 생활하면 대부분의 사람들은 완전히 길을 잃는다. 약물에 취하는 것(그리고 내담자의 삶 속에서 계속 길어지는 고통의 목록을 피하는 것) 외에 다른 내재적 동기가 없기 때문에 약물에 취하지 않은 상태로 지낼 수 있는 가능성이 급격히 감소한다. 도움을 받고자 하는 결정의 대부분은 내담자에 의해서 내려지지 않는다. 오히려 감옥생활이나 자녀들이 아동보호서비스로 넘겨지거나 또는 사회경제적인 파탄(예 : 결혼생활의 파탄, 직장이나 가까운 친구, 집 등을 잃음)을 겪은 후에나 도움을 구한다. 따라서 어떻게 하면 이런 내담자들이 약물에 취하지 않고 좀 더 가치 있는 삶을 살고자 하는 내적 동기를 발달시킬 것인지가 상담에서 가장 핵심적인 주제가 된다.

사례 : 벤

벤은 34세 남자로 노숙자에 무직자이다. 그는 폭행과 약물소지로 기소된 후 상담을 받는다는 조건으로 가석방된 상태이다. 벤은 최근 새로운 도시로 이주했는데, 근처에 가족이나 친척은 없다. 그는 현재 여러 친구들이나 지인들 집을 전전하면서 지내고 있다. 지난 15년간 약물중독 상태였으며, 약물 관련 폭행사건으로 세 번의 수감생활을 한 이후, 지난 12개월간은 약물에 손을 떼고 취하지 않은 상태로 지낼 수 있었다.

벤은 삼형제 중 막내로 형제들이 모두 과거에 약물남용 문제가 있었거나 현재 가지고 있다. 그들의 아버지 역시 알코올 중독이었으며 아내나 자녀들에게 폭력적이었다. 벤의 어머니는 벤이 12살 때 자동차 사고로 사망했다. 당시 벤의 아버지가 술을 마신 상태에서 운전을 하고 있었지만, 아버지는 한 번도 기소되지 않았다. 벤은 13살부터 술을 마시기 시작했으며, 16

살에는 암페타민도 복용했다. 그는 학교 운동부에서 많이 활동하고 있었으나, 학업을 잘 수행하지 않았고, 성적도 떨어져 결국 운동부에 참여할 자격을 유지하지 못했다. 그는 16살에 고등학교를 중퇴하고 스피드를 주사하고 다양한 약물을 사용했는데, 약물의 효과를 진정시키기 위해 술을 마셨다. 그 후 벤이 약물을 하지 않고 지낸 기간은 그가 수감 중일 때뿐이었다.

첫 출소 후, 그는 크리스티나를 만났는데, 그녀는 약물중독에서 회복되고 있었고 그 두 사람은 짧은 기간 동안이지만 동거하기도 했다. 그녀는 실수로 임신을 했으며, 벤에게 그가 약물 사용을 중단하면 아이를 낳겠다고 했다. 4개월도 채 지나지 않아 벤은 다시 약물을 사용하기 시작했고, 크리스티나 모르게 그녀의 값비싼 보석을 전당포에 맡기기도 했다. 어느 날 벤이 암페타민을 주사하고 있는 모습을 크리스티나가 목격했다. 그녀는 벤을 집 밖으로 내쫓았으며 벤이 접근하지 못하도록 금지명령을 받아냈다. 그녀는 맹세코 그가 다시는 아이를 만날 수 없을 것이라고 했다.

이 사건 이후, 벤은 가장 자기파괴적인 중독 상태에 빠졌다. 그는 차 사고로 거의 죽을 뻔했으며, 약물과용으로 수차례 입원하기도 했다. 그는 지속적으로 자살에 대한 생각을 했으며, 바에서 싸움을 걸거나 음주운전을 하는 등 위험이 높은 행동을 자주 하곤 했다. 그는 야구방망이로 마약판매상을 폭행하여 턱과 어깨뼈를 부러뜨린 후 수감되었다. 벤은 감옥에 있으면서 심한 금단증상을 보였으며, 정신이 거의 와해되는 수준까지 이르기도 했다. 감옥에 있으면서 그는 크리스티나에게 편지를 썼으나 그녀는 한 번도 답장을 보내지 않았다.

초점화 질문

첫 회기에서 상담자는 벤이 단지 법원의 명령을 따르기 위해서 상담에 온다는 사실을 알았다. 그는 짜증을 많이 냈으며, 얼버무리거나 회피하는 태도를 보였다. 그는 눈 맞춤을 피했으며 상담자를 만나야 한다는 사실에 대해 자주 불평했다.

l. 당신은 무엇을 추구합니까?

약간의 배경정보를 수집한 후, 상담자의 첫 번 과제는 비록 그가 상담을 강제로 받아야 하고 긍정적인 목적을 위해서 상담을 활용할 내적인 동기가 거의 없거나 아예 없다고 하더라도 상담을 통해서 얻고자 하는 것이 무엇인지 확인하는 일이다.

> 상담자 : 그래요, 벤. 제가 제대로 이해했다면, 우리는 당신이 원하든 원치 않든 일정 기간 동안 상담을 하게 될 겁니다. 그리고 당신이 회기에 나타나지 않으면 저는 보호관찰 담당관에게 보고해야 하고요. 그리고 미리 알려드리는데, 저는 이와 같은 형태의 상담을 이전에 해본 적이 없습니다. 그래서 보호관찰 담당관으로부터 의뢰된 제 첫 사례를 실패하고 싶지는 않아요.
>
> 벤 : (이를 드러내고 웃은 후, 은근히 비아냥대는 말투로) 에이, 전 착한 내담자가 될 거예요. 그리고 선생님이 하라는 대로 할 거예요.
>
> 상담자 : 이 시간을 어떻게 사용하면 좋겠어요? 어디에 초점을 맞추면 그래도 가치 있는 시간이 될지 생각해본 것이 있어요?
>
> 벤 : 몰라요. 선생님은 어떻게 생각하세요?
>
> 상담자 : 저도 잘 모르겠어요. 아마 이것이 첫 번째 장애물이 될 것 같네요. 이 시간을 당신의 변화를 위해서 어떻게 사용할 수 있을지 찾는 것 말이에요.
>
> 벤 : 아이구야, 저는 제 어린 시절에 대해서 다시 이야기하거나 처음부터 새로 시작하지는 않았으면 좋겠네요.
>
> 상담자 : 당신 생각에 제가 알아야 할 것 같은 중요한 것만 말씀하세요. 저는 무엇을 보면 당신이나 상황이 행복해지고 나아진다는 것을 알

수 있을지에 관심이 있어요.

벤 : 선생님은 제가 지금까지 만났던 다른 상담자하고 좀 다른 것 같아
요. 정신이 좀 이상한 거 아니에요?

상담자 : 아무에게도 말하지 마세요. (웃으면서) 영업비밀이니까요.

벤 : (크게 웃으며) 이런, 바로 제가 필요한 거네요―정신 나간 심리학자.
좋아요. 제 생각에 선생님은 '만약 이 상담이 효과가 있다고 한다면,
아마 제가 약물을 끊을 거다'라고 말하길 원하는 것 같아요. 하지만
전 중독자예요. 그리고 보호관찰기간만 마치면 저는 다시 길바닥에
나가서 또 약물을 할 거예요. 약물을 할 때가 제가 기분이 좋고 마음
이 혼란스럽지 않거든요.

2. 당신은 어떤 시도를 해보았습니까?

벤은 최소한의 말을 했는데, 그 반응이 많은 것을 알려주지는 않았다. 이것
은 다른 종류의 삶을 사는 것에 대해 거의 자신이 없다는 정도만 알려주었
다. 그가 약물을 사용하는 것을 기분이 좋아지는 것이나 마음이 혼란스럽
지 않다는 것과 관련을 짓는다는 점은 좀 더 탐색해볼 가치가 있다. 두 번
째 초점화 질문은 이 관련성을 좀 더 상세히 검토하는 데 도움이 된다.

상담자 : 얘기를 들어보니 당신은 기분이 좋아지려고, 그리고 당신 표현
을 빌리면 "마음이 혼란스럽지 않으려고" 약물을 사용하는 것 같아
요. 당신이 약물을 사용하지 않는 시간, 예컨대 지금과 같은 시간에
당신은 마음이 어떤 느낌인가요?

벤 : 끔찍하지요. 정말 끔찍해요. 저는 제가 정상적인 삶을 살 수 있는 한
번의 기회를 어떻게 놓치게 되었는지에 대한 생각을 그만둘 수가 없
어요. 저는 제가 아끼는 사람들에게 도둑질을 했고 거짓말도 하고
그 사람들을 이용하고 상처를 주었어요. 제가 가장 크게 느끼는 것
은 제가 아마 끝까지 쓸모없는 중독자로 인생을 마칠 것 같다는 거

예요.

상담자 : 그래서 마약이나 술 외에도 이러한 생각이나 감정을 다루어보려고 했던 다른 일이 있나요?

벤 : 제가 기억하기에 운동이 저의 이런 마음을 좀 안정시킬 수 있었던 것 같아요. 하지만 솔직하게 말하면 제가 기억하는 한 운동으로 안정시켰던 적은 없는 것 같아요. 항상 술을 마시거나 마약을 했지요. 그게 제 삶이에요. 그리고 제가 살아온 방식의 전부이고요.

3. 그러한 시도는 얼마나 효과적이었습니까?

마약이나 알코올이 괴로운 내적 경험을 마비시키기는 하지만, 그러한 경험의 부정적 · 강압적 특성을 변화시키지 못한다. 화학물질은 단순히 그러한 경험으로부터 일시적으로만 탈출하게끔 도울 뿐이다. 마약에 취한 상태가 지나면, 마치 보복하는 것처럼 부정적인 느낌들이 다시 돌아온다. 상담자는 바로 이런 현실을 벤이 직접적으로 접촉하게 돕고자 하며, 그 내용은 아래 상담 장면에 소개되어 있다.

상담자 : 그래서 약물이나 술이 당신의 기분을 좋게 만들고 마음의 혼란을 줄여준다는 말이네요. 그것들이 실제로 당신 마음속에 긍정적인 생각과 느낌을 만들어내나요? 당신의 경우에는 그것들이 실제로 도움을 주나요?

벤 : 아니에요. 전혀 아니지요. 그 어떤 긍정적인 것도 없어요. 제가 취한 상태가 되면, 제 뇌 속에서 무슨 일이 일어나는지에 대해 아무런 신경을 쓰지 않을 뿐이에요. 제 머릿속의 쓰레기들을 그대로 두고 휴가를 떠나는 것 같은 거지요.

상담자 : 흥미롭네요. 그래서 당신이 취하면 당신의 쓰레기 속으로 들어가지는 않고, 비껴갈 수 있다는 말이네요. 얼마나 오래 휴가를 떠날 수 있나요?

벤 : 그것은 제가 어떤 것에 취하는지에 따라 달라요. 불꽃이 사라지면 휴가가 끝나는 거지요.

상담자 : 그러니까 약 기운이 다 소진되면 파티가 끝나는 거네요. 그러면 당신은 무엇을 하나요?

벤 : 약물을 더 하지요. 그 정도는 천재가 아니더라도 쉽게 알 수 있는 거 아녜요?

상담자 : 그리고 그런 일이 반복되면 당신이 휴가를 가기 위해서 더 많은 약을 더 자주 사용해야 하는 것 알고 계셨나요?

벤 : 이봐요, 그게 바로 중독이라는 거잖아요. 약물이 저를 쩔게 한 거지요.

4. 그러한 시도의 대가는 무엇이었습니까?

벤이 도밍가고자 했던 '쓰레기'는 회피할 수만 있다. 그것은 제거될 수 없으며, 그가 지금까지 사용하던 회피 전략은 막대한 비용을 치르고 있다. 상담자는 벤을 이러한 비용에 직면시키고자 한다.

벤 : 스피드에 취하는 것이 올바른 답은 아니겠지요? 그렇죠?

상담자 : 글쎄요. 당신이 체험한 것을 보면 어떠했나요?

벤 : 완전 엉망 그 자체죠! 그런데, 난 그게 좋아요.

상담자 : 약에 취하는 게 왜 엉망인지 얘기해줄래요?

벤 : 약은 당신의 세계를 지배하는 것으로부터 시작해요. 그러고 나면 아무것도 중요하지 않아요. 당신이 다음에도 약에 취할 수 있는 한 괜찮아요. 하지만 약효가 다 떨어지면 완전 미치는 거예요. 하지만 동시에 당신이 내려오기 전까지는 한 무더기의 스피드 이상 좋은 것도 없어요.

상담자 : 내려온다고요?

벤 : 네. 암페타민에 항상 취할 수는 없거든요. 왜냐하면 한 번 취해버리면, 그다음에는 취하게 되지 않아요. 한 주나 두 주 조정기간을 가진

후, 당신은 며칠 동안은 잠을 자야 하고 밥도 먹어야 하지요. 그런 거예요. 그러면 다시 약을 하러 가는 거지요.

상담자 : 더 많은 약을 찾거나 약을 사기 위해 더 많은 돈을 구하는 것 외에 다른 일을 할 에너지가 없을 것 같네요.

벤 : 그럼요. 전혀 없어요. 하지만 다른 거에는 신경도 쓰지 않아요. 더 중요하게 해야 하는 일조차 신경 쓰지 않는 거지요.

상담자 : 그러니까, 당신은 약에 취하는 것이 당신의 쓰레기를 처리하는 데 기본적으로는 도움이 되는 것처럼 느낀다는 건가요? 약에 취하는 것이 당신이 가고자 하는 삶의 방향으로 당신을 움직인다는 건지요?

벤 : 농담하세요? 지금 무슨 얘기를 하려고 하는 거예요? 이봐요. 나는 지금 마약과 술에 완전히 중독되어 있단 말이에요. 제기랄, 나는 중독자예요. 내가 마약을 치워버려야 할 때에는 감옥에 들어가곤 해요. 거참, 나한테 이상하게 잔머리 굴리려고 하지 말아요.

상담자 : 저는 그냥 당신이 약에 취하면 당신의 생각이나 마음속에 느껴지는 것이 좀 더 분명해지는지 알고 싶었을 뿐이에요. 도움이 되던가요?

벤 : 전혀 아니에요. 오래전과 똑같은 쓰레기. 똑같은 대갈통이지요.

근본적인 변화를 위한 장을 마련하기 : 당신은 어떤 삶을 선택하겠는가?

벤이 자신의 중독행동에 빠져 있지만, 그는 자신의 전략이 작동하지 않고 있음을 어느 정도는 인지하고 있다. 중독 문제로 어려움을 겪는 대부분의 사람들처럼 벤의 가치나 삶의 의미는 약물에 취하려는 지속적인 욕구에 완전히 압도되어 있다. 기본적으로 모든 희망을 포기한 사람에게는 말도 안되는 일이라 하더라도, 상담자는 내담자와 내담자 자신의 삶에 대한 비전을 연결하게끔 도울 필요가 있다.

상담자 : 저는 당신 자신의 삶이 어떻게 전개되기를 바라는지가 궁금합
　　　　니다. 만약 모든 것이 가능한 세상에 살고 있다면, 당신은 어떤 삶을
　　　　살겠다고 선택하시겠어요?

벤 : 당신은 제 정신이 아니네요! '모든 것'이라는 게 무슨 뜻이에요? 이
　　　세상에서는 아무것도 일어날 수 없어요.

상담자 : 바로 그거예요. 그 어떤 새로운 일도 일어날 수 없기 때문에 우
　　　　리는 모든 것을 말할 자유가 있는 거지요.

벤 : 글쎄요. 당신이라면 직장에 갈 수 있고, 각종 공과금을 낼 수도 있어
　　　서 도둑질은 하지 않아도 되잖아요. 음식도 먹고 세탁도 할 수 있지
　　　요. 아마 당신은 당신이 만나고 싶은 친구들을 만나겠지요. 하지만,
　　　당신은 그 친구들이 약물을 하지 않는다는 것을 확인해야 할 거예요.

상담자 : 그래서 약에 취하지 않으면 당신 삶에서 여러 가지 변화가 있을
　　　　수 있겠네요.

벤 : 그렇지요. 하지만 시간이 너무 남으면 약에 취하지 않기가 정말 어
　　　려워요. 저는 약물을 사용하지 않으면 하루종일 할 일이 없거든요.
　　　그게 최악이에요. 그런 게 정말 저를 살아있게 하기 어려워요.

상담자 : 살아있기 힘들게 하는 게 뭐예요? 무엇 때문에 살아있기 힘든가요?

벤 : (침묵하면서 고개를 숙이고 팔짱을 낌)

상담자 : (약 2분 동안 침묵함)

벤 : (의자에서 몸을 비틀면서) 제가 못 만나는 거… (숨을 죽이고 울기 시작
　　　함) 제가 제 아이를 만나지 못해요.

상담자 : 와우. 아이가 있는지 몰랐어요. 아들이에요? 딸?

벤 : 이제 세 살쯤 되었을 거예요. 아들인지 딸인지 저도 몰라요.

상담자 : 아이 엄마와 전혀 만나지 않고 있나 봐요.

벤 : 네. 크리스티나는 저를 정말 미워하고 있어요. 사실 그녀는 그럴 이

유가 충분해요.

상담자 : 무슨 일이 있었어요?

벤 : 제가 바보였어요. 제가 원하는 것을 모두 가진 적도 있어요. 하지만 마약을 하는 바람에 다 수포가 되어버렸어요. 크리스티나가 제가 마약을 하는 것을 알게 되었고, 그 후부터 저는 그녀로부터 아무 소식도 듣지 못했어요. 저는 보호관찰 담당관에게 매달 아이 생활비를 보내고 있어요. 그래서 전 그들이 어디에 살고 있는지도 몰라요.

상담자 : 당신이 눈물을 흘리는 것을 봐서, 아버지가 되어서 아이를 만나는 것이 당신에게 큰 의미가 있나 봐요.

벤 : 하지만 그런 일은 절대 없을 거예요. 잊어버려요. 이제 얘기 그만합시다.

방향 선택하기 : 〈나침반 맞추기〉 활동

상담자는 벤이 현재 삶의 방향에 관심을 유지하게끔 할 필요가 있는데, 그 이유는 대부분의 경우에는 삶의 커다란 목적에 대한 감각이 없지만, 지금은 약물에 취하지 않은 상태를 겨우 유지하고 있기 때문이다. 상담자는 삶의 방향에 대한 최소한의 관심을 유지하게 하기 위해 〈나침반 맞추기〉(그림 11 참조) 활동을 실시했고, 자신의 일상생활에서 무엇을 달리 할 수 있겠는지에 대해 이야기했다.

상담자 : 당신 삶의 방향에 대해서 이야기해봅시다. 당신이 향하고 싶은 방향, 그러니까 이 나침반에서는 진북 방향이 되겠네요. (벤에게 워크시트를 보여주면서 진북 방향의 화살표를 가리킨다.) 제가 좀 전까지 당신이 당신 삶에서 중요하다고 말했던 것들을 적어봤는데요. 아버지가 되는 것, 가족을 가지는 것, 직장생활을 유지해서 각종 공과금을 내고 자립하며 가족들도 도울 수 있게 되는 것 등입니다. 만약 이

내가 선택한 삶 살기

당신의 가치는 무엇입니까?

- 아버지가 되는 것
- 가족을 갖는 것
- 자신과 가족을 부양하는 것

현재 사용하는 전략은 무엇이며, 그것은 효과가 있습니까?

- 어떻게든 감옥만 피하려고 약에 취하지 않기
- 과거의 잘못과 날려버린 기회에 대해 생각하기
- 스트레스를 없애려고 약물 사용을 고려하기
- 잘못을 방지하기 위해 그 어떤 일도 하지 않기

여행을 하기 위해 어떤 기술들이 필요한가요?

- 일상적인 정신적 쓰레기에 대처하는 방법 배우기
- 약물을 사용하고 싶은 강한 욕구를 다루는 방법 배우기
- 흥미를 일으킬 만한 삶의 목표 찾기
- 과거에 대한 생각에 붙들려 있기보다 현재 시점에 사는 방법 배우기

임상적 주제

1. 개방성(내적 경험을 투쟁 없이 받아들이는가? 효과가 없는 규칙들을 알아차리고 버리는가?)

   정서적 히피 규칙과 융합됨, 정서적으로 거리를 두고 참여하시 않음. 자신의 부정적 측면에 가까이 접근하고 싶어 하지 않음

2. 자각(현재에 머무를 수 있는가? 내적 경험을 알아차릴 수 있는가? 조망할 수 있는가? 자신과 타인에게 연민을 보일 수 있는가?)

   중독상태가 된 과정에 대한 이야기에 자동적으로 관여됨, 그냥 자신이 되는 것을 어려워함

3. 참여(가치가 분명한가? 효과적인 행동을 조직할 수 있는가? 강화를 얻을 수 있는가? 대인관계 기술이 충분한가?)

   심각하게 관여되지 않음, 그의 주된 문제는 중요한 일에 연결되지 않았다는 점임

그림 11. 벤의 〈나침반 맞추기〉 활동지

나침반에서 진북 방향이 당신이 가고자 하는 올바른 방향을 가리키고 있고, 당신의 가치관에 맞는 방향이라면, 지금은 나침반의 바늘이 어느 쪽을 향하고 있나요?

벤 : (거의 180도 남쪽을 향한 방향을 표시함)

상담자 : 네, 지금은 당신의 가치와는 완전히 반대방향을 향하고 있다는 이야기네요.

벤 : 그렇죠. 저는 그냥 있을 뿐이에요. 약물에 손대지 않아서 감옥만 피해보려고 하는 것밖에는⋯ 만약 깨어 있는 느낌이 이런 것이라는 것을 안다면 저는 약물을 결코 중단하지 않을 거예요. 저는 완전히 약에 취해 있을 때보다 기분이 훨씬 안 좋거든요. 약에서 깨어 있을 때는 정말 무가치한 것 같아요.

상담자 : 솔직하게 말해서 당신이 되고 싶어 하는 아버지가 되는 게 가능하기나 할지 모르겠네요. 아버지가 된다는 게 당신에게 중요하기도 하지만 고통스럽기도 하다는 것이 분명하네요. 아마 제가 이런 얘기를 할 수 있겠군요. 저는 당신이 약에 취하지 않고 당신의 신념에 맞게 살기 시작했다면 크리스티나나 당신의 아이에게 어떤 일이 일어날지 모르겠어요. 하지만, 당신이 약물중독으로 돌아가면 어떤 일이 일어날지에 대해서는 알 것 같아요. 아마 그것은 당신도 알 거예요. 상태를 더 나쁘게 만드는 해결책으로 되돌아가지 않은 채 당신의 쓰레기를 지고 사는 방법을 배우는 것이 어려운 일인 것 같아요.

벤 : 맞아요. 하지만, 다른 방법이 있을지 모르겠어요.

상담자 : 바로 그거예요. 제 말이 그거예요. 당신은 몰라요. 당신은 좋은 방법이 무엇인지 안 적도 없어요. 그러니, 당신이 어떻게 그 방법을 배울 수 있겠어요. 당신은 좋은 방법을 굳이 알고 싶어 하지 않을 뿐 아니라 잘 통하지 않는 방법을 중단하고 싶지도 않아요.

벤 : 그거 점점 무서워지네요.

사례개념화 : 〈사분면 도구〉

〈사분면 도구〉에 나타났듯이(그림 12 참조), 대부분의 중독자처럼 벤도 정서를 회피하는 기계이다. 심리적으로 고통스러운 사건에 대한 그의 충동적 반응은 그 사건으로부터 도망가는 것이다. 그의 회피 성향으로 인해 그는 자신의 가치관에 접촉하지 못할 뿐 아니라 가치 있는 삶은 그에게는 도달할 수 없는 꿈일 뿐이다. 그는 중독이 되었다는 이야기에 지나치게 동일시되어 있으며, 그의 이야기는 불행한 모습으로 마무리된다. 그에게는 부정적 사고, 감정, 기억이 떠오를 때에도 현재에 머무르는 능력을 촉진하는 개입이 도움이 된다. 그는 단순히 약에 취하지 않은 상태에 겨우 머무르는 것 외에도 그는 살아있는 것에 흥미를 느낄 수 있는 가치 있는 행동을 개발할 필요가 있다. 유일한 지렛대가 될 만한 것으로는 그의 아이에게 가치 있는 아버지가 되는 것이었는데, 이것은 약에 취하지 않으면서 다양한 측면에서 삶의 목적을 찾아가는 일을 필요로 한다.

상담 요약

상담자는 벤이 새로운 직장을 얻기 위해 다른 주로 이주하기 전까지 12개월 동안 6번 만났다. 그림 13에 나타나 있듯이 그가 가진 문제의 심각도는 상담의 전 과정 동안 50% 정도 감소했다. 그의 유연성 척도(그림 14)에 의하면, 그의 개방성과 참여도 초기에는 매우 낮았지만, 3회기 상담 후 이 양쪽 측면에서 의미 있게 개선되었다. 이러한 변화, 특히 참여 측면의 변화는 그의 삶에 큰 영향을 끼쳤다. 그는 자신의 보호관찰 담당관을 통해 크리스티나를 만났으며, 아들 필립도 감독하에 몇 차례 만날 수 있었다. 또한 벤은 자신이 참여하는 '익명의 마약중독자들(Narcotics Anonymous, NA) 집단에 속한 구성원 두 명의 스폰서가 되었다. 4일간 음주 문제가 재발했던 한 번의 경우를 제외하고 벤은 상담의 전 과정에서 술을 마시지 않았다.

		효용성	
		비효과적인 것(더 적게 하기)	효과적인 것(더 많이 하기)
행동	외적	• 다른 사람들로부터 거리를 둠 • 일상적인 삶이 정리되어 있지 않고 목적이 결여됨 • 안정적인 거주지 없이 이집 저집 전전함	• 상담을 받으러 옴 • 보호관찰 중에 지켜야 하는 규칙을 준수함 • 12개월간 약에 취하지 않음
	내적	• 중독자가 되었다는 이야기 속에서 자신을 상실함 • 과거의 실수를 반추함 • 자신의 감정은 매우 위험하며 반드시 통제되어야 하는데, 만약 그렇지 않을 경우 다시 그 감정에 빠질 것이라고 습관적으로 말함 • 자신의 가치관과 접촉하지 않음 • 약에 취하지 않아야 하는 이유가 감옥에 들어가지 않기 위해서라고 생각함	• 아버지가 된다는 것에 대해 강한 가치를 부여함 • 약물 사용에 대한 강한 욕구를 견딜 수 있음

그림 12. 벤의 〈사분면 도구〉

자각 증진하기

상담자의 단기목표 중 하나는 자신을 해치는 생각, 고통스러운 정서, 그리고 침투적인 기억들이 나타날 때 현재에 머무르고 비판단적이 되는 방법을 벤에게 가르치는 것이었다. 이러한 자각의 기둥을 강화하는 중요한 기술이 없다면, 이처럼 매우 불쾌한 경험을 통제하려고 자신이 사용했던 방법을 다시 사용할 가능성이 매우 높다. 이 영역에서 벤을 돕기 위해 상담자는 〈몸 스캔〉법을 알려주었다.

개입 : 몸 스캔

〈몸 스캔〉은 현재 시점을 자각하는 기술을 가르칠 뿐 아니라 고통스러운 개인적 경험에 대해 비판단적인 관점을 가지는 능력을 촉진하는 데도 사용

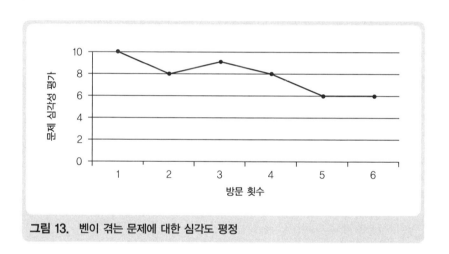

그림 13. 벤이 겪는 문제에 대한 심각도 평정

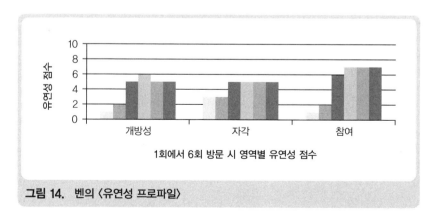

그림 14. 벤의 〈유연성 프로파일〉

할 수 있는 방법이다. 따라서 이 방법은 개방성과 자각의 기둥 모두를 강화하는 데 도움이 된다.

> 상담자 : 그래서 마약에서 깬 상태가 되면 그 상태가 어떻게 느껴졌으면 좋겠어요? 그러니까 지금처럼 그렇게 무가치하게 느껴질 것 같지는 않은데요.

> 벤 : 무가치한 상태를 가치 있게 만든다고요? 그렇게 생각해본 적은 없는데요. 저는 하루하루가 너무 끔찍하기 때문에 그저 끝내고 싶어요.

> 상담자 : 끔찍하다고요? 당신이 무가치하게 느껴져서 아무것도 하지 않을 때 어떤 일이 일어나나요?

> 벤 : 일어난다고요? 아무것도 일어나지 않아요. 그저 너무 지루하고 따분해서 소리를 치거나 벽을 손으로 세게 치고 싶어요. 선생님이 말하는 게 이런 건가요?

> 상담자 : 저는 그저 모든 것이 따분하고 아무것도 당신의 관심을 끄는 것이 없을 때 당신이 어떤 경험을 하는지 궁금했어요. 당신의 피부 밑, 몸에서는 어떤 일이 일어나나요?

> 벤 : 글쎄요. 전 그 상태에 그 정도로 머물러본 적이 없어요.

> 상담자 : 좋아요. 그러면, 지금 한번 들여다보지요.

> 벤 : 들여다본다는 게 무슨 말이에요? 여기요? 지금요?

> 상담자 : 네, 한번 시도해볼 마음이 있어요?

> 벤 : 그래보지요.

> 상담자 : 일단 눈을 감고 잠시 뒤로 기대보세요. 어떤 일이 일어나든 잠시만 머무르고 잠시 뒤로 기대서 관찰해보는 거예요. 마치 느낌을 느끼면서 3-D 영화를 보는 것처럼 말이에요. 이제 잠시 동안 당신의 호흡을 알아차려보세요… 숨을 쉴 때 당신의 몸이 어떻게 움직이는지 알아차려보세요. 당신의 가슴이 올라가고 내려가는 것, 그리고 당신의 배가 들고나는 것을 알아차려보세요. 공기가 들어오고 나가

는 것을 느끼세요. 당신이 들이마시는 공기가 나가는 공기보다 약간 더 차가울 거예요. 차가운 공기가 들어오고 따뜻한 공기는 나갑니다. (잠시 기다린다.)

　이제 당신의 주의를 옮겨서 두 귀 사이에서 어떤 일이 일어나는지에 대해 보세요. 당신의 뇌에서 하는 일이지요. 당신이 그 흐름을 관찰할 수 있는지 보세요. 마치 당신이 숨 쉴 때처럼 말이지요. 당신의 마음속에서 어떤 일이 일어나는지, 당신이 가지고 있는 생각, 떠오르는 기억, 지금 어떤 느낌들이 올라오는지 관찰해보세요. 어떤 일이 일어나든 그저 관찰만 할 수 있는지 보세요. (잠시 기다린다.)

　이런 일을 하면서 당신의 몸속, 아마도 배, 가슴, 팔, 다리와 같은 부위에서는 어떤 체험을 하고 있는지 주의를 기울여보세요. (잠시 기다린다.)

　이제 주의를 옮겨서 당신의 몸 밖에서 나는 소리에 주의를 기울여보세요. 그리고 당신이 눈을 뜨면 무엇을 보게 될지 상상해보세요. 그 장면을 그려낼 수 있을 때, 준비가 되면 눈을 뜨셔도 됩니다. (잠시 기다린다.)

　이제 어떠세요?

벤 : 이상해요. 이상한 일을 한 것 같아요.

상담자 : 이상하다구요? 이상한 것을 경험하셨어요? 아니면 이런 연습을 한다는 그 자체가 이상하다는 거예요?

벤 : 진짜 몸속에서 이상한 것들이 부글부글 올라오는 것 같았어요.

상담자 : 좋아요. 그 부글부글 올라오는 것을 들여다볼 수 있었나요?

벤 : 그것을 볼 수 있었는데, 쉬운 일은 아니었어요. 그게 어떻게 쉽겠어요?

상담자 : 당신의 몸에서 부글부글 올라오는 것이 뭘까요?

벤 : (잠시 기다렸다가 아래를 내려다봄) 내게 고통을 주는 모든 것들이지요. 인생에서 내가 처한 상황이나 내가 하고 사는 방법들이요. 가족

도 잃고 아이를 절대로 볼 수 없다는 거, 사람들이 나를 보면서 판단하는 것들이지요. 저는 실패자이고 쓰레기고 주정뱅이예요. 이제 여기서 벗어나 위로 올라가고, 이런 느낌을 그만 느꼈으면 좋겠어요.

상담자 : 와우. 당신의 그런 말들이 가혹하고 아프네요. 그런 것들에 꽤 오랫동안 빠져 있었나 봐요. 그러니까 제 말은 부글부글 올라오는 것들이나 그것으로부터 벗어나려는 마음들 말이에요.

벤 : 네, 맞아요… 하지만 저는 그런 것들을 아주 짧게만 느꼈었어요. 저는 항상 그런 느낌이 들면 재빨리 꺼버리거나 술을 진탕 마셨어요. 이제 그것들은 제 머리통 속에 아예 자리를 잡았네요. 이런 느낌은 밤에는 정말 심해요. 공포영화 같은 것이 결코 끝나지 않기 때문에 저는 잠을 잘 수 없어요. 지난주에 저는 거의 고주망태가 될 뻔했어요. 그러면 잠을 잘 수 있을 것 같았거든요.

상담자 : 네, 알겠어요. 당신의 뇌가 고주망태가 되라고 말해도 당신은 당신이 중요하다고 하는 가치에 따라서 선택을 할 수 있었다는 말이네요. 그런가요? 마치 당신의 뇌가 당신에게 시켰던 일과는 전혀 다른 일을 했던 몇 분 전의 경험처럼 말이에요.

벤 : 그 부글부글하게 올라오는 이상한 것과 뇌가 아주 고약한 한 팀 같아요.

상담자 : 네… 그런데, 거기에, 즉 한 팀으로 작동해서 당신으로 하여금 뛰어다니게 하는 그 이상한 것과 뇌 사이에는 당신이라는 사람이 있어요.

개방성 촉진하기

내면에서 고통스러운 것들이 올라올 때에도 현재에 머무를 수 있는 능력은 벤에게 큰 도움이 된다. 하지만 그는 그것을 어떻게 처리할지, 즉 어떻게 가지고 있을지를 배울 필요가 있다. 개방성을 촉진하기 위해 상담자는 〈물건상자〉 기법을 사용했다.

개입 : 물건상자

〈물건상자〉 기법은 내담자로 하여금 중요한 FACT 역설과 직접적이고 체험적인 접촉을 하게끔 돕는 강력한 물리적 은유로서 그 효과가 강력하다. 즉 보고 싶지 않고 불편한 내적 경험에 직접 접촉하게 하는 것은 그 경험의 독성을 완화하고, 그 경험을 가지고 다니기 수월하게 해준다.

> 상담자 : 당신의 마음속에서 부글부글 올라오는 것들을 가지고 다녀서 당신을 압박하지 않게 할 수 있는 방법이 있다면 어떠시겠어요?
>
> 벤 : 어떻게요? 가지고 다닌다는 게 무슨 뜻이에요?
>
> 상담자 : 가장 큰 문제가 부글부글 올라오는 것 자체가 아니라 그것을 가지고 다니는 방법이라면 어떠시겠어요? 제가 뭐 좀 보여드릴게요. (종이가 가득 찬 상자를 보여준다.) 이 상자를 내가 싫지만 가지고 다녀야 하는 어떤 것이라고 생각해보세요. 이 상자에는 아주 지저분하고 추한 것들이 들어 있어요. 나는 중독자이고 앞으로도 그럴 것이다 같은 생각, 당신이 속였던 모든 사람들에 대해 느꼈던 수치감, 그리고 당신이 인생을 망쳤고, 그래서 당신의 아이를 결코 만날 수 없을 것이라는 생각 같은 것들이 들어 있지요. 정말 나쁜 것들이 들어 있어요. 그중에는 당신을 정말 아프게 하는 것들도 있고요. 내가 몇 분간만 이 상자를 가지고 있으려면, 어떻게 하면 될까요? 그 상자 안에 있는 것이 싫다고 제가 팔을 쭉 편 상태로 멀리 들고 있으면 될까요?
>
> 벤 : 알았어요. 무슨 말하려는지 알겠어요. 그렇게는 할 수 없지요. 그렇게 해서는 오래 가지고 있을 수 없을 거예요.
>
> 상담자 : (상자를 몸 가까이에 안으면서) 제가 가까이 끌어안고 있으면 훨씬 오래 가지고 다닐 수 있을 거예요. 그리고 상자 속에 있는 것들과 가

까이 접촉해야 할 거예요. 왜냐하면, 그래야 상자 속에 있는 아주 작은 것들까지 볼 수 있을 테니까요.

벤 : 그러니까, 적을 가까이하라는 말이지요?

상담자 : 마음속에서 올라오는 것들을 피하는 것이 목적이고, 또 그것이 중요하다면 당신이 얼마나 오래 견디고, 또 이 상자를 얼마나 멀리 둘지 상관이 없어요. 당신이 제게 말했듯이 마음속에 올라오는 그것들을 잠시만 견디려면, 그만큼만 하세요. 하지만 일생 동안 그 상자를 가지고 다니려면, 그 상자를 어떻게 가지고 다닐지가 가장 중요해요. 이러한 결정을 해볼 수 있는 기회가 많이 있었나요?

벤 : 글쎄요. 그런 것 같아요. 감옥에 있을 때 모든 희망이 사라졌을 때, 제가 앉은 채로 고통의 쓰나미가 저를 완전히 덮쳤을 때, 그것이 제 고통을 오히려 줄여준 때가 있었던 것 같아요. 그런 거를 말씀하시는 거지요?

상담자 : 당신이 그 상자를 일부러 꺼내서 그것을 가까이에 두는 연습을 한다면, 어쩌면 당신은 지금까지 보지 못했던 어떤 것을 보게 될 수도 있어요. 그것이 자기 마음대로 무작위적으로 당신에게 보이는 것이 아니라 당신이 그것들을 적극적으로 초대하고 그것들을 가지고 다니는 연습을 할 수 있을 거예요. 당신의 박스에는 든 것이 많아서 연습할 기회는 충분할 것 같은데요.

벤 : 넵. 그것들은 제 주변에 항상 있으니까요. 저는 손쉽게 고를 수는 있는데, 그것을 들여다보는 일은 주저할 것 같아요.

상담자 : '그리고'라고 해보세요. 당신은 쉽게 고를 수 있다. 그리고 당신은 그것을 들여다보는 일을 주저한다. 이 일을 스스로 해보시겠어요? 한 번에 10~15분씩, 하루에 세 번씩 말해보시겠어요? 그저 당신의 그 추한 것들을 머릿속에 올라오게 하고 그것을 가지고 다니는 거요. 가능할까요?

벤 : 약속은 할 수 없어요. 내가 통제할 수 없는 것들이 올라오면 전화를
　　하거나 방문해도 될까요?

상담자 : 물론이지요. 그리고 여기에 또 다른 방법이 있어요. 마약을 하
　　고 싶은 마음이 올라오면 그것을 상자에 넣고 가지고 다닐 수도 있
　　어요.

참여 촉진하기

5회기를 시작하기 전, 벤은 새로 취직한 공구상에서 실수를 한 후 심한 음
주를 다시 시작했다. 그는 슈퍼바이저에게 심하게 비난을 받았는데, 그 비
난으로 인해 술에 취하고 싶은 강력한 욕구가 생겼다. 그는 퇴근한 후 술을
마셨는데, 그런 일이 나흘간 계속되었다. 그는 옷차림이 더러웠고 부스스
한 머리에 술이 덜 깬 상태로 상담실을 방문했다. 자신의 가치에 부합하는
방향의 삶을 살겠다고 했던 다짐이 흔들리고 있음이 분명했다. 그래서 상
담자는 좀 더 커다란 사람의 목표에 도달하는 과정의 일환으로 벤이 술에
취하지 않은 상태로 있게 돕는 참여 기둥을 강화하기로 했다.

기법 : 선택 저울

〈선택 저울〉은 완전히 상반된 삶의 방향 사이에서 내담자가 선택하는 능력
에 초점을 맞춤으로써 참여성을 촉진하는 기법이다. 선택된 방향이 무엇이
든 반대편 방향의 선택, 그 선택이 그동안 사용해 오던 비효과적인 방법이
라도 그것을 지지하는 '이유'가 항상 제시된다.

벤 : 제기랄… 완전히 망쳤어요. 내가 이렇게 될 줄 알았다고요.

상담자 : 무슨 일이 있었는데요? 마치 고양이에게 질질 끌려온 것 같은
　　모습이네요.

벤 : 우라질. 저는 당신이 믿을 만한 사람이 아니에요. 사람들은 저를 미
　　워하는데, 저는 그들을 비난하지 않아요. 하지만 이것은 제 잘못이

아니었어요.

상담자 : 그러게요. 무엇이 당신 잘못이 아니라는 거지요?

벤 : 공구요. 드릴이 끼어서 안 움직였고 드릴축이 구부러졌어요. 저는 어떻게 해야 할지 몰랐어요. 정말 무서웠다고요. 그리고 그 기계가 구멍을 잘못 뚫었고, 매니저가 저에게 소리를 쳤어요. 저는 다시 제가 일곱 살이 된 것 같았고, 아버지가 저를 쫓아오는 것 같았어요. 저는 그냥 사라지고 싶었어요.

상담자 : 그래요. 그 일이 있은 후 당신은 무엇을 했나요?

벤 : 저는 보드카를 사서 집으로 갔고, 그것을 마시기 시작했어요. 저는 많은 것들이 생각나지는 않아요. 하지만 제가 느끼는 모든 것을 없애는 일들이 굉장했어요. 그렇게 마시면 시간이 쏜살같이 흘러가요. 토요일에 저는 술에서 깨어났어요. 하지만 저는 친구에게 전화를 했고, 그 친구는 더 많은 술을 가지고 왔어요. 저는 술을 너무 많이 마셔서 술도 덜 깨고 속도 안 좋아서 정말 몸이 많이 아팠어요. 오늘 아침에 일어나서 저는 이제는 그만하고 도움을 받아야겠다고 생각해서 왔어요.

상담자 : 당신이 일곱 살 난 어린아이처럼 느껴지고, 매니저가 당신에게 소리칠 때 당신은 어떤 전략을 사용했었나요?

벤 : 전략이라는 게 무슨 말이에요? 저는 그저 받아들일 수가 없었어요. 이와 같은 일이 언젠가 일어날 거라고 생각하면서 하루하루를 보냈거든요.

상담자 : 좋아요. 그러면 당신의 마음에 부글부글하는 것이 올라왔고 당신의 마음에서는 이것은 너무 힘들다. 너는 얼른 도망가서 이런 나쁜 것들을 피해 숨어야겠다. 집에 가서 술에 취하자. 그러면 기분이 좋아질 것이다라고 말했네요.

벤 : 무슨 말이에요? 저는 주정뱅이에 쓰레기에 실패자예요. 저는 항상

이래요.

상담자 : 바로 거기에 마치 나이 어린 불량소년처럼 앉아서 당신은 선택할 수가 있었어요. 당신의 선택지들을 가늠해보고 있었고요. 제가 오래된 저울을 제 손에 들고 있다고 생각해보세요. 한쪽에는 나는 주정뱅이에 쓰레기에 실패자다. 이제 아무것도 안 될 것이다. 너는 아무도 믿을 수 없다. 이것은 내 잘못이다. 이제 시간만 보낼 수밖에 없다. 이것들 외에 더 있나요?

벤 : 더라는 게 무슨 말이에요?

상담자 : 술에 취할 이유가 더 있냐고요.

벤 : 이전에도 그랬듯이 내가 일을 망쳤을 때, 친구들하고 어울릴 때, 정신을 잃었을 때처럼 저는 술이 많이 땡겼어요.

상담자 : 그래요. 당신의 마음은 술에 취할 수많은 이유가 떠올랐네요. 제 왼손을 '체킹 인'이라고 하고 제 오른손을 '체킹 아웃'이라고 이름을 붙이지요. 그리고 저울의 이쪽 끝에 올려놓을 만한 게 없나요?

벤 : 이보세요. 머리 쓰는 게임은 관두죠.

상담자 : 당신의 아이에게 아버지가 되는 것, 가정을 가지는 것은 어때요? 직장을 가지고 스스로 독립해서 사는 것은요. 제가 그런 이유들을 반대쪽 저울 위에 올려놓아도 되겠어요?

벤 : 그러시든가.

상담자 : 벤, 이 양쪽 중에서 당신에게 더 무거운 쪽은 어느 쪽이지요? 저는 당신이 어느 한쪽이 당연히 더 무거울 거라고 말하는 게 아니에요. 당신이 선택해야 해요.

벤 : (저울의 체킹 인 쪽을 가리키면서) 내가 한 거요? 내가 해야 하는 거요? 제 삶은 다시 엉망진창이에요.

상담자 : 아마 맨 처음 할 일은 내일 직장에 나가서 매니저에게 이야기를 하는 거예요. 당신이 아직 일을 할 수 있겠는지에 대해서.

벤 : 알았어요. 그게 제가 할 일이라는 거지요? 그리고 선생님이 제 보호
     관찰 담당관에게 보고하지 않으실 거지요?

상담자 : 글쎄요. 당신이 지금 술에 취한 상태는 아니고, 직장으로 다시
        돌아가려고 하는 거잖아요. 보고하지 않을 수 있을 것 같아요.

벤 : 알았어요. 그렇게 하면 좋을 것 같아요.

상담자 : 술을 마실지 안 마실지에 관한 선택에 대해서는 어때요? 마음속에
        서 부글부글 올라왔던 것들이 보이고 당신에게 할 일을 알려주나요?

벤 : 항상 그렇지요. 저는 주말 동안 완전 떡이 됐었어요. 잠도 한 시간도
     못 잤어요. 제 마음은 미칠 것 같구요. 저는 실수를 계속 반복하고
     있어요. 지금까지도 그랬고 지금도 또 실수하고 있어요. 저는 언젠
     가 또 일을 망쳐서 구덩이에 빠질 거예요.

상담자 : 그래서 당신 마음이 미래를 보게 되는데, 그 모양이 썩 멋있지는
        않은가 봅니다. 지금 여기에서 생길 수 있는 가장 최악의 일이 무엇
        이 될까요?

벤 : 최악의 일이요? 제 아이를 보지 못하고 크리스티나가 저를 거절하
     고 비난하는 것이지요. 그녀는 이런 것들을 전혀 모르고 있어요. 하
     지만 그녀가 알았다면 그걸로 끝나는 거지요.

상담자 : 좋아요. 그러면 그 끝의 모습은 어떤 거지요?

벤 : 그건 아마 지구상에 있는 지옥과 같은 모습일 거예요. 저는 아마도
     중독이 재발하고 마약도 다시 하고 결국 감옥에 갈 거예요.

상담자 : 그 이야기를 들으니까 당신이 저울의 체킹 인 쪽에 있다는 것을
        알 것 같아요. 그러니까 당신에게 아버지가 된다는 것, 그리고 삶의
        반려자가 된다는 것이 아주 중요한 것 같아요.

벤 : 무슨 말인지 모르겠어요. 무슨 뜻이에요? 저는 며칠 동안 줄곧 술을
     마셨거든요.

상담자 : 맞아요. 당신이 술을 마시는 것은 실패로 인해 겪는 고통으로부

터 당신을 보호하기 위해 고안된 것이거든요. 여기서는 기분이 좋아
진다는 것이 중요한 것이 아니에요. 당신이 술을 마시면 마실수록
당신이 얼마나 아버지가 되고 삶의 반려자가 되고 싶은지를 말해주
고 있어요.

벤 : 제 생각에 저는 제 행동을 좀 정돈한 후 크리스티나와 만나서 필립
도 다시 볼 수 있게끔 해야 할 것 같아요.

끝맺으며

약물 사용 문제가 있는 내담자와 효과적으로 상담하는 것은 매우 어렵다.
일반적으로 FACT는 중독행동을 정서적 회피의 한 형태로 본다. 약물을 장
기적으로 남용하면 사람은 거의 예외 없이 자신의 개인적 가치와 연결이
끊어진다. 그래서 대부분의 경우 이런 내담자에 대한 FACT 접근의 첫 단
계에서 초점을 맞춘 후, 내담자들이 자신의 가치에 접촉하게 돕는다. 이렇
게 하면 건강한 불안이 유발되어서 내담자들이 뭔가 다른 것을 하고자 하
는 동기가 생긴다. 벤의 사례가 보여주는 것처럼 약물에 취하지 않는다고
해서 반드시 가치를 추구하는 방향의 삶으로 전환하는 것은 아니다. 벤처
럼 회복 중에 있는 내담자는 기분장애를 겪는 경우가 많다. 우울(말이 없
음) 또는 불안(주의가 산만함)과 같은 기분장애 문제는 좀 더 미묘하거나
사회적으로 수용되는 형태의 정서적인 회피이다.

약물남용 문제가 있는 내담자를 대상으로
FACT를 사용할 때 일반적인 유의점

중독행동에 대한 질환 또는 질병 모델이나 그런 해석 방법은 과학적으로
의문이 많을 뿐 아니라 급격한 변화를 위한 방법도 거의 알려주지 않는다.

결국 당신이 질병이 있으면 당신은 아프며, 만성적 질병은 대체로 낫는 데 시간이 오래 걸린다.

다양한 형태를 띠는 약물남용의 이면을 들여다보고, 약물남용의 기능에 초점을 맞추는 것이 중요하다. 내담자가 약물을 남용함으로써 얻으려고 하는 것이 무엇인지에 대화의 초점을 맞춤으로써 급격한 변화를 향한 더 많은 방법을 고안할 수 있다. 내담자 자신의 가치관에 기초해서 약물을 사용할지 여부를 선택할 권리가 있는 내담자의 힘을 북돋는 것도 중요하다. 내담자가 장기간 중독행위를 했을 경우 내담자의 가치관에 대해 이야기하고 그러한 가치를 향해 나아가는 과정에서 중독행위가 치러야 할 비용을 들여다보는 것이 좋다.

약물남용과 중독을 일종의 정서적 회피로 보는 것은 상담자와 내담자 모두에게 낙인을 감소시킨다. 벤의 사례에서 보여주듯이 자신에게 해로운 낙인을 줄이는 것은 상담에서 매우 중요한 목표이다. 벤처럼 대부분의 중독 내담자들은 지속되는 약물남용의 문제를 설명하는 이야기를 가지고 있다. 이러한 이야기는 매우 그럴듯하며 내담자의 낙인을 떼어내는 데 도움을 줄 수도 있다(예 : "내 아버지와 형제들은 알코올 중독자였어요.", "저는 어릴 때 학대를 당했어요." 또는 "저는 제 자신을 미워해요."). 그들이 하는 이야기의 내용에 말려들지 말라. 대신 내담자가 자신에 대해 하는 이야기에 대해 비 판단적이며 이해하려고 하고 궁금해하는 태도로 반응하라. 그렇게 함으로써 내담자를 수용하는 모범을 암시적으로 보여주라.

선택의 주제를 강압적인 방식으로 다루려고 하면 또 다른 어려움이 발생한다. 잘못된 선택을 하는 내담자를 비난하거나, 내담자에게 더 좋은 선택지를 상담자가 알고 있음을 암시하면, 선택의 주제를 논의하는 것 자체가 내담자에게 힘을 북돋기보다 불쾌한 느낌을 준다. FACT에서 선택은 개인의 진실성에 기초한다. 그렇기 때문에 다른 사람이 시켜서 하게 해서는 안 된다.

제9장

아무 일 없는 것처럼 지내기 : 성인 성폭력 피해자를 위한 FACT

당신의 이전 모습대로 살려고 노력하는 것은 미친 짓이다.

외상 생존자

연구에 의하면 미국 내 모든 여성의 약 20%는 아동기 성폭력이나 근친상간의 피해자이다. 물론 남성도 피해자가 될 수 있지만 피해자들 중에는 여성이 압도적으로 많다(Tjaden & Thoennes, 1998). 1차 보호센터에서 조사에 참여한 여성 중 약 40%가 어떤 형태이든 아동기에 성적인 접촉이 있었으며, 40%의 여성 중에서 6명 중 1명은 강간당한 경험이 있었다고 말했다(Walker, Torkelson, Katon, & Koss, 1993). 성폭력 경험자들은 다양한 형태의 신체적, 정서적, 사회적 손상을 입는데, 그중에는 질과 복부에 만성적 고통을 느끼며, 우울과 불안의 혼합, 외상 후 스트레스 증상, 중독, 비만, 두통, 불면, 성기능 장애 등이 포함된다. 그 어떤 단일한 사건보다 성폭력의 희생자가 되는 것이 아동의 장기적 안녕감에 가장 큰 영향을 끼친다고 말해도 좋을 것이다. 폭력의 생존자들은 자신들이 오래되고 복잡한 건강 및 정신적 문제 때문에 의사, 사회복지사 또는 정신건강 상담자를 방문하는 경우가 많다.

FACT는 성인 성폭력 피해자를 돕는 매우 효과적인 방법이다. 그 이유는 과거에 있었던 '나쁜' 경험 때문에 내담자가 역기능적인 삶을 살 운명이라는 관점을 취하지 않기 때문이다. 그러나 외상 경험이 있는 내담자들 중에는 그들이 겪은 외상적 사건의 흔적(기억, 사고, 정서, 신체적 감각)이 현재 경험의 일부가 될 수밖에 없는 경우도 있다. 이러한 경험들은 고통스럽거나 자극적일 수 있는데, 그 이유는 신뢰의 깨짐, 안전함의 상실, 권력의 남용 같은 것들이 성폭력을 당한 아동으로서는 결코 받아들이거나 이해할 수 없기 때문이다. 폭력을 당한 아동들은 정서적·행동적 회피 전략이 두려움, 불안, 그리고 더 많이 희생될 수도 있을 가능성을 줄일 수 있는 효과적인 방법임을 빠르게 배운다. 폭력을 경험한 많은 아동들은 청소년기를 거치면서 아동기 회피 전략을 성인기에 채택할 수 있는 회피 전략, 예컨대 약물 및 알코올 남용, 성적문란 등의 전략으로 변환시킨다. 이같은 마비 전략들은 회상으로 인한 불안을 통제하는 데 도움이 되지만, 중독이나 무계획적 임신 같은 행동적 문제를 촉발하는 대가를 치른다.

이와 같이 회피 전략들을 사용하면서 성인이 될 경우, 회피 전략은 다른 방식의 더 크고 중요한 대가를 치르게 된다. 즉 폭력으로부터 생존한 사람들은 삶의 경험과 그 경험들이 자극하는 정서를 이해하는 효과적인 방법을 습득하지 못한다. 그들은 회피의 필요성과 그들이 정상적인 행동을 할 경우에 접하게 될 결과들을 설명하는 자기 나름의 이야기를 만들면서 살게 된다. 그 이야기에는 다음과 같은 것들이 포함된다. "사람들은 내가 손상되었다는 것을 알고 나를 무시한다.", "수치를 피하기 위해서 나는 사람들을 피해야 한다.", "나는 삶에서 좋은 것들을 받을 자격이 없다.", "내가 무엇을 하든 나는 실패할 것이다." 이처럼 광범위한 회피 패턴은, 어떤 점에서 보면, 이러한 패턴을 촉발한 아동기의 외상사건이 만들어낸 세상과 같은 세상을 창조해낸다.

사례 : 글로리아

글로리아는 34세의 기혼여성으로 8살과 10살인 두 아들을 두고 있다. 그녀는 지속적으로 심해지는 두통과 만성적 위장장애 때문에 의사를 방문했는데, 글로리아를 만난 의사는 그를 상담실로 의뢰했다. 그녀는 여러 영역의 의료 전문가를 만나 많은 검사를 받았지만 그 어떤 신체적인 원인도 발견되지 않았다. 그의 의사는 불안과 스트레스가 그녀의 신체적 증상을 촉발했다고 생각했다. 글로리아는 거의 매일 두통을 앓았으며 두통으로 인한 고통은 10점 척도에서 7~8점이 될 정도로 심하다고 했다. 그녀는 또한 위장과 복부에 쥐어뜯는 것 같은 고통을 호소했으며 자신의 몸이 매일매일 수많은 통증과 고통으로 매듭처럼 꼬여 있는 것 같다고 묘사했다.

그녀는 또한 지난 6개월에 걸쳐 점점 심해지는 불안 때문에 어려움을 겪는다고 말했다. 글로리아의 남편은 수년 동안 직장에서 야간교대 근무를 했으며, 학교와 방과 후 여러 활동에 대해서도 책임을 지고 있었다. 글로리아는 가능하면 집 밖의 활동을 피했으며, 그 결과 자녀의 양육 문제는 남편이 맡고 있었다. 글로리아는 그녀가 불안발작을 일으켜 사고를 낼 수 있다는 염려 때문에 누군가 동승하지 않는 한 운전을 하지 않았다. 그는 사람들을 만나면 느끼는 극도의 두려움 때문에 집 밖으로 나가려고 하지 않았다.

최근 남편의 직장 일정이 변경되어 남편이 주간에 근무를 하게 되었고, 그 결과 글로리아가 자녀들을 데려다주는 일을 맡아야 했다. 그는 친구나 가족들에게 운전을 부탁하면서 동시에 그들이 자신의 요구 때문에 자신을 피곤한 사람이라 생각할까 봐 염려했다. 글로리아는 남편이 매우 지지적이며 서로 친밀하다고 말했다. 글로리아는 고등학교 시절 알던 친구들과도 연락을 하고 지냈지만 그 친구들을 거의 만나지는 않는데, 그 이유는 그 시절 자신이 얼마나 엉망이었는지 알게 될 것을 두려워했기 때문이다.

글로리아는 어렸을 때 서로 다른 몇 사람들로부터 성폭행을 당했다고 했다. 그녀의 어머니는 약물중독자였고 그녀를 신체적으로 학대했으며 낯선 남자들을 집에 데려오곤 했다. 그중 몇 사람은 글로리아에게 성적 접촉을 했는데, 대부분은 어머니가 정신을 잃은 후 접촉이 있었다. 10대 초기 글로리아는 알코올 의존증이 생겼으며 16살 때에는 가출했다. 그는 첫 아이를 임신했을 때 음주를 중단했으며 그 이후 계속 술을 마시지 않았다. 성인기 동안 그는 숙면을 잘 취하지 못했는데, 그 이유는 어두운 곳에서는 안전하다고 느끼지 못했고 악몽도 자주 꾸었기 때문이다. 그는 수차례에 걸쳐 외상 관련 상담을 받았고 여러 종류의 항우울제와 기분장애를 안정시키는 약물을 처방받았지만 그것들이 많이 도움되지는 않았다고 생각했다.

초점화 질문

상담자는 글로리아가 장기간 철회나 회피를 일삼아 왔다는 점을 고려하여, 그녀의 입장에서 '더 낫다'는 것이 어떤 세상을 의미하는지에 대해 글로리아가 가능한 한 빨리 알게끔 개입하고 싶었다. 이것은 글로리아의 변화 절차를 명료화하고 글로리아가 추구하는 것(정서적 통제)과 '더 나은 상태'(수용)라는 것 간의 차이를 분명하게 하는 데 도움이 된다.

l. 당신은 무엇을 추구합니까?

상담자는 글로리아가 자신의 현재 상황을 간략히 설명할 시간을 준 후, 지금 사용하는 회피 전략으로 자신이 성취하려는 것이 무엇인지로 이야기의 초점을 옮겼다.

> 상담자 : 당신이 저와 상담을 하는 쪽으로 마음을 정해서 기쁩니다. 예이거 박사는 당신의 신체적 건강상태와 스트레스가 당신의 몸에 끼치는 영향을 많이 염려했어요. 요즘 어떻게 지내는지 얘기해 주실 수 있어요?
>
> 글로리아 : 완전 엉망이에요. 저는 배가 항상 아프고요. 그래서 잘 먹지도 못해요. 두통은 거의 매일 있습니다. 저는 제 건강에 문제가 생긴 것 같아서 무척 걱정된답니다. 제 주치의는 계속 제 몸에는

이상이 없고 이 모든 증상이 스트레스 때문이라고 말하더라고
요. 게다가 제 불안발작이 점점 심해져서 이제는 그동안은 안전
하다고 느꼈던 제 침실에서도 불안해요.

상담자 : 그러니까 당신은 신체적으로도 여러 가지 불편한 게 많고, 이제
는 그동안에는 당신이 괜찮았던 장소에서까지 불안을 느끼게
되었네요.

글로리아 : 그래요. 만약 제 불안발작이 아무 데서나 시작되면 어떻게 해
야 할지 모르기 때문에 이제는 점점 무서워지기 시작했어요. 그
래서 도움이 필요해요.

상담자 : 글로리아. 만약 당신이 할 수 있다면, 제가 말하는 문장을 한번
완성시켜보세요 : "나는 _____한 상태가 된다면 나 자신이 이
전보다 좋아졌다는 것을 알게 될 것이다."

글로리아 : 제 집에서 다시 안전하다고 느낄 수 있고 집에서는 불안을 느
끼지 않으면 돼요. 저는 제가 가는 곳마다 제 불안과 싸움하고
싶지 않거든요. 이미 저는 누군가 함께 하지 않으면 거의 아무데
도 가지 못하고 있어요. 너무 무섭거든요.

상담자 : 그래서 당신의 불안이 이전 수준으로만 돌아갈 수 있어도 저희
들의 상담이 만족스럽겠다는 이야기네요.

글로리아 : 네. 참 불쌍해 보이지요? 하지만 제 삶이 현재 그 상태예요. 저
는 안 좋은 일을 너무 많이 당했고, 어렸을 때부터 계속 불안해
했어요. 제게 일어나는 모든 일과 더불어 저는 이런 식으로 살아
왔어요. 제가 불안하지 않은 상태를 상상할 수가 없어요. 일상적
인 삶 속에는 제가 다루고 처리해야 하는 일이 너무 많거든요.

글로리아의 반응을 보면 안전한 상태, 즉 과거 기억, 타인의 평가, 취약
한 느낌으로부터 안전감을 만들어내는 것이 가장 중요한 목표임을 알 수
있다. 그는 자신이 앞으로도 엉망진창인 삶을 살 수밖에 없을 것이라고 말

하면서 자신의 불안을 어릴 적에 있었던 사건과 연결했다. 이 상태에서 그녀가 가진 대비책은 자신의 불안이 가진 파괴력을 어떻게든 줄이는 방법밖에 없었다.

2. 당신은 어떤 시도를 해보았습니까?

이후에 상담자는 안전함을 느끼기 위해 글로리아가 사용해 왔던 다양한 전략을 탐색했다.

> 상담자 : 그동안 당신이 사용했던 전략 중 하나가 당신의 불안을 촉발하는 상황을 피하는 것이었던 것 같아요. 그것이 어떤 상황들이었지요?
>
> 글로리아 : 기본적으로는 제가 집을 떠날 때마다 저는 불안해요. 그리고 어떤 상황에서는 더 심하고요. 저는 사람이 많은 시간에는 슈퍼마켓에도 갈 수 없어요. 저는 완전히 겁먹을 거예요. 저는 혼자 운전도 못해서 제 남편이 같이 있어야 해요. 제 두 아들은 축구팀에 속해 있는데, 저는 아이들의 축구시합에 가보거나 애들이 연습할 때 구경한 적도 거의 없어요. 거기에는 사람들이 너무 많아요. 그리고 제가 불안해졌는데도 집에서 너무 멀리 떨어져서 돌아가지도 못하는 곤란한 상황이 될 거예요. 저는 극장에도 가지 못하고 식당에 가는 것도 겁이 나요. 그래서 저는 남편과 외식을 하는 경우가 거의 없어요.
>
> 상담자 : 당신의 상황을 개선해보려고 상황을 피하는 것 외에 다른 전략은 없었나요?
>
> 글로리아 : 제가 어렸을 때는 술을 많이 마시곤 했어요. 그 방법만이 제가 불안을 피할 수 있는 유일한 방법이었지요. 저는 아직 불안하고 제가 어렸을 적에 겪었던 일을 기억해요. 하지만 이유는 잘 몰라도 그 기억들이 그렇게 나쁘지는 않았어요. 하지만 제 상황이 잘

못된 방향으로 흘러갔는데, 그건 우리 엄마가 갔었던 방향이에요. 그래서 저는 제 큰아들 피터를 임신했을 때 술을 더 이상 마시지 않기로 마음먹었어요. 이제 저는 제가 어렸을 때 겪었던 일을 생각하지 않으려고 애써요. 그런데, 그렇게 할수록 제 불안은 더 심해져요. 저는 몇 차례에 걸쳐 상담을 해보았고, 이 문제를 극복하려고 시도했지만 그리 도움이 되는 것 같지 않아요.

3. 그러한 시도는 얼마나 효과적이었습니까?

글로리아가 사용했던 거의 모든 전략은 그녀의 침투적인 기억과 고통스러운 감정과의 접촉을 피해야 하는 필요성 때문에 사용되었지만, 그러한 전략이 현실세계에서 초래하는 결과는 잘 이해하지 못하는 것 같았다. 그 전략들은 그녀의 불안을 잠재우지 못했다. 그래서 상담자가 해야 할 일은 글로리아가 이러한 역설적인 현상에 유의하게끔 하는 것이다.

상담자 : 불안을 통제하려고 당신이 했던 최선의 노력에도 불구하고 상황은 그리 나아지지 않은 것 같군요. 이전에는 최소한 집에서는 안전하게 느꼈는데, 이제는 집에서도 불안발작이 일어나기 시작했나 봐요. 지난 5년을 돌아보았을 때 당신의 불안증상이 개선되었나요, 비슷한가요, 아니면 악화되었나요?

글로리아 : 이제는 완전히 통제할 수 없게 되었어요. 그래서 선생님을 만나러 온 거예요. 저는 오기 싫었어요. 저는 여기에서 선생님과 이야기하는 것만으로도 불안해요. 저는 선생님을 거의 모르는데, 저는 이 점에 대해서 이야기하는 것 자체가 무척 수치스러워요.

상담자 : 저는 정말 당신이 오늘 여기에 방문해서 다행이라고 생각해요. 그것은 당신 입장에서는 정말 용기 있는 첫걸음이거든요. 저는 당신이 큰 고통에 빠져 있다는 것을 알아요. 그리고 저는 당신의 삶이 좀 더 나아질 수 있는 방법을 찾기 위해 최선을 다할 거

예요. 지금보니 당신이 일종의 이상한 고리에 빠져 있는 것 같
아요.

글로리아 : '이상한 고리'라는 게 무슨 뜻이에요?

상담자 : 음… 한편으로는 당신은 불안을 느끼지 않으려고 애썼고, 매우
능숙하게 불안을 촉발하는 상황을 피해 왔어요. 당신은 이 방법
을 오랫동안 사용해 왔어요. 그리고 그 방법이 효과적이었다면,
당신은 지금쯤 불안이 많이 줄었겠지요. 하지만 지금 당신은 제
게 이전보다 불안을 더 많이 느끼고 이제는 상황이 통제할 수
없을 정도로 악화되었다고 이야기하고 계시잖아요. 당신의 불
안을 피하는 전략이 실제로, 그리고 이상하게도 불안을 더 악화
시키는 것은 아닐까요?

글로리아 : 그러니까 제가 불안을 피하려고 하는 것이 오히려 불안을 악
화시키고 있다는 말씀인가요?

상담자 : 당신 자신이 불안을 악화시키려고 애쓰는 것은 아니에요. 당신
은 불안을 경감시키려고 애쓰고 있어요. 그 누구도 더 많이 불
안하고 싶지는 않으니까요. 하지만 당신이 그동안 겪었던 경험
을 통해서 무엇을 알 수 있지요? 시간이 갈수록 당신의 불안이
더 나아졌나요, 아니면 악화되었나요?

글로리아 : 더 악화된 것 같아요. 그러니까, 선생님은 제가 불안을 무시해
야 한다는 말씀인가요? 왜냐하면, 그렇게 하기는 무척 어렵거든
요. 제 불안이 시작될 것 같고, 그러면 저는 제가 미치는 것 아닌
가 걱정하게 돼요.

상담자 : 그것은 당신의 마음이 당신에게 전하는 정보같은 거네요 ― 너
의 불안을 통제하지 못하고 놔두면, 너는 미치게 될 것이다. 여기에
서 당신은 누구를 믿나요? 당신의 마음은 당신이 불안을 통제할
수 있고 불안을 촉발하는 상황에서 벗어나고 특정한 생각을 하

지 않거나 기억을 떠올리지 않게 하라고 말하고 있네요. 하지만 당신이 실제로 겪는 일은 당신이 그 상황을 피하면 피할수록 더 많이 불안하고 두렵게 되지요. 이 둘 중에서 어느 것을 믿나요? 당신의 마음이 당신에게 말하는 것? 아니면 당신의 실제 경험 중에서 말이에요.

글로리아 : 제가 뭔가 다른 것을 시도해보아야 할 것 같아요. 왜냐하면 지금 방법이 효과적이 아니기 때문이에요. 하지만 제가 어떤 다른 방법을 시도해야 하지요?

상담자 : 저도 몰라요. 하지만 우리는 다음과 같은 것에 동의할 수 있을 것 같아요. 만약 당신이 지금까지 사용해 왔던 방법을 계속 사용한다면, 당신은 지금까지 겪었던 일을 계속 겪을 거예요.

글로리아 : 그러면 희망이 없다는 말인가요?

상담자 : 제 말은 당신이라는 사람이 희망이 없다는 것이 아니에요. 당신이 사용하고 있는 전략이 희망이 없다는 말이에요. 그 전략은 당신이 오랫동안 시도해도 결국 실패할 수밖에 없어요.

4. 그러한 시도의 대가는 무엇이었습니까?

글로리아의 만성적 스트레스, 슬픔, 불안 등의 문제는 그의 회피 전략에 의한 직접적 결과이다. 그리고 회피 전략에 의존하는 그의 성향은 글로리아가 무시하고 있는 중요한 실제적 결과를 초래했다. 이것이 글로리아의 변화촉진지점이며 그가 변화하고자 할 때 필요한 동기가 될 수 있다.

상담자 : 글로리아, 당신이 어린 시절에 대해 이야기할 때나 당신의 불안에 대해 이야기할 때 좀 슬퍼 보였어요. 그런 이야기를 할 때 당신의 마음에는 무슨 일이 일어나나요?

글로리아 : 저는 실패한 엄마같이 느껴요. 그리고 자녀들에게 모조리 잘못된 것들을 가르친 것 같아요. 아이들은 제게 자기들이 놀 때

와서 보아달라고 했어요. 어떤 때는 제가 가겠다고 약속도 했어
요. 하지만 가야 할 시간이 다가오면, 저는 불안해지고 안절부
절못해서 결국 가지 못했어요. 그리고 핑계를 대야 했어요. 하
지만 그들은 제가 변명하고 있다는 것을 알고 있고, 저는 실망감
이 가득한 그들의 얼굴을 볼 수 있었어요.

상담자 : 궁금한 게 있는데, 친구들이나 남편에게도 비슷한 일이 있었나요?

글로리아 : 제 남편과 저는 결혼한 지 10년이 되었는데, 우리는 함께 영화
도 보러 가지 않아요. 저는 영화관처럼 어두운 곳에는 가지 못해
요. 여러 해 동안 친구들이 저희 집에 오지 않는 이상 그들과 잘
어울리지 못했어요. 남편이 외식하자고 하면, 저는 가지 못하는
핑계를 대 왔어요.

상담자 : 당신의 불안이나 공포와 싸우면서 당신은 원하는 방식으로 당
신의 중요한 가족들과 관계를 맺지 못하는 것을 감수하고 있네
요. 그렇다면 매우 슬프겠어요.

글로리아 : (눈물이 고이고, 아래를 내려다보면서 잠시 침묵) 맞아요. 정말 슬
퍼요.

근본적인 변화를 위한 장을 마련하기 : 당신은 어떤 삶을 선택하겠는가?

이 시점에서 글로리아가 남편이나 자녀들과의 관계가 악화되고 있으며, 그
것이 글로리아에게는 쓰라린 부분임이 분명해 보인다. 이 점은 그가 가족
에 대해 깊이 가치를 두고 있다는 점을 알려주는데, 이러한 점은 안전을 위
한 그의 욕구에 접근하는 또 하나의 통로를 만드는 데 사용될 수 있다.

상담자 : 글로리아, 당신이 마술봉을 가지고 있고, 원하는 삶을 살기 위해
당신은 그것을 흔들기만 하면 된다고 상상해봅시다. 그러한 마

술이 실제 일어난다면 당신의 삶은 어떤 모습이 될 것 같은가요?

글로리아 : 글쎄요. 저는 제 아들들의 축구연습이나 시합에 갈 것 같아요. 사실 저는 축구를 좋아하거든요. 그래서 연습이나 시합에 가서 아이들을 도와줄 것 같아요. 그리고 제 남편과 외식을 나가고 심지어 영화도 볼 것 같아요. 제가 이렇게 엉망일 때 남편이 정말 좌절스러워할 것이라는 점을 제가 잘 알고 있어요. 그러한 것들을 되찾는다면 정말 좋을 것 같아요.

상담자 : 멋있네요! 그러한 것들이 당신에게 중요한 삶의 목표라는 점을 당신의 눈을 보면서도 알 수 있을 것 같아요. 이러한 것들이 삶의 활기와 의미를 만들어주는 것 같군요.

글로리아 : 그런데, 문제가 제 불안 때문에 이러한 것들을 하나도 할 수 없다는 거예요.

상담자 : 맞네요. 말 잘했어요.

방향 선택하기 : 〈나침반 맞추기〉 활동

이 시점에서 상담자는 이 상호작용의 주요 변화촉진지점을 분명하게 하기를 원했다. 즉 글로리아는 자녀나 남편, 또는 친구들에 관련된 자신의 가치와 일치되는 방향으로 살아오지 못했다. 그의 불안은 통제할 수 없으며 그 어떤 방법으로도 안전감을 확보하지 못하고 있다는 사실은 분명하다. 그의 건강은 악화되고 그는 이전보다 더 불안해졌다. 이제 질문은 글로리아가 지금까지 통하지 않았던 방향으로 계속 행동할 것인지 여부이다. 상담자는 이 점을 탐색하고 글로리아가 어떤 다른 방법으로 살 수 있을지 논의하기 위해 〈나침반 맞추기〉 활동(그림 15 참조)을 사용했다.

상담자 : (《나침반 맞추기》 활동지를 건네면서) 인생을 긴 여행이라고 상상해봅시다. 당신은 어떤 삶의 방향에 당신의 눈을 고정시킵니다.

그리고 나침반을 그곳을 향하게 해봅시다. 당신이 제대로 살고 있고 삶의 방향도 잘 잡고 있다고 하면, 그것을 진북이라고 합시다. 그래서 여기에 제가 진북이 어느 쪽인지를 적었습니다. 진북 방향은 당신이 자신의 삶에 대해 이야기하면서 제게 말해주었던 것들을 포함하고 있습니다. 예를 들면 아이들의 활동에 함께 참여하는 것, 남편과 더 다정하고 좋은 시간을 보내는 것, 친구들과 다시 연락하는 것 등입니다. 이제 당신의 실제 방향을 체크해봅시다. 이 나침반 위에 당신이 현재 가고 있는 방향을 표시해보세요.

글로리아 : (나침반 위에서 약 160도 방향에 표시함) 음.. 참 하기 어렵네요. 사실 참 한심하네요.

상담자 : 당신은 당신이 향하고자 하는 방향으로 살지 못하고 있네요. 그 것을 보는 것만으로도 힘들 것 같아요. 여기에서 제가 하는 일은 당신이 어디에서 시작할 것인지 확인하게끔 돕는 것이에요. 당신이 어디로 가고 싶은지를 정하는 것은 제 일이 아니에요. 당신이 향한 방향을 수정하기 위해서, 적어도 2~3도 정도라도 진북을 향하게끔 하기 위해 당신이 무엇을 할 수 있을까요?

글로리아 : 제 생각에는 제 불안, 공포, 그리고 안전하게 느끼지 못하는 것 등을 다루는 방법을 배워야 할 것 같아요.

상담자 : 당신의 경험은 단순히 그것을 회피하기만 해서는 안 된다는 것을 알려주고 있어요. 맞나요?

글로리아 : 그런 것 같아요. 하지만 안전하게 느끼려고 하지 않는다는 생각 자체가 저를 이미 불안하게 만들고 있어요!

내가 선택한 삶 살기

당신의 가치는 무엇입니까?

- 아이들에게 긍정적 롤모델이 되기
- 내 아이들과 그들이 하는 일에 좀 더 많이 관여하기
- 남편과 좋은 시간을 함께 보내기
- 친구들과 어울리기

현재 사용하는 전략은 무엇이며, 그것은 효과가 있습니까?

- 외식이나 영화관에 가기를 피하기
- 자녀들과 했던 약속을 지키지 않고 되돌리기
- 안전하기 위해 집에 머물거나 방에 쳐박혀 있기
- 엉망진창인 자신의 모습을 보이지 않기 위해 친구들을 만나지 않기

여행을 하기 위해 어떤 기술들이 필요한가요?

- 불안이나 두려움을 대응하는 더 나은 방법을 찾기
- 안전한 느낌을 가지려고 하기보다 느낌 자체가 안전함을 배우기

임상적 주제

1. **개방성**(내적 경험을 투쟁 없이 받아들이는가? 효과 없는 규칙들을 알아 차리고 버리는가?)

   안전하려면 불안이 없어져야 한다는 규칙, 불안은 그를 압도하고 무너뜨리게 될 거라는 규칙을 따름

2. **자각**(현재에 머무를 수 있는가? 내적 경험을 알아차릴 수 있는가? 조망할 수 있는가? 자신과 타인에게 연민을 보일 수 있는가?)

   자신에 대한 자각 수준이 꽤 높고 이해도 하고 있으나 자신이 아주 망가지고 무가치한 삶을 살게 될 것이라는 자기서사에 지나치게 동일시하고 있음

3. **참여**(가치가 분명한가? 효과적인 행동을 조직할 수 있는가? 강화를 얻을 수 있는가? 대인관계 기술이 충분한가?)

   아내, 엄마, 친구가 되고 싶다는 강력한 가치관을 가지고 있으나 위에 언급한 규칙에 의해 압도되고 있음

그림 15. 글로리아의 〈나침반 맞추기〉 활동지

사례개념화 : 〈사분면 도구〉

글로리아의 〈사분면 도구〉(그림 16)에서 볼 수 있듯이 그의 반응들은 그의 행동이 두 가지 중요한 규칙을 따르고 있음을 시사한다. 한 가지는 자신의 '정상성'을 유지하는 것인데, 그는 불안을 촉발하는 모든 상황, 상호작

		효용성	
		비효과적인 것(더 적게 하기)	효과적인 것(더 많이 하기)
행동	외적	• 자녀들을 학교나 방과 후 활동에 데려다 달라고 친구나 가족에게 요청하기 • 남편과 외출하지 않기 • 사회적 활동에 참여하지 않기 • 집에 머무르고 침실에 숨어 있기	• 자녀들이 학교에 잘 가는지 확인하고 방과 후 학교에 데려다주기 • 집에서 자녀들이나 남편과 좋은 시간 갖기 • 상담에 참여하고 신체적 건강에 필요한 도움을 받기
	내적	• 규칙을 따르기 1. 불안은 치명적이며 반드시 통제되어야 한다 2. 불안이 있으면 그는 삶에서 중요한 활동을 할 수 없다. • 성취수준이 자신의 기준에 못 미칠 때 자신을 습관적으로 비난하기 • 망가진 모습으로 묘사된 자신의 이야기와 습관적으로 동일시하기	• 좋은 엄마가 되는 것에 큰 가치를 둠 • 남편과의 친밀한 관계에 큰 가치를 둠 • 자신이 겪고 있는 어려움을 어느 정도 이해할 수 있는 관점을 가지고 있음

그림 16. 글로리아의 〈사분면 도구〉

용 또는 활동을 피해야 한다. 두 번째 규칙은 자신의 불안을 체크하지 않거나 통제하지 않으면 치명적인 결과를 초래하여 자신의 일상적 기능에 부정적인 영향을 끼치며, 그 결과 사회적으로 수치스럽고 거절당하는 상황으로 발전할 수 있다는 것이다. 그가 하는 대부분의 외부 활동은 이 규칙을 어기지 않는 방식으로 이루어진다. 그래서 상담자의 주요 목표는 글로리아로 하여금 좀 더 접근적인 행동을 하게 하는 것이다. 그렇게 하기 위해서 글로리아는 불안, 공포, 그리고 안전에 대한 그의 생각이 올라올 때 그런 것들을 견디게 하는 거리 두기 기술이나 수용 기술을 습득해야 하고, 그 불안, 공포, 생각들이 지시하는 대로(즉 삶에서 반드시 지켜야 하는 것으로) 살지 않고 그저 있는 그대로(즉 마음의 활동이라는 사실로) 받아들여야 한다.

상담 요약

상담자는 지난 6주 동안 세 번 만났으며, 글로리아는 눈에 띌 만한 진전을 보였다. 이처럼 짧은 기간의 상담을 마무리하는 시점에서 그는 자신의 아들들을 축구연습에 정기적으로 데려다주었고 두 번 정도는 시합경기에 참석하기도 했다. 그는 결혼 10주년을 기념하기 위한 영화와 외식을 예약함으로써 남편을 놀라게 하기도 했다. 그는 또한 불안을 촉발하는 상황으로부터 도망치지 않고 소위 '안전하지 않은' 다른 외부 활동도 했다. 그는 이러한 활동을 하면서 자신이 겪는 불안의 강도가 점점 약화된다고 보고했다. 그림 17에서 나타났듯이 자신이 가진 문제(부모, 아내, 친구로서 제대로 기능하지 못하는 것으로 정의된 문제)의 심각도가 현격하게 낮아졌다. 그림 18은 그의 심리적 유연성 측면, 그중에서도 자각과 참여 측면에서 의미 있는 개선을 보여주었다. 이에 따라 그의 신체적 증상들도 상담을 진행하는 과정에서 자연스럽게 개선되었다. 두통이나 복통의 빈도 역시 감소했다.

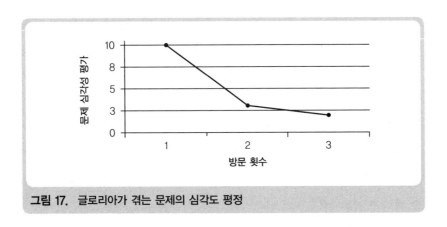

그림 17. 글로리아가 겪는 문제의 심각도 평정

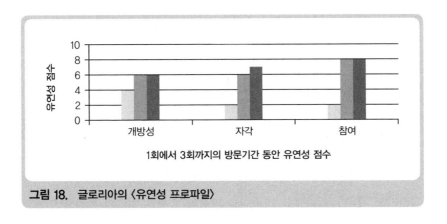

그림 18. 글로리아의 〈유연성 프로파일〉

자각의 증진

글로리아의 주요 문제는 그가 불안하고 부정적으로 사고하고 기억이 떠오를 때 자신의 주의를 유연하게 활용할 수 없다는 점이었다. 결과적으로 그는 이러한 경험을 통제하느라 자신을 '잃어버렸고', 그 결과 그러한 경험들은 더 압도적이고 침투적으로 되었다. 상담자는 글로리아가 이러한 자극적인 경험들을 맞닥뜨렸을 때 그것들에 대해 이해할 수 있게 돕는 개입을 사용하고 싶었다.

개입 : 자력

물질적인 은유는 현재 순간의 자각과 상황에 대한 이해를 돕는 데 유용하다. 특히 자극적이고 마음을 힘들게 하는 내적인 경험들로부터 거리를 두는 일의 중요성을 강조할 때 더욱 유용하다. 이같은 경우에 상담자는 자력(magnetism)이라는 은유를 사용했는데, 그 이유는 글로리아가 자신의 불안과 자신에 대한 이야기에 압도되는 경향이 있기 때문이다.

> 상담자 : 글로리아, 학교에 다닐 때나 어려서 혼자 놀 때 자석으로 장난을 해본 적이 있나요?
>
> 글로리아 : 네. 고등학교 때 자석으로 실험을 해본 적이 있었어요.
>
> 상담자 : 그렇군요. 저도 그랬어요. 자기장을 이해하는 가장 좋은 방법은 쟁반 위에 쇳가루를 올려놓고 자석을 사용하는 방법인 것 같아요. 공부하느라 불쌍한 고등학생들의 90%는 그 실험을 해봤을 거예요. 그 자석이 어떻게 작용했는지 기억나세요? 당신이 그 자석을 쇳가루에 너무 가까이 갖다 대면 쇳가루가 빈 공간을 날아와서 자석에 달라붙게 되지요. 하지만, 이제 정말 재미있는 일이 있는데, 만약 당신이 자석을 그릇으로부터 정확한 거리에 놓으면 쇳가루는 움직여서 자석이 형성하는 자기장을 보여주는 모양으로 배열될 거예요. 실제로 자석은 쇳가루들을 배열해서 어떤 특성한 패턴을 만들게 되지요.
>
> 글로리아 : 그래서 너무 가까이 갖다 대면 쇳가루는 자석에 달라붙고, 적절한 거리를 찾으면 쇳가루를 특정한 형태로 배열한다는 얘기지요. 그것은 참 멋있었어요.
>
> 상담자 : 저는 우리들의 주의력을 일종의 자석이라고 생각하고 싶어요. 만약 우리가 우리 마음속에서 발생하는 일들에 너무 가까이 있으면, 그러한 생각이나 감정들은 너무 가까워서 그 경험 자체

가 마치 우리 자신의 일부인 것처럼 돼요. 하지만 우리가 어느 정도 거리를 띄우면 우리의 주의력은 자신의 자각에 대한 통제를 유지할 수 있고 그 경험을 객관적으로 이해할 수 있게 해주지요. 우리가 쇳가루에 파묻혀 있지 않으면 우리는 우리가 겪는 내적 경험의 다른 측면을 볼 수 있어요. 그러니까 어떤 의미에서 불안에 대처하는 일은 곧 누가 당신의 주의력을 통제할지를 두고 전쟁하는 것과 같아요. 만약 당신의 자각이 불안에 너무 가깝거나 불안에 매몰된다면 그 자각은 쇳가루처럼 당신에게 달라붙게 될 거예요. 그리고 그 쇳가루는 이름, 즉 '나는 손상된 상품이다', '나는 내 아이들과 남편을 실망시켰다' 또는 '불안이 생기면 나는 그것에 대처할 수 없다'라는 이름들이지요. 만약 당신이 당신의 자각 기능을 그런 쇳가루에 너무 가까이 갖다대면 어떻게 될까요?

글로리아 : 그것들은 제게 들러붙을 것이고, 저는 그것들을 떨쳐낼 수 없을 거예요. 제가 불안할 때나 통제력을 잃었을 때 바로 이런 느낌이에요.

상담자 : 맞아요. 그러면 당신이 약간 뒤로 물러서서 당신의 주의력을 당신이 놓고 싶은 지점에 놓는다면 어떤 일이 생길까요?

글로리아 : 그렇게 되면 아마 불안이나 불안을 일으킨 어떤 것을 제거하려고 급히 어떤 행동을 하려고 하지는 않을 것 같아요.

상담자 : 그래요. 당신은 불안에 갇히거나 불안에 압도될 것 같지는 않네요. 그렇게 되면 불안을 피하거나 그것으로부터 도망가려는 충동이 당신을 뒤덮지는 않을 것 같아요. 그러면, 한 걸음 더 나가 보지요. 만약 당신이 주의력을 당신이 가장 두려워하는 것들, 예컨대 원치 않는 생각이나 기억들 또는 가장 고통스러운 감정으로부터 정확한 거리에 두면 어떻게 될까요?

글로리아 : 흠⋯ 글쎄요. 그런 불안이나 기억들이 사라지지는 않겠지요. 저는 제가 그것들을 없앨 수 없다는 얘기를 선생님이 할 거라는 것을 알고 있어요. 그래서 없어질 거라는 말은 하지 않겠어요. 하지만 아마도 그것들의 패턴과 제가 그 경험들과 저를 연관짓는 방식이 달라지겠지요. 그렇지 않나요?

상담자 : 음, 당신의 경험은 뭐라고 당신에게 말하고 있나요? 당신은 그러한 괴로운 생각, 기억, 감정들과 자신을 어느 정도로 연관시키고 있나요?

글로리아 : 저는 그것들 속에 완전히 파묻혀 있어요. 심지어 그것들이 나타나지 않고 있을 때에도 파묻혀 있어요. 저는 그것들에 대해 방어적 태세를 취하고 있구요. 마치 제 불안 외에는 아무것도 제 눈에 들어오지 않았던 것 같네요.

상담자 : 당신은 불안과 다른 모든 험한 경험들에 파묻혀 있어요. 마치 그것들이 당신의 실체를 규정해버린 것 같네요. 당신이 그 경험들을 규정한 것이 아니라. 만약 당신이 자리를 잘 잡고 당신의 주의력을 어디에 둘지 주도적으로 결정한다면 어떨 것 같아요?

글로리아 : 저는 한 번도 그런 식으로 생각해본 적이 없어요. 저는 아무런 의심도 하지 않고, 저의 생각과 감정들이 제게 들었고, 저는 그것들과 싸워서 통제해야 한다고 생각했었어요. 하지만 선생님은 제가 선택권이 있다고 하고 계세요.

상담자 : 당신의 주의력이나 당신이 한 걸음 물러나서 상황을 객관적으로 볼 수 있는 능력은 당신이 원하는 방식대로 사용할 수 있어요. 당신은 당신의 불안이 당신을 압도하고 당신에게 밀착해서 당신이 다른 것은 아무것도 못 보게끔 허용할 수도 있어요. 반면 당신은 자신의 자리를 잘 지켜서 자신만의 자기장을 만들어낼 수도 있어요. 당신이 쇳가루 자체를 바꿀 수는 없어요. 하지

만 당신의 주의력이라는 자석의 위치를 변화시킬 수는 있어요.

개방성 촉진하기

글로리아는 자기에 대해 매우 탄탄하고 잘 구성된 이야기를 가지고 있는데, 그 이야기는 외상으로 점철된 개인사를 자신의 어둡고 불길하며 실패와 거절로 가득 찬 현재나 미래의 모습과 연결지으며 만들어진 이야기이다. 그는 자신을 실제로 손상된 제품으로 보고 있으며, 어떤 형태로든 살고있다는 것 자체만으로도 운 좋은 사람으로 보고 있다. 상담자는—비유적으로 표현하면—이 이야기 속으로 들어가서 그것을 글로리아의 가치와 경쟁시키고자 했다. 상담자는 이를 위해 〈불량배에게 맞서기〉, 〈천천히 말하기〉 기법을 사용했다.

개입 : 불량배에게 맞서기

〈불량배에게 맞서기〉는 믿음, 정신적 규칙, 자기 이야기 등으로부터 분리를 촉진하기 위한 직접적인 기법이다. 기본적으로 이 기법은 믿음, 규칙, 자기 이야기 등을 내담자로 하여금 효과도 없고 자기파괴적인 방식으로 행동하게끔 강요하는 '불량배'로 재규정하는 것이다.

상담자 : 우리가 당신의 진북 가치를 검토해보았을 때, 당신 마음속의 메시지 판에는 어떤 메시지가 나타났지요?

글로리아 : 나는 불안과 정서적 문제 때문에 결코 그런 방식으로 살 수 없을 것이다. 나는 일생 동안 학대 경험과 함께 살아왔고, 그래서 나는 스스로에게 그리 많은 것을 기대할 수 없다. 사람들은 나를 정서적인 장애자로 본다. 심지어 나의 남편까지도 항상 괴로워하고 변명하는 나를 보면서 지친 것 같고 나의 아이들 역시 나를 손상된 상품처럼 보고 있다. 이런 것들이었어요.

상담자 : 당신의 불안은 마치 놀이터에서 아이들을 괴롭히는 불량배처럼

당신을 괴롭히고 있네요. 당신의 불안을 '여자 불량배'라고 부
르기로 하지요. 그 아이가 당신을 무엇으로 괴롭히고 있나요?

글로리아 : 그 불량배는 자기가 저를 두려움과 불안에 가두어 둘 것이기
때문에 저더러 아예 포기하라고 말해요.

상담자 : 아, 그 불량배는 단순히 불안을 주겠다고 위협하는 것이 아니네
요. 걔는 당신이 미래에 무엇을 기대해야 하는지까지도 알려주
네요.

개입 : 천천히 말하기

〈천천히 말하기〉는 지나치게 격식을 차리거나 부자연스러운 연설을 통해
서 규칙으로부터의 분리를 촉진하는 FACT의 여러 기법 중 하나이다. 이
사례에서 분리는 말하기 어려운 정신적 내용을 크고 느리게 말하게 함으로
써 촉진하는데, 크고 느리게 말하면 단어들은 원래의 의미를 상실하게 된
다. 이와 유사한 기법으로는 부정적 사고를 노래로 만들어 크게 부르기, 우
스꽝스러운 만화 캐릭터의 목소리로 말하기, 그러한 부정적 사고를 구르기
나 앞발로 악수하기와 같은 재밌는 재주를 가르칠 수 있는 애완동물인 것
처럼 취급하기 등이 있다.

상담자 : 당신은 저, 그리고 불량배와 함께 이 방에 머무를 수 있나요? 당
신이 지금 저와 함께 있고 당신에게 정말 중요한 것에 대해 이
야기하고 있다는 점을 자각할 수 있나요? 어떤 이야기가 떠오르
나요?

글로리아 : (울면서) 나는 결코 정상이 될 수 없다. 나는 인생에서 내가 원
하는 것을 얻을 수 없을 것이다. 왜냐하면 그럴 자격이 없기 때
문이다. 내가 무슨 짓을 하건 결국 나는 실패할 것이다.

상담자 : 그 이야기를 지금 여기에 내어놓을 수 있겠어요? 그리고 당신
의 마음에 있는 메시지 판에 적혀 있는 단어들이라고 생각해보

세요. 저는 당신이 그 단어들을 크게 읽어보기를 바라요. 당신이 그것을 아주 천천히 소리 내서 읽어보세요. 어쩌면 단어와 단어 사이에 1~2초 정도 간격을 두면서 읽는데, 마치 당신이 안경을 잃어버려서 그 단어들이 잘 보이지 않을 때처럼 말이에요.

글로리아 : (천천히 말한다.) 나는 인생에서 원하는 것을 얻지 못할 것이다. 내가 무슨 짓을 하건 결국 나는 실패할 것이다. 나는 결코 정상이 될 수 없다.

상담자 : 이제 저를 보면서 반복해보세요. 좀 전에 했던 것처럼 천천히 말하는데, 다섯 번을 말해보세요.

글로리아 : (상담자가 시키는 대로 한다.)

상담자 : 해보니 어떠세요?

글로리아 : 좀 이상해요. 저는 그 말들을 큰 소리로 일부러 말해본 적이 없어요. 저는 그 생각들을 제 생각 밖으로 내보내려고만 했었거든요.

상담자 : 어쩌면 당신이 그것들을 생각하지 않으면 그 생각들이 당신을 생각하고 있나 봐요.

참여 촉진하기

글로리아는 자신의 불안과 두려움의 타당성을 이해할 필요가 있다. 일단 그러한 정서들이 회피를 통해서 재생되지 않으면, 그 정서들은 무엇인가 개인적으로 의미 있는 어떤 것을 감수해야 한다는 것을 알리기 시작한다. 상담자는 그의 불안과 가치가 서로 연결되어 있음을 이해하게끔 도와주고자 했다. 이러한 시도는 활기찬 삶을 살기 위해 불안과 두려움을 감당하려는 그의 선택을 타당화할 수 있다.

개입 : 손바닥을 위로, 아래로

〈손바닥을 위로, 아래로〉는 가치를 향해 가는 행동을 하려면 그 과정에서

발생하는 어렵고 고통스러운 경험들을 수용하려는 의지가 필요하다는 점을
내담자가 이해하게 하는 데 유용한 기법이다. 한쪽 면에는 두려움을 적고
다른 면에는 가치를 적은 단어카드를 가지고도 유사한 개입을 할 수 있다.

상담자 : (손바닥을 아래로 한 채로 손을 내민다.) 제 손등에는 당신이 그것
들로부터 도망하고 피하거나 무서워하는 모든 것들이 올려져
있다고 생각해보세요. 제 손등에는 무엇들이 있을까요?

글로리아 : 불안, 두려움, 악몽, 슬픔, 그리고 나는 실패자가 될 것이라는
생각, 나는 행복할 자격이 없다는 생각 등일 거예요. 정말 큰 것
으로는 다른 사람들에게 약하고 손상된 것처럼 보여서 그들에
게 불쌍하게 보이는 것일 거예요.

상담자 : 좋아요. (손을 돌려서 손바닥을 위로 향하게 한다.) 이제 손바닥 쪽
에는 당신이 인생에서 되고 싶은 모든 것들이 있어요. 여기에는
무엇들이 있을까요?

글로리아 : 손바닥에는 제 아이들, 그들과 놀 수 있게 되는 것, 그들의 학
교생활이나 학부모회에 관여하는 것, 제 남편과 관계를 형성하
는 것, 좋은 친구가 되는 것, 어쩌면 새로운 진로를 시작하는 것
도 포함되겠지요.

상담자 : (앞면, 뒷면을 번갈아가면서 손을 천천히 돌린다.) 글로리아, 당신에
게 중요한 모든 것의 반대편 쪽에 있는 것들이, 당신이 두려워
하는 것들을 촉발할 수 있고, 당신이 두려워하는 것의 반대편 쪽
에 있는 것들이 당신이 중요하게 여기는 것들인 것 같아요. 당신
이 반대편 것을 받아들이지 않고는 원하는 것을 얻지 못하는 상
황 같은데요. 이것은 마치 동전의 앞면과 뒷면 같아요 — 두려움
없이는 중요한 것도 얻지 못한다. 중요하게 여기는 것 없이는
두려운 것도 없다. 당신에게 중요한 일을 하려면 그 반대편 것
도 함께 받아들여야 한다는 점에 동의할 수 있을까요? 당신에게

중요한 일을 하려고 선택한다면 당신은 반드시 두려움도 함께 초대할 수밖에 없다는 이야기가 아닐까요?

글로리아 : 선생님 말씀은, 제가 하고자 하는 어떤 일을 하려면 저의 불량배 역시 그 자리에 있을 것이라는 건가요?

상담자 : 당신의 경험을 돌아보면 그렇지 않았나요? 당신이 뭔가를 하려면 또는 당신에게 중요한 일을 하려고 생각만 해도, 여기 봐요! 그 불량배가 나타났어요. 여기에서 가장 중요한 질문이 있어요─불량배가 나타났을 때 당신의 주의력 자석을 어떻게 사용할 건가요?

글로리아 : 저는 그것이 제게 달라붙지 않게끔 충분한 거리를 둘 거예요. 최소한 시도는 해볼 거예요.

상담자 : 글로리아, 당신이 이것을 연습하고 싶은 것 같다는 생각이 드는데… 지금부터 다음에 만나기 전까지 당신의 아들을 축구연습에 한번 데리고 갈 수 있는지요? 저는 당신이 한번 시도해보고 그때 그 불량배 역시 함께 초대해보기를 바라요. 제 생각에 당신은 당신의 자석을 서로 다른 방법으로 사용하는 연습의 기회를 많이 가질 수 있을 것 같고, 또 그렇게 다른 방식으로 사용해봐도 좋을 것 같은데… 연습한다고 해서 완벽하게 되지는 않을 거예요. 하지만 지속적인 습관으로는 만들 수 있을 것 같아요. 만약 당신이 중요한 상황에서 주의력 자석 사용법을 연습하지 않으면 그것을 빨리 그리고 적합하게 사용할 수 있는 방법을 배우기 어려울 거예요.

글로리아 : 글쎄요. 이것을 한 번이라도 연습한다는 생각만 해도 좀 불안해져요. 제가 사람들 앞에서 발작을 일으키고, 그들이 기능이 마비된 저를 보게 되면 어떻게 해요?

상담자 : 좋아요. 당신의 불량배는 소리를 지를 거예요. 왜냐하면, 당신

은 당신의 삶을 되찾으려고 하고 그 불량배가 당신에게 주입시
킨 이야기를 따르지 않으려고 하기 때문이지요. 이제 여기에
서 당신에게 중요한 것은, 당신의 진북 방향으로 향하는 것인가
요? 아니면 불안을 통제하고 안전한 느낌을 가지려고 하는 건가
요? 둘 중 하나를 선택해야 해요.

글로리아 : 시도는 해볼게요. 하지만 제가 어떻게 해낼지는 잘 모르겠어요.

끝맺으며

글로리아 사례가 보여주듯이 역기능적인 행동의 역사가 긴 내담자조차 몇
번의 상담 회기를 통해서 급격한 변화를 경험할 수 있다. FACT에서 중요
한 것은 내담자가 지금 체험하는 내적 경험의 내용이나 내담자의 과거 역
사가 아니다. 중요한 것은 내담자가 그들의 내적 경험과 과거 역사를 붙잡
고 있는 방식이다. 그 어떤 경우에도 부드럽게 껴안고 있는 그대로 받아들
일 수 없을 정도로 어두운 과거 경험은 없다. 한편, 모든 인간은 역기능적
인 자기 이야기를 만들어내고 그것에 의해서 압도될 수도 있다. FACT는
이러한 정신적 구조물에 의한 심리적 압박을 제거해서 내담자들이 자신의
삶의 에너지를 인간됨을 되찾는 쪽으로 전환하게끔 하는 것을 추구한다.

　글로리아의 사례는 우울, 불안, 분노, 지루함 등을 포함하는 외상에 의한
기분장애를 다루는 방법을 잘 보여준다. 정서, 기억, 신체적 반응들은 비록
고통스러운 것이라 할지라도 문제가 되지 않는다. 문제는 그러한 경험에
접촉하기를 회피하려고 하는 것이다. 원하지 않는 내적 경험을 통제하거나
제거하려고 지속적으로 노력할수록 내담자는 그러한 내적 경험을 더 많이
경험할 것이다. 의도적으로 불안해지려고 하는 것은 역설적으로 불안을 덜
치명적으로 만든다. 이와 유사하게, 의도적으로 슬퍼지려고 하면 우울의
정도가 덜 치명적이 될 수 있다. FACT에서 우리는 내담자가 개인적인 건

강과 안녕을 촉진하기 위한 전략으로서 사용하고 있는 정서적 통제 방법의 무의미성에 접촉하게 하기를 원한다.

FACT는 사소한 긍정적 행동을 삶보다 큰 의미로 가득 채우기 위해 은유적 개입 방법을 사용한다. 글로리아가 자신의 아들 중 하나가 참여하는 축구연습에 갔을 때 그는 단순히 노출치료에 참여할 뿐 아니라 자신의 진북 방향을 향해 방향을 바꾸어 그것을 향해 나아가기 시작했다. 그리 오래지 않아 글로리아는 스스로 남편과 함께 외식을 하고 영화를 보러 외출을 하기로 했는데, 그 행동은 남편의 기준으로는 작지만 글로리아 자신에게는 큰 의미가 있는 행동이었다.

아동기 외상을 겪은 성인에게 FACT를 사용할 때 일반적인 지침

외상에 의한 회피행동이라는 오래된 패턴을 가진 내담자를 다룰 때, 상담자는 내담자에게 애정을 보이고 이전에 피하던 것들을 직면하는 내담자에게 필요한 용기를 중요하게 여기는 것이 매우 중요하다. 고통스러운 정서와 기억들 앞에 서기로 선택함으로써 내담자는 문제 해결적 마음, 즉 네가 이것들을 네 삶에서 드러나지 않게 할 수 있다면, 너는 건강하게 될 것이라는 마음에 의해 가지게 된 회피 전략을 통해 예방해 왔던 손상에 취약한 입장에 처하게 된다. 사람들이 그러한 규칙에 과도하게 동일시했을 때, 회피는 자연스럽고 해야 할 올바른 일이 된다. 오랫동안 사용해 왔던 전략이 실패할 수밖에 없다는 것을 알게 되면서 그들은 기가 꺾이고 더 많은 자기비난과 죄책감, 그에 의한 기분장애 문제가 생길 수 있다. 상담자는 내담자가 아니라 내담자가 사용하는 전략이 희망이 없음을 분명하게 지적함으로써 정서적인 영향력을 경감시켜야 한다. 상담자는 효과 없는 규칙으로부터 거리를 두고 뭔가 다른 것들을 시도하는 능력에 대한 무한한 기대를 표현해야 한다.

글로리아와 같은 내담자의 경우, 개인적인 역사에 대한 통찰을 활용해서 오래된 회피 패턴을 변화시키려는 시도는 그리 성공적이지 않다. 어떻게 그러한 패턴에 빠지게 되었는지를 안다고 해서 어떻게 그것으로부터 벗어나는지를 알게 되지는 않는다. 내담자의 자기 이야기의 내용에 대해 반응하는 것은 그 이야기가 사실이라는 확신을 감소시키기보다는 증가시킨다. 자기 이야기는 앞뒤를 맞추는 언어의 기능이며 의미는 사회적으로 결정된다는 것이 우리의 관점이다. 따라서 〈천천히 말하기〉와 같은 기법으로 언어의 기능을 다루는 것이 이야기의 내용을 바꾸려고 하는 것보다 효과적이다.

제10장

단절되고 사기가 저하된
우울한 여성 노인을 위한 FACT

당신의 고독을 통해 목숨도 바칠 만큼
위대한 삶의 목적을 찾을 수 있도록 해달라고 기도하라.
다그 함마르셸드(Dag Hammarskjöld)

최근 수십 년간 많은 국가에서 평균 수명이 지속적으로 증가하고 있다. 미국에서는 65세 이상인 사람들의 비율이 1900년도에는 4%였으나 2000년에는 12%로 증가한 것으로 나타났다. 인구 전문가들은 2020년까지 5,000만 명 이상의 미국인(미국 인구의 약 17%)이 65세 이상이 될 것이라고 추정하였다(Meyer, 2001). 이 세대의 건강요구를 충족하는 것은 이미 사회적으로 큰 부담이 되고 있으며, 정부 프로그램에 압박을 줄 것으로 예상된다. 또한 이들의 정신건강에 대한 시기적절한 관심이 부족하여 이들의 신체적 건강을 더욱 악화할 가능성이 있다.

노화는 중요한 타인 및 친구의 죽음, 사회 및 가정 내 역할의 변화, 신체적·정신적 기능의 장애 등을 종종 수반하는 정서적으로도 영적으로도 매우 도전적인 과정이다. 발달심리학자 에릭 에릭슨(1968)은 노년기의 투쟁을 '통합성 대 절망(integrity versus despair)'의 단계로 설명하였다. 노인들은 삶의 의미를 만들어내고 죽음을 준비하기 위해 살면서 있었던 성취와 실패에 대해 자연스레 돌아본다. 일상에서 역할 변화와 더불어 과거에 대한 회상 및 통합이 함께 진행될 때 늙어가는 한 개인은 큰 정신적 부담을 경험하게 된다. 하지만 노인들은 더욱 심각해진 사회적, 재정적, 신체건강 문제를 맞닥뜨렸다고 해서 자신의 독립성이나 삶에 대한 열정을 잃을 필요는 없다.

안타깝게도 대부분의 노인들은 전통적인 상담 서비스를 찾지 않는 경향이 있다. 그들은 오히려 1차 진료나 사회복지사업 제공자로부터 도움을 받을 가능성이 훨씬 높다. 그렇기 때문에 1차 진료센터, 생활지원시설, 혹은 요양소에서 간단한 개입을 받을 수 있도록 하는 것이 중요하다. 심리적 유연성은 젊은이들만큼 노인들에게도 필요하다. 물론 노인들을 위한 개입은 노화와 관련된 독특한 과제들에 알맞게 고안되어야 한다. 잘 늙어가기 위해 사람들은 변화에 열려 있는 상태에서, 현재를 즐길 줄 알고, 개인적인 가치에 부합하게 살아갈 수 있어야 한다.

사례 : 라완다

라완다는 73세의 북미 원주민 과부로 3명의 딸을 두고 있었다. 그녀는 우울한 기분, 수면 문제, 방치된 당뇨병 때문에 그녀의 주치의인 막스 박사를 통해 그녀가 지내고 있는 요양시설에 근무 중인 사회복지사에게 의뢰되었다. 라완다는 9개월 전 집중력 문제로 운전을 못하게 되면서 지금의 요양시설로 옮겨졌다. 최근 그녀는 자녀 중 가장 가까이 살고 있는 딸과 다퉜다. 딸이 손자를 100마일이 넘게 떨어져 있는 곳에 사는 손자의 아버지(훼손 행위로 체포된 적 있음)에게 보냈는데, 라완다는 그 결정이 손자에게 너무 가혹하다고 느꼈다. 의견충돌로 시작된 이 사건은 큰 말다툼으로 이어졌고, 결국 라완다는 씩씩거리면서 딸네 집에서 나왔다. 라완다는 이 상황에 대해 걱정하느라 밤에 잠을 설쳤고, 낮에는 피곤해했다. 그녀는 에너지를 절약하겠다며 산책시간을 점점 더 줄이기 시작했다.

라완다의 식단은 빈약했다. 그녀는 주로 일요일 오후에 과자를 한 통 굽고 수프 한 종류를 끓여놓고는 그 한 주는 그것만 먹으면서 지냈다. 그녀의 주요 활동은 창가에 앉아서 책을 읽거나 텔레비전을 보는 것이었다. 예전에 항상 활발했던 그녀는 이제 그렇게 살아야 할 의미를 상실한 듯하였다. 악화되는 신체 건강과 가정 문제, 심각한 재정적 스트레스 등으로 인해 그녀의 삶은 점점 더 의미를 잃어갔다. 그녀는 자살적 사고는 없다고 하면서 자신과 타인에게 폭력을 행사하는 것에 대해 좋지 않게 생각한다고 설명하였다. 하지만 그녀는 삶을 마감하는 과정에 속도를 올리는 방법으로 자신의 건강을 포기하고 있었다.

라완다는 15살 때 학업을 중단하고, 첫 남편과 결혼하기 위해 다른 주(state)로 달아났다. 이 결혼과 두 번째 결혼은 신체적 · 정신적 학대로 얼룩진 시간이었다. 라완다는 똑똑했으며 공장일과 꽃꽂이 등 여러 직업에서 성공적인 성과를 이루어냈다. 그녀는 결혼기간 중에도 그리고 그 후에도 경제적으로 독립된 생활을 하며 자신과 딸들을 먹여 살렸다. 30대와 40대에는 우울 증상으로 인해 몇 번의 도움을 받은 바 있으며, 약물치료보다 상담치료가 자신에게 효과적이었다고 보고했다. 그녀의 우울삽화는 주로 이혼, 가정 내 폭력, 사랑하는 사람의 죽음, 허리수술 등 중대한 생활 사건 스트레스에 의해 촉발되었다. 두 번째 결혼기간 중 그녀는 병원 봉사자로 일을 하기 시작하였고, 건강이 나빠지기 시작했던 2년 전까지 그 활동을 계속해 왔다. 라완다는 사람들과 함께 있는 것을 좋아했으며 봉사활동을 그리워하였다. 라완다는 자주 이사를 했지만 바다 근처 외에는 집처럼 느껴진 적이 별로 없었다고 설명하면서, 현재 거주지로 옮긴 것은 바다 근처이면서 딸 하나가 근처에 있었기 때문이라고 하였다.

초점화 질문

첫 면담에서 상담자는 라완다가 자신의 현 상황에 대해 어떤 시각을 갖고 있는지, 어떤 것들이 그녀의 삶을 좀 더 개선할 수 있을지를 탐색하고자 하였다.

1. 당신은 무엇을 추구합니까?

상담자는 라완다의 신체 건강 문제, 삶의 스트레스원, 그리고 함께 작업을
하면서 무엇을 얻고 싶은지 등에 대한 대화를 시도한다.

> 상담자 : 막스 박사는 스트레스가 당신의 기분과 건강에 영향을 미치고 있
> 는 것 같다고 하시더군요. 당신 생각은 어떠세요?
>
> 라완다 : 막스 선생님은 또 제 당뇨약을 바꾸자고 하면서 저에 대해 걱정
> 이 된다고 말씀하시더군요. 전 입맛을 잃었고 걷는 것도 많이 못
> 하고 있고, 혈당 수치도 좋지 않아요. 오늘은 혈압도 올라갔고 심
> 장 박동도 이상해요.
>
> 상담자 : 걱정할 게 많아 보이네요.
>
> 라완다 : 맞아요. 인생은 산 넘어 산이에요.
>
> 상담자 : 지금 넘고 있는 그 힘든 산은 무엇이죠?
>
> 라완다 : 음, 제 손자 에디에요. 16살인데, 어떤 멍청이같은 애들이랑 어
> 울려요. 친구들이랑 술을 마시다가 학교에 침입해서 결국 경찰서
> 에 붙잡혀 갔죠. 학교를 그렇게 싫어하던 애가 왜 학교로 들어갔
> 는지 모르겠어요.
>
> 상담자 : 그래서 당신의 기분은 어땠나요?
>
> 라완다 : 걱정됐어요. 에디의 엄마가 제 막내딸이에요. 막내딸은 싱글맘
> 으로 에디와 여동생들을 7년 동안 혼자 키웠어요. 전 에디의 아빠
> 에 대해 그리 좋은 감정을 갖고 있지 않아요. 딸이 에디를 아빠와
> 살게 보낼 거라고 하길래 그러지 않았으면 좋겠다고 말했어요. 그
> 런데 딸은 결국 그렇게 했고, 제가 상관할 바가 아니라고 말했죠.
> 상당히 모질고 아프게 말했어요. 아주 독설가예요. (시선을 아래로
> 하면서 울기 시작함)
>
> 상담자 : 당신이 지금 뭘 느끼는지 좀 더 이해하고 싶어요.

라완다 : 마치 심장에 큰 구멍이 있는 것 같아요. 제가 뭘 생각하든 상관
없죠. 전 손자와 딸의 삶에서 그저 한물간 사람이에요. 제가 죽어
도 아무에게도 큰 영향을 주지 않을 거예요. 모두 저 없이 똑같이
살아가겠죠. 그런 거 같아요. (멈춤) 이게 시간이 얼마나 걸리죠?
제가 아무것도 먹지 않아서 집에 가서 뭘 좀 먹어야 해요. 약을 처
방해줄 건가요?

2. 당신은 어떤 시도를 해보았습니까?

라완다가 딸로부터 심리적으로 분리된 경험의 아픔에 대해 강한 회피 반응
을 보이자 상담자는 라완다가 지금까지 딸과의 갈등에 어떻게 대처해 왔는
지와 현재 갈등에 대처하기 위해 사용하고 있는 구체적인 전략에 대해 탐
색하기로 한다.

상담자 : 한 몇 분은 더 계실 수 있으면 좋겠네요. 과거에도 딸과의 관계
에서 어려웠던 시간들이 있었을 텐데 그 시간들은 어떻게 넘길
수 있으셨는지 궁금해요.

라완다 : 더 있을 수 있어요. (가방에서 과자가 담긴 비닐봉지를 꺼낸다.) 예
전에는, 글쎄요… 그냥 시간이 지나면 아무 일도 없었다는 듯이
행동했던 것 같네요. 그런데 이번은 달라요.

상담자 : 아, 그렇군요. 그러면 딸과의 관계에서 아무 일도 없을 때는 어
떤 행동들을 하는지 알고 싶어요.

라완다 : 딸애가 일을 마치고 집으로 돌아갈 때나 저녁 먹고 산책할 때 저
한테 전화를 걸면 통화를 하죠. 하루가 어땠는지 알려주고, 애
들이 어떻게 지내는지도 알려줬어요. 애들이 근처에 있으면 바
꿔줘서 저는 또 아이들이랑도 통화를 했죠. 하지만 그녀와 이야
기하면서 손자 얘기를 하지 않는 것은 이상할 것 같아요. 딸은
제가 손자에 대해 아무런 이야기도 하지 않기를 원하기 때문에

지금으로선 평상시와 같이 행동할 수가 없네요.

상담자 : 그렇군요. 지금은 평상시와 같은 상황이 아니니 평상시대로 행
동하려고 하지 않고 있으시고, 이 상황은 당신을 아프게 하고 있
군요. 이게 당신을 정말 아프게 하고 있다는 게 느껴져요.

라완다 : 네, 맞아요.

상담자 : 아플 때는 뭘 하시나요?

라완다 : 뭐, 전 아픈 걸 좋아하지 않기 때문에 기분이 좀 더 나아질 수 있
을 만한 일들을 해요. 과자를 먹거나 TV를 보거나 하죠. 건강이
나빠지기 전까지는 TV를 그리 많이 보는 편은 아니었어요.

상담자 : 또 하시는 게 있을까요?

라완다 : 다른 사람들이 날 비참하게 대했던 순간들을 떠올리기도 하는
것 같아요. 기분이 더 안 좋아지죠. 밤에 주로 그래요. 그럴 때
면 비스킷에 잼을 발라 초콜릿 우유와 함께 먹죠. 절 좀 진정시
키는 효과가 있는 거 같아요. 그런 다음에 TV를 보거나 라디오
를 듣거나 기도를 해요.

상담자 : 기도를 하는군요.

라완다 : 네, 매일 기도를 하죠. 가끔은 낮에 여러 번 하기도 해요. 요즘
들어 그렇게 많이 하진 않고 있지만요.

3. 그러한 시도는 얼마나 효과적이었습니까?

라완다는 자신의 감정으로부터 벗어날 수 있는 여러 활동에 참여하고 있는
듯 보인다. 그러나 그녀의 감정들은 여전히 표면 아래에서 들끓다가 우울
과 사기저하의 모습으로 올라오고 있었다. 상담자는 라완다가 자신의 대처
전략의 효용성에 대해 접촉하기를 원한다.

상담자 : 당신은 대처하려고 다양한 것을 시도하고 있어요. TV도 보고,
라디오도 듣고, 간식도 먹고, 기도도 하고요. 당신은 꽤 훌륭한

문제 해결사예요. 무엇이 효과적일지 이리저리 실험해보려는 게 당연해요. 이제 당신이 무엇을 시도해보았고 그것들이 실제로 어떤 결과를 가져오고 있는지 한번 생각해봅시다. 먼저 간식 먹는 것부터 시작해볼까요? 간식을 먹으면 기분이 좀 나아지나요?

라완다 : 순간적으로는 나아져요. 그리고 나서 죄책감이 들고, 내 몸에 어떤 일들이 일어나고 있는지에 대해 걱정이 되죠. 제가 당뇨병과 심장 문제가 좀 있거든요. 알고 계셨죠?

상담자 : 네, 그래서 여쭤본 것도 있어요. 뭘 말씀하시는지 이해할 수 있을 것 같아요. 군것질의 단기적 보상으로 위안을 얻지만 꽤나 금방 걱정이 올라오죠. 많은 시간을 집에서 보내는 건 어떠세요? 기분이 나아지나요?

라완다 : 아니요, 별로요. 이건 단기적인 효과도 없는 것 같아요. 물론 장기적으로도 좋지 않아요. 기분이 더 안 좋아지거든요.

4. 그러한 시도의 대가는 무엇이었습니까?

상담자는 라완다가 위안을 얻기 위해 먹는 간식이 당뇨병 관리에 도움이 되지 않는다는 것을 분명히 표현하도록 도울 수 있었다. 이것은 대가에 대한 질문을 다룰 수 있도록 한다. 그다음, 상담자는 과한 TV 시청이 라완다의 수면을 방해할 뿐만 아니라 그녀의 에너지 수준 또한 감소시켜 낮 시간에 산책을 하고 다른 이웃들과 어울리면서 사용할 수 있는 에너지를 없앤다는 점을 끄집어낸다.

상담자 : 그럼 늦은 시각까지 TV를 보면서 깨어 있는 것이 딸과의 문제에 대한 당신의 감정에 어떤 영향을 주나요?

라완다 : 음, TV 프로그램이 재밌으면 딸에 대해 생각이 나질 않죠.

상담자 : 그렇군요. 그리고 늦게까지 깨어 있는 건 다음 날에 어떤 영향을 주나요?

라완다 : 음, 그리 좋진 않죠. 피곤해서 아무 데도 가고 싶지 않아요. 그리
고 딸과의 상황에 대해서는 여전히 기분이 좋지 않고요.

근본적인 변화를 위한 장을 마련하기 : 당신은 어떤 삶을 선택하겠는가?

상담자는 할머니와 엄마의 역할과 관련된 라완다의 가치가 무엇인지, 그리
고 그런 가치들이 그녀가 대인관계 갈등에 접근하는 방식을 바꾸는 데 어
떻게 기여할 수 있을지에 대해 좀 더 파악하길 원한다. 그러는 도중에 상담
자는 효용성이라는 개념을 소개하고, 가치 있는 행동은 어느 정도의 고통
을 수반한다는 점에 대해 얘기한다.

상담자 : 제 이웃이 자주 짖는 개를 한 마리 키운다고 합시다. 거의 매일
아침 제가 정작 일어나야 하는 시간보다 두 시간 전에 절 깨웁
니다. 이 문제를 해결하는 방법은 여러 가지가 있겠죠. 동물 단
속부(Animal Control office)에 전화를 걸어 개가 방치된 것 같다
고 신고하거나, 신고할 거라는 내용을 담은 협박 편지를 이웃에
게 전달할 수 있어요. 아니면 계속 짜증만 내면서도 아무것도
하지 않을 수도 있죠. 이웃에게 차 한잔 하러 오라고 해서 이 문
제에 대해 같이 이야기해볼 수도 있고요. 어떤 행동을 할지를
결정하는 방법 중 하나는 제가 원하는 결과에 초점을 두는 거예
요. 제가 원하는 건 개가 짖지 않는 거잖아요? 제 이웃에게 어떤
영향을 줄지는 관심이 없어요.

라완다 : (고개를 끄덕인다.)

상담자 : 또 다른 방법은 이웃으로서 내가 어떤 가치를 가지고 있는지를
살펴보는 거예요. 여기에서 가치란 내가 삶에서 따르고 싶은 원
칙을 의미합니다. 짖는 개 문제와 관련해서 이상적으로 저는 개

와 개 주인, 그리고 저를 모두 존중하고 싶어요. 존중이라는 가치를 따른다면 이웃에게 차 한 잔 하러 오라고 해서 이 문제에 대해 같이 이야기하는 것이 가장 효과 있는 선택지일 것 같아요. 이 전략은 나의 신념에는 가장 가깝지만 다른 선택지들에 비해 단기적으로는 더 어려운 선택일 수 있어요. 이웃과 대화를 하다 보면 좀 껄끄러워질 수도 있고, 이야기한 후에도 개가 짖는 문제가 해결되지 않을 수도 있죠. 그럼에도 불구하고 이 전략이 가장 이웃사람다운 행동이기 때문에 아마도 장기적으로는 나에게 더 좋은 선택일 것 같아요. 무엇이 정말 효과적인지에 대해 생각할 때 저는 이런 접근을 사용합니다. 그저 문제를 해결할 수 있는지에 대해서만 생각하는 것이 아니라 그 행동이 정말 내 가치와 부합하는 행동인지를 생각해보는 거죠. 그래서 저는 당신이 손자나 딸과의 관계에서 중요하다고 생각하는 이상이나 원칙들을 명확하게 하는 시간을 조금 가져봤으면 좋겠어요.

라완다 : 음, 저도 당신이 든 예시처럼 존중하고 싶죠. 근데 제 상황은 조금 달라요. 딸과 손자에게 나의 사랑을 보여주고 싶고, 내가 자신들을 믿노라 알려주고 싶어요. 또 그들도 서로에게 사랑을 표현할 수 있다고 믿고 있다는 걸 전달하고 싶어요.

상담자 : 그렇군요. 그렇다면 존중과 사랑과 믿음을 보여주는 것이 당신의 행동이 효과적인지를 결정해줄 수 있는 잣대인 것 같네요. (이러한 가치들을 종이에 적어 라완다에게 보여주며 확인을 받는다.) 갈등에 대처할 수 있는 전략 중 당신의 가치 잣대를 충족하는 것들이 있는지 한번 얘기해봅시다. 기도에 대해 먼저 이야기해볼까요? 기도할 때 뭘 하나요?

라완다 : 제가 기도하고 있는 사람이나 문제에 대해 생각하고, 거기에 사랑과 배려가 있는 것을 상상해요. 딸을 위해 기도할 때는 그녀

가 용기 있고 강해질 수 있도록 기도합니다.

방향 선택하기 : 〈삶의 경로와 방향 전환〉 활동

상담자는 라완다가 자신의 문제를 재구성함으로써 존중받지 못하고 버려진 느낌이 들더라도 자신의 가치에 따라 행동할 수 있을지에 대해 생각해 보길 원한다. 이렇게 하는 것은 딸에게 변화를 요구하지 않고 긍정적인 대처 방법을 찾는 것에 대한 책임을 라완다 자신에게 두도록 한다.

그림 19에서 볼 수 있듯이 라완다가 생각하는 더욱 의미 있는 삶의 방향은 그녀의 가족 구성원들—더 넓게는 모든 사람들과 살아있는 것들—에게 사랑, 존중, 믿음을 보여주는 것이다. 더 큰 통제를 행사할 수 있지만 의미로부터는 멀어지는 방향은 아프고 존중받지 못하는 감정을 회피하는 행동들을 포함하고 있다. 라완다는 옳은 사람이 되고 싶고 거절의 아픔을 피하고 싶은 그녀의 이야기로 인해 의미가 적은 방향으로 끌려가고 있는 듯하다. 그녀는 자신의 행동의 대가가 무엇인지(외롭고 가족으로부터 분리된 느낌)도 볼 수 있다. 라완다는 어떤 행동이 더욱 의미 있는 방향으로 움직이고 있다는 것을 알려줄지(딸과 손자와 이야기하기)를 확인할 수 있다. 그러나 그녀는 장애물을 만났을 때 어떻게 하면 계속해서 의미 있는 방향으로 움직일 수 있을지에 대해서는 막막해한다. 그렇지만 그녀는 침묵(TV 끄기)과 영적 활동이 도움이 된다는 것도 안다. 그녀는 기도가 자신의 가치와 더욱 잘 연결될 수 있도록 도와줄 거라고 믿고 있다.

사례개념화 : 〈사분면 도구〉

상담자는 라완다의 심리적 유연성을 개선하기 위한 개입을 개발하기 위해 〈사분면 도구〉(그림 20)를 사용하여 그녀의 삶의 맥락에 대한 큰 그림을 그

더 많은 통제

무엇을 통제하고, 회피하고, 없애고 싶나요? 그렇게 하기 위해 무엇을 하고 있나요?

더 많은 의미

만약 선택할 수 있다면 어떤 삶을 선택하겠습니까?

> 딸로부터 상처 받고 존중받지 못하고 거절당하는 느낌, TV 시청, 몸에 좋지 않은 음식 먹기

> 딸과 손자에게 사랑, 존중, 믿음을 보여주기, 일반 사람들과 모든 살아있는 것들을 존중하기, 내 건강 지키기

1. 현재 당신 삶의 행로에서 어느 지점에 있는지, 그리고 어느 방향으로 움직이고 있는지를 선 위에 화살표로 표시하세요.

2. 통제를 추구했을 때 얻는 것과 잃는 것이 있다면, 그것은 무엇인가요?
   '옳은 사람'이 되는 것의 대가는 외로움이다. 딸과 말을 하지 않는 것의 이득은 상처 받지 않는 것이고, 대가는 분리된 느낌과 손자를 도울 수 없다는 느낌이다. TV를 보고 몸에 좋지 않은 간식을 먹는 것이 주는 이득은 위안이고, 대가는 더욱 외로워지고 분리되는 것과 나의 몸을 상하게 하는 것이다.

3. 어떤 행동을 하면 삶의 의미를 향해 움직이고 있다는 것을 알 수 있나요?
   딸과 손자와 이야기하는 것, 이웃과 이야기하는 것, 산책하는 것, 나 자신을 더 잘 돌보는 것.

4. 막다른 골목에 다다른 것 같을 때에도 의미를 향해 전진하려면 어떻게 해야 할까요?
   모르겠다. 어쩌면 기도하거나 교회에 가는 것. 아니면 TV를 끄고 음악을 듣는 것.

5. 당신이 의미를 추구할 방향으로 움직일 수 있도록 도와줄 수 있는 것은 무엇이 있나?
   잘 모르겠다. 어쩌면 교회를 가는 것 – 거기에 있는 사람들이 도움이 될지도 모르겠다.

그림 19. 라완다의 〈삶의 경로와 방향 전환〉 활동지

		효용성	
		비효과적인 것(더 적게 하기)	효과적인 것(더 많이 하기)
행동	외적	• 집에 있으면서 TV 보기 • 남과 어울리지 않고 혼자 지내기 • 딸에게 비난하고 잔소리하기 • 몸에 좋지 않은 음식 사기 • 슬플 때 몸에 좋지 않은 간식 먹기	• 딸과 손자에게 전화하기 • 산책 나가기 • 종종 교회 가기 • 종종 이웃들과 이야기하기 • 자신의 기분을 위해 기도하기

	내적	• 무너지는 건강에 대해 자신 비난하기
		• 늙고 원치 않는 사람이라는 자기 이야기와 동일시하기
		• 규칙 따르기
		  1. 성인 자녀도 부모에게 순종해야 하고, 그렇지 않는 것은 무례한 행동이다.
		  2. 다른 사람들은 너에게 관심이 없으니 그들에게 너의 감정을 보여서는 안 된다.
			• 할머니와 엄마로서의 가치와 연결하기
			• 요구가 있을 때 현재 순간에 집중할 수 있기
			• 영성과 연결되어 있기

그림 20. 라완다의 〈사분면 도구〉

린다. 라완다의 상대적인 강점은 자각의 기둥에 있다. 그녀는 자신의 외적 행동에 대해서는 자각하고 있지만, 자신의 생각이나 감정을 자각하는 것은 좀 더 어려워한다. 그녀는 삶의 현재 맥락이 유발하고 있는 몇몇 생각과 감정에 대해서는 마음이 열려 있지 않았고, 이것은 그녀의 삶에 의미를 가져다줄 수 있는 일상적인 활동으로부터 물러나게 만들고 있었다. 그녀는 대체로 부모-자녀 간의 비생산적인 갈등으로 이어지는 일반적인 규칙을 따르고 있고, 그로 인해 무거운 대가를 치르고 있었다. 그 일반적인 규칙은 '나의 자녀가 날 존중한다면 나의 조언을 따를 것이다'라는 것이다. 그녀의 손자가 아빠랑 살도록 보내진 상황에서 이 규칙은 라완다에게 더욱 강렬하게 작용하고 있었다. 그녀는 그 결정으로 인해 손자가 더 큰 문제에 빠질 것 같았고, 그렇게 멀리 가 있을 경우 그녀가 도와줄 수 없을 것이라고 생각했다. 라완다는 투명한 정의의 망토(나는 옳고 내 딸은 틀렸다)에 갇혀 있었는데, 사실 그것은 그녀를 보호하는 것이 아니라 오히려 경직되고 분리되게 만들었다. 그 결과, 그녀는 자신이 가장 두려워하는 상태(딸과 손자로부터 정서적으로 너무 멀어지는 것)로 가고 있었다. 또한 라완다의 철수(disengagement) 혹은 회피 패턴이 일반화되기 시작했다. 그녀는 가족뿐만 아니라 그녀의 사회 관계(교회, 친구, 요양시설에서의 사교활동 등)로부터도 물러나고 있었다.

상담 요약

상담자는 4개월 동안 라완다를 5번 만났다. 그녀의 두 번째 방문은 그녀의 첫 방문 일주일 후에 있었고, 나머지 방문들은 2~4주 간격으로 이루어졌다. 그녀는 예약된 모든 회기에 참석하였다. 상담자의 치료 목표는 라완다가 딸과의 갈등을 다루기 위한 더 효과적인 전략을 찾는 것, 전반적인 대인관계적 갈등과 노화 과정의 어려움들에 대처하기 위한 심리적 유연성을 개발하는 것 등을 포함한다. 그림 21과 그림 22는 5회기 동안 라완다의 변화를 요약하여 보여주고 있다. 그림 21이 보여주듯, 가정 문제의 심각성 점수는 치료 과정 내내 지속적으로 떨어졌다. 그림 22는 치료 과정 동안 이루어진 개방성, 자각, 참여 부분에서의 발전 정도를 기록하고 있다.

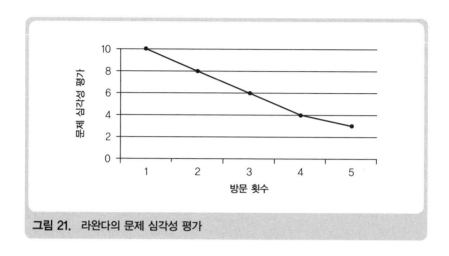

그림 21. 라완다의 문제 심각성 평가

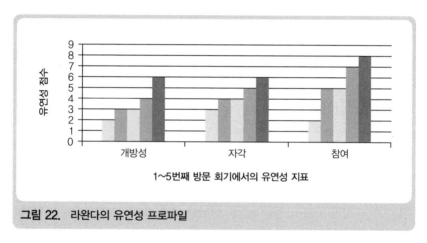

그림 22. 라완다의 유연성 프로파일

자각 증진하기

초기 방문 시에는 상담자는 라완다가 현재 순간의 생각과 감정을 자각하는 기술을 발달시키는 것을 목표로 삼았다. 그 목적을 달성하기 위해서 상담자는 두 가지 개입인 〈마음챙김 쇼핑(Mindful Shopping)〉과 〈목격자 되기(Being a Witness)〉를 통해 라완다를 훈련하였다. 곧 보겠지만, 이 두 개입은 서로 밀접하게 연관되어 있다. 〈마음챙김 쇼핑〉이 먼저 논의되기는 하지만, 내담자가 마음챙김 활동에 잘 참여할 수 있으려면 먼저 목격자가 되는 방법을 충분히 개발해야 한다. 회기가 끝날 무렵 상담자는 라완다가 자신의 하루를 잘 시작하는 방법에 대해 함께 브레인스토밍한다. 이 과정에 대해서는 이 장의 후반부에 나오는 〈참여 증진하기〉 부분에서 자세히 설명된다.

개입 : 마음챙김 쇼핑

〈마음챙김 쇼핑〉은 일상에서 비공식적으로 마음챙김 연습을 할 수 있는 여러 활동 중 하나이다. 이 사례에서 상담자는 라완다의 건강상태와 빈약한 식단을 고려하여 장보기 활동을 선택했다. 하지만 내담자의 상황에 따라 마음챙김 식사하기, 옷 입기, 걷기 등 다양한 활동이 활용될 수 있다.

> 상담자 : 장보기할 때 당신은 어떤가요?
>
> 라완다 : 잘 모르겠어요. 값싸고 좋은 상품을 사려고 둘러봐요. 특히 제가 좋아하는 것들 위주로요. 통에 담긴 비스킷류 같이. 당뇨병 환자에게 매우 해롭긴 하지만 사실이에요.
>
> 상담자 : 만약 하루를 잘 시작하기 위해 도움이 되는 음식을 고른다면 뭘 고르시겠어요?
>
> 라완다 : 미정제 곡물빵, 땅콩버터, 사과… 저 사과도 좋아해요.
>
> 상담자 : 제가 좀 적을게요. (종이에 적는다.)
>
> 라완다 : 좋아요. 기억하는 데 도움이 되겠네요.
>
> 상담자 : 기억하는 것보다 더 많은 게 필요할 것 같아요. 장을 볼 때 의식적으로 선택하는 게 중요해요. 마트에 가면 여러 가지 색상과 세일 간판들이 있잖아요. 그것들은 당신을 방해할 수 있어요. 당신이 원래 건강에 좋은 음식들을 사려고 장을 보러 갔어도 결국 별로 먹으면 좋지 않은 음식들을 잔뜩 사서 나가게 될 수 있어요. 그래서 당신에게 가르쳐주고 싶은 연습 활동이 있어요. 만약 당신이 이걸 매일 아침 연습한다면 장을 보러 가서도 의식

적으로 선택할 수 있을 정도로 잘할 수 있게 될 거예요.

라완다 : 그래요. 궁금하네요. 뭘 가르쳐주려고 하나요?

개입 : 목격자 되기

〈목격자 되기〉는 내담자가 마음챙김에 기반하여 현재 순간을 자각하는 능력을 개발해주는 매우 훌륭한 개입이다. 라완다에게 이 개입을 소개하기 전에 상담자는 먼저 생각하기와 느끼기의 본질에 대해 이야기하고, 특히 괴로운 생각이나 감정이 떠오를 때면 자신의 내면 경험의 목격자가 되는 것이 매우 어렵다는 점에 대해 이야기한다. 그런 다음 상담자는 이 활동을 하는 방법에 대해 설명한다(235쪽 유인물 참조).

상담자 : 당신의 생각, 감정, 몸의 감각을 더 잘 자각하려는 목적으로 매일 아침 집 안 어딘가에 5~10분 정도 앉아 있는 것을 계획해보는 걸 권장합니다.

라완다 : 거실에 있는 큰 안락의자에 주로 앉아 있어요. 편안해요. 거기에서 TV를 보곤 하죠.

상담자 : 그래요. 안락의자에 앉아도 좋아요. 방이 조용했으면 좋겠어요. 앉아 있는 이유는 당신의 마음과 몸에서 무엇이 일어나고 있는지를 알아차리는 거예요. 당신 내면에서 일어나는 것들을 목격하는 거죠. 쉽게 들릴 수 있겠지만, 사실 대부분의 사람들에게 매우 힘든 일이에요. 꽤 많은 사람들에게 이 방법을 가르쳐준 적이 있어요. 그래서 이 활동의 디테일에 대해서 좀 더 알려주기 위한 작은 유인물을 만들었어요. 한 번 읽어보시고 어떤지 알려주세요.

라완다 : 명상 같은 거네요. 한번 해볼게요. 나쁠 건 없을 거 같아요.

상담자 : 좋아요. 다음에 오셔서 어땠는지 알려주세요. 이걸 며칠 동안 해본 다음, 장 보러 가서도 물건을 사기 시작하기 전에 이와

비슷한 마음 상태로 들어가보려고 시도해보시면 좋겠어요. 이게 장 보는 활동에 어떤 영향을 미칠지 궁금하네요.

다음 회기에서 라완다는 목격하는 활동이 어렵게 느껴졌다고 말했다. 그렇지만 계속해서 노력하고 있고, 숨 쉬기와 손에 집중하는 것이 도움이 되는 것을 발견했다고 하였다. 어떤 날 아침에는 마음이 너무 부산했는데 활동을 하면서 느긋해지는 것 같았다고 했다. 장 보러 가서 의도적으로 느긋하게 음식을 골랐고, 이런 행동이 당뇨에 더 좋은 음식들을 선택하는 데 도움이 된 것 같다고 했다. 그녀는 아침으로 땅콩버터 토스트를 더 자주 먹고 있으며, 잼을 바른 비스킷은 줄이고 있었다. 또, 요양시설에 있는 친구들과 더 이야기를 많이 나누고, 다시 교회에 나간다고 보고하였다. 이에 더해 그녀는 딸에게 여러 번 전화를 했는데, 대화 내내 긴장감을 느꼈고, 전화를 끊고 나서 마음을 졸였다고 했다. 한번은 딸과 통화 직후 목격자 되기 활동을 시도해보았는데, 자신이 존중받지 못하는 점에 대해 매우 슬퍼하고 있다는 것을 알게 되었다.

개방성 촉진하기

앞서 언급되었듯이, 라완다는 딸이 자신의 '좋은 조언'을 따라야 한다는 규칙에 과하게 집착하고 있었다. 라완다는 딸과의 갈등에 대해 유연하게 반응하기 위해 이 비효과적인 규칙과 새로운 관계를 형성해야 할 필요가 있었다. 따라서 상담자는 두 가지 서로 관련된 개입 — 〈그저 알아차리기〉와 〈이름붙이고 갖고 놀기〉 — 을 사용하였다.

개입 : 그저 알아차리기

〈그저 알아차리기〉는 자각을 증진하고 고통스러운 내적 경험들에 대해 객관적이고 열린 태도를 가질 수 있게 하는 개입이다. 라완다의 사례에서 상담자는 다음 부분에서 설명될 〈이름붙이고 갖고 놀기〉라는 다른 탈융합 활

동과 함께 이 개입 방법을 사용하였다. 상담자는 라완다가 딸과 상호작용할
때 떠오르는 괴로운 생각과 감정들을 자각하는 것부터 시작하고자 하였다.

> 상담자 : 인생에서 당신이 선택한 길로 향하는 데 어느 정도 진전이 있었
> 어요. 이제 그 기세를 확장해서 딸과의 관계에도 한번 적용해볼
> 수 있을 것 같아요. 저와 함께 한번 실험해보시겠어요?

> 라완다 : 해보죠, 뭐.

> 상담자 : 좋습니다. 먼저 딸에 대해서 이야기해봤으면 좋겠어요. 딸이 당
> 신의 조언에 어떻게 반응했는지. 당신이 말하는 걸 제가 좀 받
> 아 적을 거예요. 그런 다음 같이 한번 보도록 할게요.

> 라완다 : 네. 음, 이미 말씀드렸다시피 저는 딸에게 에디를 그 아이의 아
> 버지한테 보내지 말라고 했는데 딸은 제 말을 무시하고 보내버
> 렸어요. 왜 제 말을 듣지 않는지 모르겠어요. 딸은 그 남자와 결
> 혼하고 싶지 않아 했어요. 그래서 전 딸이 어떻게 갑자기 그 남
> 자가 에디를 잘 키울 수 있다고 판단했는지 더욱 알 수 없네요.

> 상담자 : 당신의 감정은 어때요?

> 라완다 : 짜증이 나죠. 걘 실수를 하고 있어요. 그럴 필요가 없는데 말이
> 죠. 제 말만 들었어도…

> 상담자 : 그렇군요. 제가 적은 걸 한 번 볼게요. 간단하게 표현해보았는
> 데, 제가 제대로 이해했길 바랍니다. "당신은 딸에게 말을 했는
> 데, 그녀는 듣지 않았어요. 그녀는 실수를 하고 있고, 당신은 화
> 가 났습니다."

> 라완다 : 대충 맞네요.

> 상담자 : 알겠습니다. 그러니까 에디 문제에 대해 생각할 때 떠오르는 생
> 각들과 감정들은 이런 것들이군요. 이 외에 다른 생각이나 감정
> 들이 떠오르는 건 없나요?

> 라완다 : 가끔 딸이 저한테 좀 더 존중하는 태도를 보일 필요가 있다고 생

목격자 되기

1. 가능하다면 매일 같은 시간에 이 활동을 하도록 노력한다. 5~10분 정도를 확보해둔다. 타이머를 사용하여 5분으로 시작해서 할 수 있으면 10분까지 늘리도록 한다.

2. TV와 라디오는 끈다.

3. 앉아서 당신의 손이 편안하게 놓일 수 있는 자리(에 : 손바닥이 위를 향하게 해서 무릎 위에 놓기)를 찾는다. 손을 계속해서 인식하고 두 눈을 뜨고 있으려고 노력한다.

4. 당신이 취하고 있는 자세를 알아차린다. 똑바로 앉으려고 노력한다. 머리가 가벼워서 마치 어깨 위로 떠 있다고 상상한다.

5. 숨을 깊게 10번 들이마셨다 내뱉는다. 공기가 당신의 몸에 들어오고 나가는 것을 계속해서 알아차린다. 당신의 손과 척추를 다시 확인한다. 당신 손은 아직 편안한가? 당신 등은 여전히 올곧은가?

6. 호흡을 계속해서 알아차리면서 당신의 마음을 들여다본다.

7. 당신의 정신적 활동의 질을 알아차린다. 당신의 마음은 빠르게 움직이고 있는가? 바쁜가? 이 활동이 끝나기를 기다리면서 끝난 다음 무엇을 할지에 대해서 생각하고 있는가? 당신의 마음은 어제 있었던 일이나 작년에 있었던 일을 훑어보고 있는가? 당신의 마음은 두려움 같은 어떤 정서적인 경험에서 헤매고 있는가? 아니면 미래를 계획하거나 환상 속에 빠져들었는가? 당신의 마음이 둔하거나 느리다고 느껴지는가?

8. 당신의 정신적인 활동의 질을 알아차리면서 살짝 미소를 지어라. 마치 지금 자신을 누군가가 바라보는 것도 모른 채 바쁘게 이것저것 시도를 해보는 어린아이를 쳐다보고 있는 듯이.

9. 당신의 호흡과 손과 척추와 마음을 계속해서 지켜보고, 몸의 나머지 부분들 또한 알아차린다. 어쩌면 당신은 어떤 감각들을 알아차릴 것이다. 배고픔, 허리 통증, 갑갑한 가슴, 울기 전에 두 눈 뒤에서 느껴지는 신호. 그저 또다시 호기심과 수용으로 그것들을 알아차려라.

10. 멍해지거나 공상에 잠긴다면(그렇게 될 것이다), 다시 호흡, 손, 척추, 미소로 돌아가 알아차리는 것을 다시 시작하라.

각해요.

상담자 : 그렇군요. 그것도 여기에 적을게요. 그 생각과 같이 떠오르는 감정은요?

라완다 : 처음엔 슬프다가 화가 나요.

상담자 : 그럼 이제 여기에 딸이 당신을 더 잘 대해줘야 한다는 생각과 함께 슬픔과 화가 떠오른다라고 적었어요. 이 문제에 대해 생각할 때 떠오르는 또 다른 생각이나 감정들이 있나요?

라완다 : 날 필요로 하지 않는다는 생각, 내가 중요하지 않다는 생각이요. 그런 생각은 당연히 절 아프고 슬프게 만들어요.

상담자 : 그것도 적었습니다. 그나저나 당신은 지금 생각과 감정을 그저 알아차리는 걸 아주 잘하고 있어요. 목격자 되기 연습을 한 것이 당신이 생각과 감정을 더 잘 자각하도록 만들어준 것 같네요. 또 함께 떠오르는 다른 기억이나 감정들이 있을까요?

라완다 : 제 첫 남편이 저한테 말하곤 했던 것들이 기억이 나요. 못생겼다, 뚱뚱하다, 좋은 대접을 받을 자격이 없다. 그런 못된 말들이요. 그러고는 그는 저를 괴롭히고 저에게 물건을 던지곤 했어요.

상담자 : 아… 참 무섭게 들리네요. 그런 기억이 다른 생각들과 함께 불쑥 나타난다는 게 흥미롭네요. 그 기억도 꽤 강렬한 것 같으니 여기 적어 둘게요. 이제 우리는 당신의 생각과 기억들에게 별명을 붙여주는 작업을 할 거예요. 그것들을 알아차릴 때마다 이름으로 부를 수 있게요.

개입 : 이름붙이고 갖고 놀기

라완다는 딸과 다툼이 있어 마음이 복잡할 때에도 마음챙김을 할 수 있도록 하는 기술들을 배울 필요가 있었다. 상담자는 〈이름붙이고 갖고 놀기〉라는 개입을 소개하여 라완다가 자신의 비효과적인 규칙들과 좀 더 유연한 관계를 만들어갈 수 있도록 도왔다.

다음은 상담자가 라완다와 함께 작성한 생각, 감정, 별명 목록이다.

생각이나 기억	감정	별명
난 말을 했지만 딸은 듣지 않는다.	화	엄마가 제일 잘 안다.
딸은 날 더 잘 대해줘야 한다.	슬픔, 화	좋은 대접을 받아야 하는 엄마.
난 중요하지 않다.	슬픔	불쌍한 나.
두 번째 남편은 나에게 '못생겼다', '존중을 받을 자격이 없다'라고 말하면서 괴롭혔다.	두려움	겁먹은 나.

상담자 : 별명 목록은 오려내서 각 별명이 별도의 작은 종이에 적혀 있을 수 있도록 만들 거예요. 이 종이들을 그릇에 담아서 당신이 목격자 되기 연습을 하는 의자 옆 테이블 위에 두세요. 매일 연습을 한 후에 종이 한두 개를 뽑아서 갖고 노세요.

라완다 : '갖고 논다'는 게 무슨 뜻인가요?

상담자 : 음, 여기에서 당신의 상상력을 사용하실 수 있습니다. 요점은 종이에 적힌 것을 읽고 장난칠 수 있는 방법을 찾는 거예요. 장난스러운 목소리로 읽어보거나, 노래로 만들어 부르거나, 종이를 들고 웃긴 춤을 출 수도 있겠네요.

라완다 : 꽤 웃기겠네요. 해볼 수 있을 것 같아요.

상담자 : 그렇게 하면서 그것들에 대해 좀 더 다른 관점을 가질 수 있게 될 것 같아요. 딸이랑 의견충돌이 있을 때에도 화는 좀 덜 내고 좀 더 전략적으로 행동하는 데 도움이 될지도 몰라요.

참여 촉진하기

첫 방문 시, 라완다는 자신의 건강을 지키는 일이 가치 있는 삶의 방향이라고 하였고, 그 회기에서 상담자는 그녀가 더 나은 식단을 선택하고 혈당 수준을 개선할 수 있도록 하는 전략들을 함께 모색하였다. 하지만 그녀는 자신이 무엇을 해야 하는지에 대해서는 이미 오랜 시간 동안 알고 있었기 때문에 그러한 전략들을 실천하게끔 하는 작업을 통해 참여의 기둥을 더욱 튼튼하게 만들 필요가 있었다.

개입 : 좋은 날을 위한 좋은 출발

고통 속에서 분투하는 사람들은 종종 부정적인 피드백 회로에 갇혀 가치 있는 일상으로부터 멀어진 채 자신이 통제할 수 없는 삶의 어려움에 초점을 둔다. 이들은 하루가 시작하자마자 바로 실천할 수 있는 가치에 기반한 활동을 함으로써 하루 내내 자신의 가치와 연결되어 있도록 하는 눈덩이 효과를 만들어낼 수 있다. 〈좋은 날을 위한 좋은 출발〉은 그런 효과를 낼 수 있는 개입으로, 아침에 일어나자마자 자신의 가치와 부합되고 자각을 촉진하는 어떤 구체적인 행동을 할 수 있도록 돕는다. 이 외에 다른 유사한 개입들로는 아침에 눈을 뜨자마자 침대 위에 누워 첫 5분 동안 그날 일어날 수 있는 상황에서 실천가능한 가치에 기반한 행동들을 머릿속으로 리허설을 해보는 방법, 혹은 내담자의 핵심 가치와 의미 있는 접촉을 할 수 있도록 하는 어떤 행동으로 하루를 시작하는 방법 등이 있을 수 있다.

> 상담자 : 라완다, 만약 당신이 하루를 잘 시작할 수 있게 돕는 어떤 절차(routine)를 개발하면 당신의 하루하루가 어떤 모습이 될지 궁금해요. 여기서 제가 말하는 '잘 시작'한다는 뜻은, 당신이 당신의 가치를 반영하는 행동을 하게 되는 거예요. '모든 살아있는 것들―사람, 식물, 동물―에게 존중하는 마음으로 대하기'처럼요. 혹시 매일 아침에 하루를 시작하면서 할 수 있는 행동 중 당신에게 가장 중요한 것을 확인시켜줄 수 있는 행동이 있을까요?
>
> 라완다 : 무슨 말씀인지 알 것 같아요. 밖으로 나가 산책을 하면서 이웃들, 꽃, 나무들을 알아차리는 행동을 해볼 수 있겠네요.

상담자 : 좋은 생각이네요! 하나씩 만날 때마다 실제로 알아차리는 행동
을 보여줄 수 있어요. 똑바로 쳐다보고 고개를 끄덕이거나, 미
소를 짓거나, 그 외 다른 방식으로 존중을 표현하는 겁니다. 정
말 간단한 방법이지만 그렇게 하면 당신은 정말 당신의 가치와
함께 산책을 하는 게 되는 거예요. 이 방법이 당신에게 도움이
될 것 같나요?

라완다 : 네, 그럴 것 같아요.

개입 : 지혜의 말

라완다는 자신의 세계의 여러 측면과 다시 접촉을 회복하기 시작했지만,
여전히 딸과의 관계에서는 계속해서 힘들어했다. 상담자는 〈지혜의 말〉이
라는 개입을 통해 라완다가 딸과의 소통에 도움이 될 수 있는 자신의 숨겨
진 생각 및 감정들과 연결되도록 시도하였다.

상담자 : 이번 활동은 당신의 상상력을 사용해야 합니다. 원한다면 두 눈
을 감아도 좋습니다. 자, 당신이 어떤 아이가 나타나기를 기다
리고 있는 것을 상상해보세요. 그 아이는 당신의 손자가 어렸을
때, 즉 한 네다섯 살 때의 손자일 수도 있고, 다른 어린아이일
수도 있어요. 이 아이는 자신의 입장에서 당신에게 몇 가지 조
언을 줄 거예요. 이 아이는 당신이 딸에게 어떻게 하면 사랑과
존중의 마음을 보여줄 수 있는지, 또 어렵더라도 어떻게 하면
그 행동을 실천할 수 있는지를 보여줄 수도 있어요. (잠시 멈춤)

라완다 : 네, 듣고 있어요.

상담자 : 자, 아이가 당신에게 어떤 말을 하거나 무엇을 보여주기를 기다
리세요. (침묵이 몇 분 동안 흐름)

라완다 : 곰 인형을 안고 있는 작은 남자아이가 보여요. 두 볼에는 눈물이
흐르고 있어요. 아이는 곰 때문에 곤경에 처했었는데, 자신의

곰이기 때문에 곰을 용서한다고 말하네요. 그는 항상 곰이 자신의 침대에 하루 종일 머무를 수 있도록 하고, 매일 밤 자신과 함께 잘 수 있도록 허락한다고 해요.

라완다는 상담자와 이 장면에 대해 좀 더 깊이 이야기를 나누고는, 이 장면이 자신도 손자와 딸에게 어떤 방식으로든 사랑을 매일 표현할 수 있는 방법이 있다는 것을 보여주는 것 같다고 하였다. 아무리 그들의 행동이 그녀를 아프게 하더라도 말이다. 그녀는 오래된 곰 인형을 찾아 자신의 소파에 두고 계속해서 어린아이의 순수하고 비판단적인 관점으로 딸을 보기로 한 자신의 결심을 상기시키기로 하였다.

끝맺으며

노인들은 여러 어려움에 직면하면서 사기가 저하된 상태에 쉽게 빠지고 우울증까지 겪게 될 수 있다. 재정적인 문제, 건강상의 문제, 사회적 지지의 결여 등은 자연스럽게 상실감을 불러일으킨다. 이러한 심리사회적 스트레스 요인들이 있을 때, 괴로운 생각, 감정, 기억을 회피하는 식으로 반응하는 사람들은 점점 건강이 악화되고 불필요하게 자주성을 잃게 되고 심한 경우 조기사망에 이를 수도 있다. FACT는 노인들에게 이상적인 접근으로서 계속해서 변화하는 삶의 전경들에 대처하기 위해 상식적인 접근법을 강조하고, 내담자들이 상담 장면으로 가져오는 풍부한 경험과 지식을 존중한다.

노인 대상 FACT를 위한 일반적인 조언

상담자는 노화와 관련된 독특한 어려움들에 대해 연민과 공감을 표현할 수 있어야 한다. 노인기는 '노후(황금기, golden years)'를 사기저하의 시기로 만들 수 있는 여러 변화와 어려움이 가득한 삶의 단계이다. 노화와 관련된 여러 변화 중 가장 영향력이 큰 것들은 '되돌릴 수 없는 것'들이다. 즉 한 개인이 인생을 한 걸음 한 걸음 나아갈 때에 어쩔 수 없이 받아들여야 하는 것들이다. 이러한 내담자들이 마주하고 있는 여러 상실과 변화가 가져오는 정서적인 충격을 인정하라. 그들의 강점과 가치와 연결될 수 있도록 돕는 작업에 초점을 두고, 그들의 자주성을 유지하고 기존의 친구들, 가족들과 사랑을 이어가는 등 의미 있는 삶을 추구하려는 그들의 노력을 지지하라.

이미 논의된 것처럼, 건강한 노화는 여러 어려운 문제를 다루는 것을 포함한다. 젊은 상담자들은 이러한 문제들을 직접 경험해보지 못했을 것이므로 노인 내담자와 젊은 상담자는 서로 상당한 괴리감을 느낄 수 있다. 이런 경우, 상담자는 이러한 경험의 격차에 대해 공개적으로 인정하면서, 내담자가 경험하고 있는 것들을 진심으로 알고 싶은 마음을 전달해야 한다. 늙어가는 내담자들이 새로운 기술을 배우지 못하거나 실제 삶의 상실들 때문에 사기저하 상태에서 빠져나오지 못할 거라고 가정하지 말라. 어떤 상담자들은 그런 자신의 태도가 마치 공감적인 입장을 보이는 거라고 착각할 수 있지만, 노인 내담자의 입장에서는 상담자가 패배주의에 빠진 것으로 보고, 치료적 관계에 더욱 깊게 들어가는 것을 꺼리게 될 수도 있다.

노인과 성공적으로 일하기 위한 또 다른 중요한 팁은 많은 노인들은 청력에 이상이 있을 수 있으므로 이들과 이야기할 때는 명확하고 직접적으로 이야기하고 전문용어(jargon) 사용을 피해야 한다는 것이다. 현 세대 청년들이나 중년들은 좀 더 심리학적으로 생각하는 경향이 있지만, 오늘날의 노인들은 자기인식과 심리학적인 사고가 강조되지 않았던 시대에 자랐다. 노인들은 전문용어를 사용하는 상담자를 시대와 동떨어진 사람으로 보거나 외계어로 이야기하는 것으로 볼 가능성도 있다. 상담자는 심리학적 개념들은 상식적인 용어로 설명해주면서 개입에서 사용되는 개념이나 전략들을 내담자가 정확하게 이해하고 있는지를 자주 확인하는 것이 중요하다.

4

커플 및 집단을 위한 FACT

Brief Interventions for Radical Change

제11장

죽음이 우리를 갈라놓을 때까지 : FACT로 커플상담하기

누군가에게 완전히 보여진 후에도 사랑을 받는다면
그것은 기적과 같은 인간의 제물일 것이다.
엘리자베스 길버트(Elizabeth Gilbert)

대부분의 숙련된 상담자들은 상담 유형 중 커플상담이 가장 어렵다는 것에 동의할 것이다. 이 어려움의 근원은 언어 자체의 영향까지 거슬러 올라갈 수 있을 것이다. 언어는 한 인간에게 다른 인간들과 상징적으로 의미 있는 관계를 형성할 수 있는 독특한 능력을 부여한다. 동물세계에도 장기적이고 긴밀히 맺어진 관계들의 또 다른 예시들이 틀림없이 있지만, 두 인간의 연합만큼 지대한 영향을 가져오면서 사회적으로 복잡한 관계는 단언컨대 없다. 궁극적으로 인간은 사회적인 창조물이며, 두 사람의 연합은 협력과 애착 능력이 절정에 이를 때 가능해진다. 세상 최고의 시, 음악, 미술은 종종 한 인간이 다른 인간에게 갖는 애착감과 열망으로부터 창조된다. 암거위와 숫거위는 성인기를 함께 보낼 수 있지만, 서로를 위해 사랑의 시를 적거나 종교적인 신념에 근거하여 서로에 대한 맹세를 하거나, 다른 거위들을 초청해서 자신들의 연합을 축하받지 않는다.

이렇게 모든 인간 활동에 상징주의가 짙어졌을 때, 어두운 면도 생기기 마련이고, 인간관계도 예외가 아니다. 우리는 상대방에 대해서 거의 실패가 예고되는 기대들(예 : "나의 파트너는 내가 사랑받을 자격이 있다고 느낄 수 있게 해줄 것이다.")을 만들어내는 능력이 있다. 우리는 상대방의 연합에 대한 신의(fidelity)를 가늠하는 조건부 시험들(예 : "그가 정말 나를 사랑한다면 내가 그에게 말해주지 않아도 내가 정서적으로 뭐가 필요한지를 알 것이다.")을 만들어내어 그들이 부족하다는 점을 찾아낸다. 우리는 다른 사람과 맺을 수 있는 다른 관계를 상상해보고, 그것이 우리가 현재 맺은 관계보다 더 바람직하다고 생각할 수 있다(예 : "만약 당신이 이렇게까지 통제적인 것을 내가 알았더라면, 난 아마도 당신보다 훨씬 편안한 톰과 결혼했을 거야."). 우리는 상대방에게 애정을 주지 않음으로써 상대방의 행동을 바꾸려고 할 수 있다(예 : "당신 오늘도 쓰레기를 안 버리면 밤에 나랑 잠자리는 못 가질 줄 알아."). 심지어 우리는 우리의 기분을 다른 사람의 탓으로 돌리는 데 도사가 된다(예 : "당신이 나의 몸매에 대해 뭐라고 하면 난 내가 더 이상 매력적이지 않다고 느껴져."). 요컨대 애착을 만들어내는 인간의 능력은 애착을 유지하는 과정을 복잡하게 만드는 요인이기도 하다. 결혼의 반 정도가 이혼으로 끝난다는 것은 놀랍지 않다. 게다가 대부분의 결혼 관계는 5년 내에 끝난다. 반면, 평생 동안 유지되는 결혼도 있기 때문에 지속되는 관계가 실패하는 관계와 어떻게 구별되는지 궁금해지는 것은 당연하다.

결혼생활이 왜 성공 혹은 실패하는지에 대한 연구들은 특정 의사소통 습관과 패턴들이 건강하고 지속적인 관계를 촉진하는 중추적인 요인이며 그것들이 없을 때 관계가 실패한다고 제안하고 있다(Gottman & Notarius, 2000). 하지만 가장 잘 연구된 의사소통 패턴들(예 : 요구-철회 패턴, 즉 한 사람이 변화를 요구하고 다른 사람이 소통을 철회하는 패턴)은 관계에 속한 각 사람이 취하고 있는 근본적인 입장의 문제가 겉으로 드러난 부산물에 불과하다. 활력이 넘치는 관계의 근원을 찾는다면, 가장 기본적인 명제는 심리적으로 유연한 사람들이 심리적으로 유연한 관계를 형성해낸다는 것이다. 물론 소수의 관계는 첫눈에 반해 사랑과 기쁨이 넘치고 절대 싸움도 하지 않는 관계일 수 있지만, 나머지 99.9%의 사람들에게는 친밀한 관계란 심리적 유연성을 시험하는 장이다.

심리적으로 경직된 생활방식을 만드는 문화적 힘(cultural forces)이 인간 관계에서도 경직되고 부적응적인 행동을 만들어내는 경향이 있다는 것은 그리 놀랄 일이 아니다. 친밀함을 얻으려면 우리 자신의 고통스럽고 원치 않는 모든 짐뿐만 아니라 우리가 관계를 맺고 있는 상대방이 짊어지고 있는 고통스럽고 원치 않는 모든 짐에 대해서도 열린 마음을 갖고 있어야 한다. 친밀한 관계를 유지하려면 각 파트너는 자신의 이야기가 튀어나오는 순간에도 상대방과 함께 현재에 머무를 수 있어야 한다. 친밀한 관계를 유지하려면 서로 가지고 있는 친밀감에 대한 가치를 공유해야 하고, 이러한 가치는 오늘, 지난 며칠, 혹은 지난 몇 주 동안 각자 상대방과 얼마나 행복했는지에 대한 평가를 넘어설 정도로 중요하다. 우리는 사랑하고 있다는 느낌이 들지 않을 때에도 사랑하는 사이처럼 기꺼이 행동해야 한다. 이것 이야말로 헌신적인 관계에 있음을 의미하는 특징이다.

따라서 성공적인 장기 관계의 핵심적인 특징은 날마다 실천되는 공유된 가치를 기반으로 한 상호 개방과 수용이라고 할 수 있다. 요컨대 성공적인 관계는 FACT가 잘 작동될 때 가능하다! 커플상담 분야에서 이루어진 최근의 전개는 이 주장을 뒷받침해준다. 예를 들어 커플상담에 수용과 마음챙김 전략들을 통합시키는 것은 결혼 유지율을 극적으로 증가시켰다(Christensen & Jacobson, 1998).

이 장은 한 커플을 대상으로 3회기 동안 진행한 상담에서 자각, 개방성 및 참여의 핵심을 공략한 개입들이 사용된 방법을 보여주는 사례를 제시하고 있다. 사례 예시 이후에는 커플을 위한 다섯 가지 FACT 전략이 소개된다. 다섯 가지 전략이 모든 커플에게 필요한 것은 아니지만, 대부분의 커플에게 적어도 한두 가지 전략은 필요하다.

사례 : 이브와 말콤

이브와 말콤은 결혼한 지 37년이 되었다. 이브는 60세고, 말콤은 63세다. 그들은 관계를 유지하면서 때때로 어려움을 겪었다. 둘 중 이브는 감정표현에 있어서 더 개방적이고, 외향적이며, 다정하다. 말콤은 조용하고, 애정을 주고받는 데 덜 수용적이지만, 자신만의 신념이 투철하고(focused) 열정적이다. 이렇듯 성격적 차이가 있음에도 불구하고 이브와 말콤은 긍정적이고 응집력 있는 가정을 만들어냈다. 그들은 3명의 성인 자녀를 두고 있었으며, 자녀들은 모두 전문직에 종사하며 각자의 가정을 꾸려 나가고 있었다. 이브는 30년 동안 교사로 일했으며 현재 은퇴한 상태다. 말콤은 최근 자신의 배관 사업을 매각하였으며, 그것으로 많은 돈을 벌었다. 두 사람은 모두 활동적이며 여행하는 것을 즐긴다. 그들이 항상 꿈꿔 왔던 은퇴 후 삶은 골프와 캠핑, 해외 여행과 같은 야외 활동에 참여하는 삶이었다.

말콤은 사업을 매각하기 3개월 전부터 피로와 복통을 느끼기 시작했다. 그는 먼저 주치의로부터 진료를 받았고, 정밀검사를 위해 전문가에게 의뢰되었다. 검사 결과 말콤은 췌장에 종양이 발견되었는데, 종양 전문의는 이를 수술할 수 없는 악성 종양으로 판단하였다. 의사는 말콤이 최대 6개월 정도밖에 살 수 없을 거라고 말했고, 많은 양의 진통제로 고통을 완화하는 처치를 시작했다.

이브와 말콤은 현재 관계에서 지속적으로 어려움을 겪고 있다. 말콤은 자신만의 생각에 잠겨 있고, 그의 생각과 감정을 나누어달라는 이브의 요구에 반응하지 않고 있었다. 이브는 자신의 삶의 반려자가 곧 죽을 것이라는 사실에 충격에 빠졌다. 그녀는 말콤의 지지를 필요로 하고 있지만, 받지 못하고 있다. 그녀는 남편의 음주량과 진통제 복용량에 대해 염려하고 있다.

초점화 질문

커플상담을 예약했음에도 불구하고, 첫 번째 회기에는 아내 이브만 나타났다. 따라서 상담자는 커플상담에서 흔히 발생하는 문제에 봉착했다. 즉 부부 중 한 사람만의 관점만 가지고 관계에서 무슨 일이 일어나고 있는지를 이해하려고 노력하는 작업을 해야 했다.

1. 당신은 무엇을 추구합니까?

첫 번째 회기에 부부 중 한 사람만 나타나면, 결석한 나머지 한 사람이 오지 않는 것을 선택하게 한 역동성을 이해하는 것이 유용하다. 상담자는 그 결정이 회기에 참여하는 이에게 어떤 영향을 미치고 있는지에 주로 관심이 있다.

상담자 : 말콤은 오늘 안 왔네요. 무슨 일이에요? 함께 오는 줄 알았는데.

이브 : 어제 그는 마음이 바뀌었는지 "난 안 갈래"라고 말하더라고요. 그의 마음을 바꿔보려고 했는데, 그는 더 이상 이야기도 하고 싶어 하지 않았어요. 그게 문제예요. 그는 더 이상 아무것도 하지 않아요. 누가 뭐라고 해도 그는 거의 반응이 없어요. 거의 하루종일 집 어디엔가 앉아 있거나 침대에 누워 있어요. 그는 이제 저와 거의 대화를 단절한 상태예요. 저랑 밥도 같이 안 먹어요. 주로 제가 밖에 나가 있거나 잠들어 있을 때 혼자 냉장고에서 직접 뭔가 꺼내 먹어요. 처음에는 저한테 암에 걸렸다는 말도 하지 않았어요. 우연히 진통제 병을 보고 그걸 왜 먹는지 물어보니 그제야 이야기하더군요. 전 그렇게 알게 된 거예요. 그는 그냥 자기 안으로 움츠러들고 있어요. 감사하게도 내가 그의 주치의와 이야기하는 것을 드디어 허락해줘서 이제는 무슨 상황인지 알고 있어요.

상담자 : 그래서 당신은 이 상황에 어떻게 대처하고 있나요?

이브 : 글쎄요. 그가 최대 6개월을 못 넘길 거라고 해요. 아무리 끔찍하다
고 해도 그 사실은 어떻게든 감당해낼 수 있을 것 같아요. 그런데
저는 그가 절 밀어내는 건 못 견디겠어요. 전 지금 그가 절 필요로
하는 만큼 저도 그가 필요해요. 내년 여름이면 전 과부가 되어 있
을 거예요. 그 사실을 전 인지하고 있고, 저의 인생이 그냥 그렇게
되어 버렸어요. 이상하게도 전 말콤이 죽을 것이라는 점은 받아들
일 수 있겠는데 그가 인생의 마지막 몇 달 동안 절 밀어낸다는 건
못 견디겠어요.

상담자 : 인생이 당신이나 당신 남편이 예측하지 못한 방향으로 틀어진
것 같네요. 함께 하는 삶이 이렇게 곧 끝날 거라고는 생각하지 못
했을 거예요. 저는 당신과 말콤이 지금 무엇을 겪고 있을지 상상
밖에 할 수 없네요. 당신이 이렇게 고통스러운 상황에 처하게 된
것에 대해 진심으로 마음이 쓰이네요.

이브 : 끔찍하고 불공평하죠. 그는 이미 포기한 것 같아요. 제가 만약 없
었더라면 그는 먹을 것을 사려고 하지도 않고 씻지도 않고 옷도
갈아입지 않을 거예요.

2. 당신은 어떤 시도를 해보았습니까?

이브가 경험하고 있는 스트레스 수준과 말콤이 삶에서 철회하고 있다는 사
실을 고려하여 상담자는 이브가 어떻게 대처하고 있는지에 대한 큰 그림을
그려보기 시작한다.

상담자 : 당신은 이 상황에 대처하기 위해 매일 무엇을 하고 있나요?

이브 : 사실 잘 모르겠어요. 제가 뭘 하고 있는지… 제가 대처라는 걸 하
고 있긴 한지… 저희 딸인 린다와 이야기해요. 린다는 현재 상황
의 심각성을 제대로 알고 있는 유일한 사람이에요. 그 아이는 말
콤과 항상 가까웠어요. 아빠를 엄청 좋아했지요. 지금 상황을 받

아들이는 데 힘들어하고 있어요. 딸은 자기 남편한테 아이들을 맡겨두고 저희 집에 자주 와 있어요. 어쩌면 제가 이 상황에 대처하는 방법 중 하나는 때때로 친구들과 함께 산책을 가는 것이겠네요. 전 산책하는 걸 매우 좋아해요. 하지만 요즘은 그것 또한 절 슬프게 해요. 말콤과 산책하러 간 시간들과, 그가 저에게 자신을 더 보여줬던 시간들이 떠올라요. 이제 그는 저와 산책도 가고 싶어 하지 않아요. 피곤해서 우리가 함께 시간을 보내던 말던 신경 쓰지 않는 것 같아요. 그냥 하루하루 살아내려고 노력 중이에요. 솔직히 말하면 제 남편이 죽는 것에 대해 생각하지 않으려고 하고 있어요.

3. 그러한 시도는 얼마나 효과적이었습니까?

이브의 대처 전략들은 표면상으로는 상당히 합리적으로 보인다. 그녀는 기존의 사회적 자원을 사용하고 있으며, 말콤이 긍정적인 활동에 참여할 수 있도록 노력하고 있고, 장기적인 영향보다는 위기에 대한 대응에 집중하고 있다. 그러나 이러한 전략들은 모두 그녀 안에 더 큰 슬픔을 불러일으키는 것 같다. 다음으로 상담자는 이 전략들이 이브에게 어떤 영향을 주고 있는지에 대해 살펴본다.

상담자 : 당신이 어딜 가든 말콤과 관련된 어떤 기억이나 연결고리가 떠오르나 보네요. 그런데 좀 전에 당신은 이런 생각을 하지 않으려고 노력하고 있다고 말했어요. 그 전략이 효과가 있다고 느껴지나요?

이브 : 사실 전혀 효과가 없어요. 남편이 죽는 날을 몇 번이나 상상하고 상상했는지 몰라요. 장례식, 아이들과 손자들의 반응, 언제 무엇을 할지, 어떤 식으로 진행될지… (동시에 울고 웃으며) 심지어는 장례식이 끝나고 나서 아이들에게 어떤 식사를 차려줄지까지도 생각해 놓았어요.

상담자 : 당신은 그 누구라도 이런 고통스러운 상황에서 할 것 같은 행동을 하고 있네요. 이런 반응과 감정들에 대해 생각하지 않음으로써 그것들을 저지하는 거죠. 하지만, 당신은 어쨌든 이 모든 것에 대해 생각할 수밖에 없다고 말하고 있네요. 딸과 이야기하거나 친구들과 산책하는 것처럼 다른 행동들조차 당신이 생각하지 않으려고 하는 내용을 떠오르게 하는 경향이 있고요. 그러니 다시 한 번 생각해볼까요? 장기적으로 생각하지 않으려는 노력이 정말 효과적일까요?

이브 : 아니요. 그럴 것 같지 않아요.

4. 그러한 시도의 대가는 무엇이었습니까?

이브의 주요 전략은 말콤의 임박한 죽음에 대해 생각하지 않는 것이다. 그리고 그녀는 말콤을 보호하고 지지하길 원하기 때문에 현재 상황에서 자신이 겪고 있는 어려움에 대해 남편에게 직접적으로 말을 하지 않고 있다. 상담자는 이브와 함께 이 부분에 대해 좀 더 탐색을 하여 그녀가 먼저 말콤에게 손을 내밀어 가능하다면 다음 회기에는 남편과 함께 올 수 있도록 하길 바란다.

상담자 : 당신은 이 상황을 피하려고도 하면서도 동시에 맞서려고도 하는 것 같아요. 말콤이 죽는 것에 대한 불쾌한 생각들과 감정들을 모두 피하고 싶어 해요. 그와 동시에 당신은 말콤에게 다가가 지지해주려고 하는데, 계속해서 그에게 거절당하는 느낌을 받고 있고요. 혹시 당신이 고통을 느끼려고 하지 않는 것이 사실 말콤이 자신의 고통을 수용하지 못하게 하는 건 아닐까요?

이브 : 그럴 수도 있겠네요. 그런 식으로 생각해본 적은 없었어요. 현실에 대해 쉬쉬하고 있어요. 동시에 나는 말콤이 얼마나 무서워하고 슬퍼하는지 알고 있어요. 전 그가 밤에 제가 잠이 든 줄 알고 화

장실에 들어가 우는 걸 들었어요. 그는 아이들과 저를 보호하기 위해 이런 행동을 하고 있을 거예요. 그는 너무 외로울 거예요.

상담자 : 당신과 남편 모두에게 정말 끔찍한 상황이군요. 제 말은, 이 외로움이 당신과 남편 둘 다에게 영향을 미치고 있는 것 같이 들려요.

이브 : 네, 맞아요. 전 지난 두 달 반 동안 그와 한 번도 제대로 이야기를 나누지 못했어요. 무서워요. 저흰 아직 함께 할 수 있는 시간이 있는데, 저는 우리가 다시는 함께 무엇을 공유하지 못할 거라는 생각에 이미 익숙해지고 있는 것 같아요.

상담자 : 그건 정말 슬프네요. 여기에 그가 당신과 함께 올 수 있도록 하기 위해 당신이 할 수 있는 게 있나요?

이브 : 그를 설득할 수 있는 방법을 알 것 같아요. 하지만 그를 설득하지 못하더라도 저 혼자라도 다시 올게요. 이렇게 이야기하는 게 저에게 도움이 되고 있어요.

상담 요약

이브는 말콤의 관심을 끌어내는 데 성공했으며, 그들의 관계에 대한 자신의 느낌을 남편에게 전달할 수 있었다. 그녀는 다음 날 상담자에게 전화해서 그녀가 자신의 감정을 표현하고 우는 동안 말콤이 자신을 안아주었다는 이야기를 전했다. 그 상호작용 동안 그녀는 그가 정서적으로 함께하는 것은 느끼지 못했지만, 그는 암 선고 이후 피하기만 했던 신체 접촉을 허용하긴 했다. 또한 그는 이브와 상담 회기에 참석하는 것에 동의했다. 그들은 상담자와 두 번 만났는데, 한 번은 이브와의 첫 회기가 끝난 며칠 후였고, 두 번째는 약 2주 후였다. 그들은 단 2회기 만에 자신들이 겪고 있는 고통을 서로 공유하는 데 있어 큰 진전을 보였다. 그들은 또한 말콤이 암 선고를 받기 이전에 계획했던 해외 여행을 포함하여 여러 의미 있는 활동에 참여하기로 하였다. 또한 말콤의 종교적 신념에 따라 추모식을 계획하기 위해 자녀들을 만났다. 말콤은 3개월 후 사망했다. 그는 상당한 고통을 겪었지만 끝까지 이성적이었고, 이브는 임종 시 그의 곁에 있었다.

개방성 촉진하기

간단한 소개 후, 두 번째 회기는 말콤이 자신이 겪은 일과 그것이 관계에 대한 자신의 관점에 어떤 영향을 주고 있는지를 이야기할 수 있는 기회를 만들어주려는 노력으로 시작하였다. 상담자는 개방성을 증진하는 것 외에도 이브와 말콤에게 함께하는 마지막 몇 달 동안 어떤 삶을 선택할지에 대한 질문을 던짐으로써 근본적인 변화의 장을 마련하였다.

> 상담자 : 말콤, 당신도 아시다시피 전 이브를 며칠 전에 만났고, 그녀는
> 당신의 암이 얼마나 심각한지, 그것이 당신의 결혼생활에 어떤 영
> 향을 주고 있는지를 말해주었어요. 어젯밤에 그녀가 당신과 이에
> 대해 이야기했다고 들었습니다.
>
> 말콤 : 네, 맞습니다.
>
> 상담자 : 그녀는 자신이 당신에게 무슨 말을 했는지에 대해서는 전화로
> 말해주지 않았어요. 그 대화가 당신에게는 어땠는지 좀 이야기해
> 주시겠어요?
>
> 이브 : 제가 무슨 말을 했냐면…
>
> 상담자 : 아, 잠시만요, 이브. 말 끊어서 미안해요. 그런데 괜찮다면 당신
> 이 이야기하기 전에 말콤이 먼저 이야기를 해주었으면 해요.
>
> 이브 : 알겠습니다.
>
> 상담자 : 자, 이브가 당신에게 뭐라고 했나요?
>
> 말콤 : 그녀는… 그녀는 마음이 아프다고 했어요.
>
> 상담자 : 그녀가 마음 아파한다는 걸 어떻게 알았죠?
>
> 말콤 : 그녀는 울면서 마음이 아프다고 말했어요.

상담자 : 무엇 때문에 마음 아파하고 있는지도 말했나요?

말콤 : (오랫동안 상담자를 쳐다본 후) 제가 아파서 곧 죽을 거라는 것에 대
해서요.

이브 : 말콤, 내가 말한 건 그게 아니에요.

말콤 : 그렇다면 당신은 뭐 때문에 마음 아파하는 거요?

이브 : 당신이 나에게 더 이상 말을 하지 않는다는 것과 나를 밀어낸다는
거요. 내가 말하고 싶었던 건 그거예요. (울음)

말콤 : 그래도 우린 대화를 했어요. 그렇잖아요? 그리고 지금도 우린 이
야기하고 있어요. 또 제가 더 해야 하는 게 뭐가 있죠?

상담자 : 이브, 말콤과 저에게 그날 밤 당신이 전달하고자 했던 게 뭔지
이야기해주세요.

이브 : (말콤을 향해 돌아 앉으며) 당신이 날 밀어내는 것이 마음 아파요.
난 당신이 뭘 생각하고 있는지 알 수 없어요. 당신이 뭘 느끼는지
도 몰라요. 살면서 내가 이렇게 외로웠던 적이 없었던 것 같아요.
이게 내가 그날 밤 말했던 내용이고, 이 모든 말은 진심이에요, 말
콤. 나 혼자는 도저히 감당 못하겠어요. 이 끔찍한 상황에서 당신
이 나와 함께 해줬으면 좋겠어요.

말콤 : (매정하게) 익숙해지는 게 좋을 거예요. 당신은 곧 정말 혼자가 될
거니까.

상담자 : 이브, 지금 당장 당신이 바라는 게 뭐에요? 뭐가 필요해요?

이브 : 말콤이 절 안아주고, 자신이 느끼는 것에 대해 이야기해주는 것이
요. 내 남편, 나의 인생의 반려자를 원해요.

상담자 : 말콤, 이브가 당신에게서 원하는 게 뭔지 알겠어요?

말콤 : (잠시 침묵) 네⋯

상담자 : 왜냐하면, 제가 이브를 제대로 이해했다면 당신이 예전에도 속
마음을 그리 드러내지 않았더라도 해도, 어려운 상황이 닥쳤을 때

에는 서로 이야기하고 함께 극복해 나갈 수 있었던 관계였어요.

말콤 : 네, 그랬죠.

이브 : 지금은 아니에요.

말콤 : (아무 말도 하지 않고 시선을 아래로 하여 손을 바라본다. 긴장하고 불안한 듯 보인다.)

상담자 : 말콤?

말콤 : (잠시 눈을 마주치고는 다시 손으로 시선을 돌린다.)

상담자 : 말콤, 아까 이브가 뭘 원하는지 알 것 같다고 얘기했어요. 그녀가 지금 당장 필요한 걸 줄 마음이 있나요?

말콤 : (한 30초 동안 침묵) 네, 그럴 수 있을 것 같아요.

상담자 : 지금 이브를 쳐다보고 그냥 서로 연결된 느낌을 한번 가져보시겠어요? 그녀는 당신을 필요로 해요. 그리고 당신이 그녀와 나누고 싶은 걸 함께 나누길 바라고 있어요.

말콤 : (재빨리 이브를 한 번 쳐다보고는 아래를 쳐다본다.)

이브 : 말콤? 말콤, 날 쳐다봐요! 난 당신의 아내예요. 지금 난 여기 당신 앞에 있어요.

말콤 : (이브와 눈을 마주친다.) 알아요. 이런 일을 겪게 해서 미안해요.

자각 증진하기

이 시점에서 상담자는 말콤과 이브 사이에 더욱더 개방적인 상호작용을 촉진하는 데 성공했다. 그들은 엄청나게 어려운 감정으로 고생하고 있었지만 이야기 주제를 바꾸면서 서로를 피하는 행동은 하지 않았으며, 서로를 탓하지도 않았다. 이러한 대화에서 진솔성이 나타나고 있었고, 상담자는 그들이 직면한 현실에 더욱더 초점을 맞추고자 하였다.

상담자 : 수컷 코끼리가 죽기 전에 자신을 무리에서부터 분리시키고 다른 코끼리가 가까이 오지 못하게 한다는 이야기 들어보셨어요? 수

컷 코끼리가 왜 이런 행동을 하는지 아무도 모르지만 전 제 나름 대로의 이론이 있어요. 제 생각에는 그런 식으로 떠나는 행동이 상실의 고통을 덜어주는 것 같아요. 죽음이 임박한 코끼리와 남겨질 무리 모두에게. 코끼리는 매우 지능적이고, 무리에 속한 다른 코끼리들과 평생 사회적 유대감을 형성합니다. 죽어가는 코끼리가 그냥 유유히 사라지면, 나머지 무리는 그 코끼리가 죽는 것을 목격하는 고통을 경험하지 않아도 되지요. 내가 죽어가는 것을 보는 고통을 다른 사람에게 주지 않으려고 노력하는 게 인간 본능이라고 생각해요. 동물도 마찬가지고요. (말콤을 응시하며 침묵)

말콤 : (탁한 목소리로) 그렇지만 그렇게 할 수 없어요.

상담자 : 당신이 할 수 없는 게 뭔가요, 말콤?

말콤 : 모르겠어요… 그녀가 더 큰 고통을 느끼지 않았으면 좋겠어요. 불공평하잖아요. 그럴 필요가 없는데…

상담자 : 이브는 당신이 필요하다고 하네요. 그녀는 혼자 할 수 없어요. 그녀는 마지막 순간까지 당신과 함께 살면서 당신의 아내, 당신의 삶의 반려자로 있고 싶대요.

말콤 : (조용히 있다가 눈물을 흘린다.) 죽고 싶지 않아요… 정말…

이브 : (울면서 말콤의 어깨에 손을 올린다.) 말콤, 말콤. (그를 안고, 둘 다 운다.)

삼여 속신하기

이는 매우 감동적인 순간이었다. 지난 40년 동안 서로 매일 사랑했던 두 사람이 자신들의 의지와는 달리 서로 곧 헤어져야 한다는 사실을 인정하는 것은 세 사람 모두에게 쉽지 않은 일이었다. 그 어떤 말이나 행동도 이 슬픈 현실을 완화할 수 없었다. 그런 원초적인 순간에는 지식, 과학, 전문성이 다 소용없다. 즉 그 순간에 일어나고 있는 것들 외에는 그 어느 것도 더해질 수 없다. 상담자가 할 수 있는 최선의 행동은 그 자리에서 열린 마음으로 그 경험을 나누는 것이다. 그 순간, 모두가 눈물을 흘렸고, 약 5분 동안 울음 이외에는 침묵하였다. 말콤은 이브의 어깨에 자신의 머리를 기대고 손으로 얼굴을 감싼 채 걷잡을 수 없이 흐느꼈다. 마침내 이브가 침묵을 깼다. 그녀는 상담자를 쳐다보고 그에게 따뜻한 미소를 지었다. 그런 다음 그녀는 말콤에게 진심으로 사랑한다고 말했다. 상담자는 이브와 말콤으로부터 서로 함께하는 남은 날들을 어떻게 보낼지에 대한 약속을 이끌어내려고 했다.

상담자 : 제가 만약 마술지팡이로 당신의 소원을 들어줄 수 있다면 함께 보낼 남은 시간 동안을 위해 무슨 소원을 말씀하시겠어요?

이브 : 저는 우리가 최대한 많은 시간을 함께 보냈으면 좋겠고, 서로 경험하는 모든 것을 나눌 수 있으면 좋겠어요. 남편이 저랑 이야기를 하고, 그가 무엇을 느끼고 무엇을 필요로 하는지 이야기해주었으면 좋겠어요. 저도 마찬가지로 그와 나눌 수 있었으면 좋겠고요. 또, 아이들이랑 함께 앉아 무슨 일이 일어나고 있는지 설명해주고, 아빠의 죽음을 준비할 수 있도록 돕고 싶어요. 우린 가족으로서 정말 오랜 세월을 함께 하며 많은 경험을 했어요.

상담자 : 말콤이 당신을 위해 현재에 함께 하면서 자녀들과 함께 좋은 시간을 갖는 것이 당신에게 가장 중요하다는 걸로 들리네요. 당신은 어때요, 말콤?

말콤 : 저도 이브 곁에 있기를 원해요. 저희 둘 다에게 힘든 시간일 거예요. 혼자 있을 필요가 있을 때는 그녀에게 먼저 알리려고 노력할 거고, 전 그녀가 저에게 그런 시간을 허락해주었으면 좋겠어요. 아이들과 만나는 것은 좋은 생각같아요. 우리 둘 다 아이들과 열린 마음으로 진솔한 이야기를 나누는 것을 피하고 있었어요. 또 제가 바라는 것은… 사실 2주간 남아프리카에서 여행하려고 비용을 이미 지불했어요. 지금 상황에서 여행이 그리 재미있지 않을

거라고 둘 다 생각했던 것 같아요. 하지만 어쨌든 전 제 건강이 허락하는 한 이 여행을 가고 싶어요. 우리는 함께 여행을 계획했었거든요.

이브 : 나도 좋아요, 말콤 ─ 마지막 여행. 우리는 늘 함께 여행을 다녔죠.

상담자가 말콤과 이브를 마지막으로 만난 것은 그 후로 2주 뒤였고, 상담은 약 20분 동안만 진행되었다. 말콤은 차분했고, 감정적으로 현재에 함께 하였다. 그와 이브는 손을 잡고 있었고, 자주 서로를 보며 미소를 지었다. 이브는 그들이 밤에 함께 침대에 누우면, 주로 서로를 안고 여러 기억들에 대해 이야기를 했었고, 종종 둘 다 눈물을 흘렸다고 말했다. 그들은 다음 주에 남아공으로 떠날 예정이었다. 말콤의 주치의는 여행을 하면서 발생할 수 있는 여러 상황에 잘 대처할 수 있도록 많은 도움을 주었으며, 두 사람 모두 여행에서 보고 배울 것에 대해, 그리고 함께 좋아하는 것을 하면서 시간을 보낼 것에 대해 설레했다.

끝맺으며

커플상담을 할 때는, 상담을 받기로 한 그들의 결정이 대개 최후의 수단이라는 것을 기억하는 것이 중요하다. 대부분의 경우, 커플들은 서로의 차이를 해결하기 위해 수개월 혹은 수년에 걸쳐 여러 노력을 해 왔을 것이다. 그들이 사용한 전략들 중 상당수는 회피하는 형태를 띠며, 문제가 표면화되는 것을 방지하거나 회피해 왔던 문제가 드러날 때 수면으로 올라오는 부정적인 감정을 가라앉히기 위해 고안된다.

이브와 말콤의 사례에서처럼 커플 중 한 명이 상담에 더 열심히 참여하려고 하고, 다른 한 명은 '문제'를 가지고 있는 사람으로 여겨지는 경우가 상당히 일반적이다. 또, 커플을 이루고 있는 두 사람 중 누가 '문제'를 가지고 있는지에 대한 싸움에 휘말려 서로를 비난하고 있는 상황 또한 흔하다.

이브와 말콤의 사례에서 알 수 있듯이, 누가 옳고 누가 틀렸는지에 대한 투쟁에 갇히게 되면 어떠한 형태의 변화도 어려워진다.

커플을 위한 다섯 가지 FACT 전략

FACT의 주된 목표는 커플에게 '저비용 변화(low-cost change)'라는 것을 협상하는 방법을 가르치는 것이다. 저비용 변화는 어느 누구 하나가 옳거나 틀리지 않아도 되는 변화이다. 실제로 옳고 그름에 대한 집착이야말로 관계의 변화를 막는다. 가치에 기반한 변화는 양쪽에게 다 유리한 제안으로, 서로를 변화시키려고 하는 대신, 둘이 공유하고 있는 관계에 대한 가치에 따라 둘 다 변화를 만들어가는 방법이다. 몇몇 FACT 전략들은 상담자가 저비용의 관계 변화를 위한 환경을 조성하는 데 도움이 될 수 있다. 표 3에 그런 전략들을 요약하였다.

공통가치가 있는 영역 찾기 서로 가치를 두고 있는 영역이 확인되면 상담자는 그 가치와 관련하여 커플의 행동을 관찰하고 그 가치 영역에서 협력적인 행동으로 변화를 시도하는 방법을 가르치면서, 필요한 모델링 또한 제공할 수 있다. 커플이 함께 가치를 두고 있는 영역에 초점을 두면 일반적으로 변화에 대한 동기가 증가하고 이전의 비효과적인 의사소통 방식이 감소한다.

즉각적인 효과가 있는 단기적인 변화에 초점 두기 즉각적으로 관계에 명백하게 긍정적인 결과를 가져오는 단기적인 변화에 초점을 두는 것은 매우 유용할 수 있다. 그 변화가 커플이 직면한 문제들 중 덜 심각한 문제 영역에서 발생하더라도 말이다. 오랫동안 관계 개선의 실패를 경험해 온 커플의 경우, 어떤 종류의 긍정적인 결과라도 서로 과하게 집착하고 있던 경직된 정신적 견해를 약화시킬 수 있다. 이것이 긍정적인 자극제가 되어 상담자

표 3. 커플을 위한 다섯 가지 FACT 전략

전략	효과
공통가치가 있는 영역을 찾은 다음 커플이 그 가치를 향해 나아갈 수 있도록 협력적인 행동을 모델링하고 가르친다.	변화에 대한 협력과 낙관의 기초를 제공한다.
즉각적으로 관계를 위한 명백한 긍정적인 결과를 가져오는 단기적인 변화에 초점을 둔다. 특히 관계에서의 덜 심각한 문제 영역을 먼저 다룬다.	더 심각한 문제 영역들을 성공적으로 다루기 위한 길을 열어준다.
변화 자체에 관심을 두는 만큼 변화 과정에도 초점을 맞춘다.	변화를 춤이라고 생각했을 때 춤의 기본 스텝들을 가르친다.
행동 변화에 대해 유연하게 시도할 수 있고, 직접적인 결과에 기초하여 변화 전략을 바꿀 수 있는 기술들을 가르친다.	변화가 요구될 때 그 영향을 스스로 평가할 수 있는 개인적인 책임감을 갖게 한다.
서로 상대방의 변화를 받아들일 수 있도록 돕는다.	서로 상대방의 변화를 감지하고 행동 변화가 진전될 수 있도록 허용한다.

는 점차 커플이 직면한 더 심각한 문제들을 다룰 수 있게 된다.

변화의 과정에 초점을 두기　변화는 대부분의 사람들에게 복잡한 행동 과정이며 심리적으로 유연한 사람들조차도 변화에 대해 불편함을 느끼기 마련이다. 평생 동안 지속적으로 일어나는 변화들을 겪어내기 위해 커플은 변화라는 춤을 배울 필요가 있으며, 이 춤은 구체적인 변화 그 자체보다 변화의 과정에 초점을 맞출 때 보다 촉진된다. 관계의 수명 동안 불가피하게 일어나는 변화들 가운데 하나의 안정적인 기준이 될 수 있는 것은 서로의 가치에 기반한 관계에 대한 헌신이다. 이 기준은 변화에 대한 내용보다 과정에 대한 재조명을 할 수 있도록 하는 시금석이 될 수 있다. 스티븐 르빈(Steven Levine)의 워크숍에서 이런 지혜로운 말을 들은 적이 있다. "당신의 배우자와 일생에 한 번 결혼하는 것이 아니라 평생 계속해서 결혼하라 (Marry your partner not for one lifetime, but for a thousand lifetimes).”

서로의 행동 변화를 유연하게 추구하는 방법 배우기   괴로워하는 커플들의 한 가지 공통적이고 걱정스러운 특성은 그들이 똑같은 비효과적인 의사소통 전략을 계속해서 사용한다는 것이다. FACT의 접근 방식은 현실적인 피드백이나 우발적인 사건을 통한 배움(contingency-based learning)을 기반으로 각 사람이 요구되는 변화의 효용성을 평가할 수 있도록 돕는 것이다. 이것은 각 사람이 상대방이 무엇을 ‘해야 한다’라는 규칙에 얽매이지 않도록 돕는다. 그 대신, 커플은 각자 갖고 있는 변화에 대한 요청의 실제 결과를 보고, 해당 행동이 요청에 따라 변경되었는지를 확인한다. 괴로워하는 커플들을 보면 흔한 일이지만, 변화에 대한 요청이 효과가 없다면 동일한 요청을 계속 반복해서 할 필요가 없지 않은가. FACT는 커플이 보다 실용적인 태도를 취하고 필요하다면 전략을 바꾸는 것을 권장한다.

서로 상대방의 변화를 받아들일 수 있도록 돕기   마지막으로, 가장 중요한 다섯 번째 FACT 전략은 커플이 서로의 변화를 수용하는 법을 배울 수 있도록 하는 것이다. 우리의 삶 자체는 끊임없이 변화하는 과정이기 때문에 서로의 변화를 수용하는 것은 유연하고 오래 지속되는 관계에 필수적인 기술이다. 통합 커플 치료(integrative couple therapy; Christensen & Jacobson, 1998)는 서로에게 빠져들게 하는 속성이 궁극적으로 커플이 겪는 갈등의 핵심 원천이 된다는 제안까지 하였다! 불행히도, 관계에 있는 많은 사람들은 ‘예전에 당신은 이러이러했고, 난 그게 참 좋았어. 하지만 지금의 당신은 이러이러하고, 난 그게 싫어. 다시 예전으로 돌아갔으면 좋겠어.’와 같은 생각을 붙들고 있다. 상대방이 나와 다르다는 사실은 많은 경우에는 그저 받아들여질 수밖에 없는 것이다. 관계에서의 어려움은 대체로 서로 직접적으로 바뀔 수 없는 상대방의 특성이나 행동을 바꾸려는 시도의 결과이다. 심지어 커플 중 변화를 끌어내려는 사람이 종종 그 용납될 수 없는 문제가 되는 행동 패턴의 일부가 되는 현상이 일어난다. 감정 통제의 역설처럼, 한 사람이 상대방을 더 통제하려고 할수록 상대방의 행동은 더욱더 통제가 불가능해진다. 대화의 초점이 가치와 헌신으로 바뀌면, 계속되는 행동 변화에 대한 효과 없는 시도들이 수용 전략으로 대체될 수 있다. 괴롭거나 원치 않는 새로운 행동에 대해 수용적인 태도를 취하는 것이 좋은 결과를 결코 보장하는 것은 아니지만, 그러한 수용적인 태도는 관계 내에서 발생하는 직접적인 결과에 따라 그 행동이 자연스럽게 바뀔 수 있도록 하기도 한다.

제12장

많을수록 좋다 : 집단과 수업에서 FACT 사용하기

> 나는 내가 결국 이 길을 택할 것이라는 것을 항상 알고 있었지만,
> 어제까지만 해도 그것이 오늘이 될지 몰랐다.
>
> 나리하라(Narihara)

심리적인 문제를 가지고 있는 사람들을 위한 치료 자원은 줄어들고 있지만, 이러한 자원을 필요로 하는 사람들은 점점 늘고 있다. 집단 또는 수업 형식으로 FACT를 실시하는 것은 비용 대비 효율적인 대안이며, 심지어 더 많은 시간이 소요되는 개인, 커플, 가족치료들에 비해 임상적 이점이 있을 수도 있다. 대인관계 기능에 문제가 있는 사람들은 종종 집단상담에 참여하여 큰 도움을 받는다. 집단에서는 나와 비슷한 삶의 문제를 가진 다른 집단원들이 짧은 시간 안에 현저한 변화를 보이는 것을 볼 수 있다. 집단원은 이러한 롤모델들을 목격하는 것뿐만 아니라 심리적 유연성에 도움이 되는 과정들과 그렇지 않은 과정들 간의 차이를 보는 것을 통해서도 도움을 받는다. 실제로 다른 집단원이 어려운 문제로 투쟁하는 것을 지켜보는 것은 내담자가 자신의 투쟁에 대해서 다른 시각을 갖게 하기도 한다. 또한 사람들은 상담자나 집단 리더가 아닌 동료 집단원들의 피드백을 더 잘 수용하는 경향을 보이기도 한다.

FACT는 인간의 고통에 대한 통일된 모델을 기반으로 하기 때문에, 하나의 FACT 집단이 우울증, 불안, 섭식장애, 약물남용 문제 등 다양한 임상

문제를 가지고 있는 사람들로 구성될 수 있다. 또한 FACT 수업은 만성 통증, 건강 불안, 혹은 만성 질환과 같이 일반적으로 정신건강 혹은 약물남용 치료 환경에서 치료되지 않는 문제들을 위해 실시될 수도 있다. 집단 형식은 내담자가 인생의 여러 어려움에 대처하는 데 필요한 기술을 개발하도록 돕는 매우 유연한 방법이기도 하다. 집단 또는 수업을 통한 개입은 마음챙김 혹은 개인적 문제 해결과 같은 일반적인 생활 기술 개발에 중점을 둘 수도 있고, 또 다른 경우에는 특정 생활 문제(예 : 이혼 문제)에 대처하기 위한 전략에 중점을 둘 수도 있다.

이 장에서는 FACT를 집단 형식으로 수행하는 것과 관련된 증거들을 간략하게 검토하고, 혁신적인 적용 사례들을 살펴볼 것이다. 집단상담에 참여하기 전 집단원을 준비시키는 방법, 집단에서 일어나고 있는 변화를 평가하는 방법, 각 회기의 효과를 극대화하기 위해 집단 작업을 구조화하는 방법 등 집단 형식으로 FACT를 수행하는 것과 관련된 실질적인 지침들도 제시되었다. 또한 기술 교육을 원하거나 필요한 내담자들을 위한 확장된 3회기짜리 FACT 프로토콜을 제시하고 각 회기에서 다루어지는 핵심 개입들에 대한 설명을 제공하였다. 마지막으로 FACT 집단 환경에서 만성적 자살 충동으로 힘들어하는 내담자를 치료한 사례를 살펴보았다.

FACT는 집단 형식에서도 효과적인가?

단기 집단 혹은 수업 형식의 수용전념치료(ACT)는 다양한 집단(아동, 부모, 청소년, 성인)과 다양한 문제에 적용되어 그 성과가 연구된 바 있다. 자폐증 진단을 받은 아동 20명의 부모를 대상으로 이틀간 ACT 워크숍을 실시한 결과, 부모들은 개입 이후 우울감이 낮아지고 전반적인 심리적 기능이 향상되었다고 보고했다(Blackledge & Hayes, 2006). 전반적 발달장애 아동의 부모들을 위해 고안된 단기 수업 프로그램(Tani, Hyougo, Gakuen, &

Kitamura, 2010)에서도 유사한 결과가 보고되었다.

호주에 있는 상담자들은 내면화 문제와 외현화 문제가 모두 있는 13~18세 청소년을 대상으로 매뉴얼에 기반한 ACT 집단 개입을 개발하여 그 효과성을 검증하였다. 그 결과, 참가자의 90%가 끝까지 치료를 받고 임상적인 개선을 보였으며 집단치료를 개인치료보다 더 선호하는 것으로 나타나 집단 형식은 타당성과 수용성 측면에서 모두 효과적인 것으로 나타났다(Tan & Martin, 2008).

시간제한적 FACT 집단이 다양한 정서적 건강 문제를 가지고 있는 성인들에게 효과가 있다는 증거 또한 증가하고 있다. 한 연구에서는 47명의 자해행동을 하는 환자들을 대상으로 15주 동안 12번의 집단회기를 진행하였다. 이 환자들은 우울, 불안, 삶의 질 및 자해행동의 빈도에서 긍정적인 개선을 보였다(Osterholm & Johansson, 2009). 스웨덴 상담자들과 연구자들은 우울증, 섭식장애 및 처방약 중독을 치료하기 위해 FACT 집단을 사용하는 것을 시도해보고 있다. 이런 집단 중 대부분은 개방형 접근 방식을 사용하여 새로운 환자가 3주마다 집단에 새로 들어올 수 있도록 한다. 이러한 방식은 집단 응집력을 키우고 치료의 연속성을 유지하면서도 치료가 필요한 신규 내담자들의 대기 시간을 줄인다.

다음 절에서는 성공적인 집단 프로그램을 개발하고 실시할 때 요구되는 몇 가지 중요한 단계를 살펴볼 것이다. 제시된 단계들을 잘 살펴보되, 만약 시간 제한적 심리교육 수업을 진행한다면 일부 단계는 불필요할 수도 있다는 것을 기억하는 것이 좋다.

집단상담을 위해 내담자 준비시키기

내담자가 집단에 참여하기로 동의하였다면, 집단 리더는 내담자와 사전 집단 오리엔테이션을 진행해야 한다. 오리엔테이션을 위한 방문은 주로 30~60분이 소요되며, 집단 비밀보장 동의서 검토, 경험을 강조하는 ACT

집단 작업 특성에 대한 정보 제공, 그리고 집단 회기 사이사이에 새로운 행동을 연습하는 것의 중요성 강조 등을 한다. 또한 상담자는 집단이 시작된 후에도 새로운 집단원들이 추가될 수 있는지, 또 어떻게 추가되는지(예 : 집단 시작 후 4주째가 되기 전까지는 오직 처음 함께 시작한 집단원들과 계속 만나며 그 기간 동안에는 새 집단원은 추가되지 않음)에 대해 설명해주어야 한다. 마지막으로 상담자는 내담자가 집단상담의 긍정적인 효과를 얻을 수 있는 능력을 제한할 수 있는 감각 혹은 인지장애나 학습 스타일 문제와 같은 위험요인은 없는지를 평가한다.

임상적 경과 측정하기

사전 집단 오리엔테이션 도중 혹은 이후에 내담자는 심리적 유연성, 건강 상태, 그리고 경우에 따라서는 증상 심각도를 측정하는 사전 검사를 실시해야 한다. 이러한 검사는 집단상담이 진행되면서도 주기적으로 실시되어야 한다. 우리는 심리적 유연성을 측정하는 도구로는 Acceptance and Action Questionnaire-2(AAQ-2; Bond et al., 2011)를, 전반적인 건강 및 정신건강 상태를 측정하는 도구로는 Duke Health Profile(DUKE; Parkerson, Broadhead, & Tse, 1991)을 추천한다. FACT가 증상 자체의 치료에 초점을 두고 있지는 않지만, 일부 상담자는 간편하게 우울증을 측정하는 Personal Health Questionnaire-9(PHQ-9; Lowe, Unutzer, Callahan, Perkins, & Kroenke, 2004)과 같이 증상 심각도에 대한 검사도구 또한 사용한다.

집단 작업을 위해 구조화하기

상담자는 사전 집단 오리엔테이션을 하는 동안 제4장에서 소개된 수정된 FACT 초점화 질문들을 활용하여 내담자의 참여 동기를 촉진하여 모든 집단 회기에 참여하고 새로 습득한 기술들을 회기 사이사이에 연습할 것을 독려해야 한다. 우리는 필요에 따라 내담자의 언어, 민족적 및 문화적 맥락에 맞게 다음에 제시된 일련의 질문들을 수정하여 사용할 것을 권장한다.

1. 지금 겪고 있는 문제는 언제부터 시작되었나요?
2. 무엇을 시도해보셨나요? 이전에 이 문제로 상담이나 치료를 받은 적이 있으신가요? 있으시다면 그 결과는 어땠나요?
3. 삶에서 원하는 것은 무엇인가요?
4. 인생에서 원하는 것을 할 때 어떤 장애물들이 있나요?
5. 그런 장애물들이 나타날 때 당신은 어떻게 대처하나요?
6. 현재 그런 장애물들과 싸우고 있나요?
7. 장애물들과 싸운 결과는 어떠한가요?

1번과 2번 질문은 신속하게 다루어질 수 있지만, 3번에서 6번까지의 질문들은 좀 더 천천히 다루는 것이 중요하다. 상담자는 〈삶의 경로와 방향 전환〉 활동지(부록 참조)를 사용하여 내담자가 더 의미 있는 인생을 추구할 때 경험하는 개인적인 가치와 장벽들에 대해 기록해볼 것을 요청할 수 있다. 상담자는 5번과 6번 질문을 하면서 내담자에게 올라오는 정서적 반응이나 그 외의 내적 경험들을 모두 있는 그대로 알아차리도록 격려해야 한다. 상담자는 내담자가 〈삶의 경로와 방향 전환〉 활동지의 모든 내용을 완성할 수 있도록 돕고, 첫 집단상담 회기까지 상담자가 직접 가지고 있던지, 아니면 내담자가 첫 회기에 가지고 올 수 있도록 지시한다. 집단상담의 첫 회기는 주로 각 집단원의 삶의 경로 활동을 검토하는 것으로 구성된다.

삶의 경로 프로토콜

이제 우리는 모든 집단원에게 사용할 수 있는 매우 간단하고 어디서나 쉽게 적용될 수 있는 3회기짜리 FACT 프로토콜을 제시하고자 한다. 일반적

표 4. 삶의 경로 수업

회기	과제	방법	소요 시간
1	집단 응집력 키우기.	참여자에게 자신을 소개하고 자신의 가족, 직업 또는 학업에 관해 무언가를 말하도록 요청한다.	참여자당 2~3분
	가치를 확인하고, 가치와 연결감을 강화하며, 투쟁과 회피행동에 대해 기능적 관점을 갖도록 하기.	칠판이나 화면에 제시된 삶의 경로 질문에 응답하게 한다.	참여자당 4~5분
	참여자가 정보를 수집하고 관찰하는 것을 연습할 수 있도록 숙제 내주기.	참여자들에게 자신의 투쟁 경험을 모니터링하면서 그저 경험을 관찰하는 것 외에는 아무것도 하지 않도록 요청한다.	15분
2	숙제 검토하기.	내담자들에게 모니터링 숙제를 한 경험에 대해 설명하도록 요청한다.	15분
	마음챙김을 가르치고 탈융합을 촉진하기. 또는 고통스러운 내적 경험으로부터 한 걸음 물러나기.	안내된 심상화 활동(guided imagery exercise)을 실시하여 참여자들이 자신의 고통스러운 경험을 관찰하고 그 경험을 조금 더 가볍게 여길 수 있는 공간으로 초청한다.	10분
	참여자가 관찰자 혹은 맥락으로서의 자기(self-as-context) 관점을 취할 수 있도록 훈련시키기.	참여자들이 포스트잇에 자신이 집착하고 있는 생각들을 적거나, 자신이 두려워하는 내용을 그림으로 그린 후 짝과 그것에 대해 나누거나, 관찰자의 관점에서 두려운 내용의 신체 표상을 만드는 등의 활동을 할 수 있도록 한다.	15~25분

(계속)

	수용 촉진하기.	참여자들이 자신이 마주 하고 있는 큰 장애물에 상냥한 이름을 붙여주도록 한다(어린 아동에게는 장애물에 대한 그림을 그리게 한다). 미러링(mirroring) 활동을 실시한다.	10~20분
	고통스러운 심리적 경험을 자각하며 대인관계적 상호작용을 하는 기술 가르치기.	참여자들이 앞서 만든 상냥한 이름이 적힌(혹은 그림이 그려진) 종이를 자신에게 붙이고 다른 참여자들과 비언어적으로 상호작용하도록 한다.	5분
	숙제 내주기.	참여자들에게 가치 있는 활동을 계획하고 그 활동을 할 때 나타날 수 있는 장애물을 수용하는 것을 연습하도록 요청한다.	10분
3	숙제 검토하기.	가치 있는 활동과 수용 연습 숙제를 한 경험에 대해 설명하도록 요청한다.	10~15분
	사람들 앞에서 약속을 하고 직접적인 경험으로부터 배울 수 있는 능력 촉진하기.	각 참여자들이 장애물을 만나고 그에 대처하는 은유적인 삶의 경로를 걷게 한다.	40~60분
	숙제 내주기.	참여자들이 계속해서 의도적인 선택을 하고 가치 있는 방향을 추구하며, 자기연민을 발휘하고 자신의 경험으로부터 배울 수 있도록 한다.	10분

으로 집단 혹은 수업의 회기당 길이는 60~90분이며, 부모가 함께 참여하지 않는 아동 집단의 경우에는 주로 60분으로 시간이 제한된다. 집단 혹은 수업은 1~2명의 상담자가 진행한다.

표 4에는 각 회기의 활동 개요와 예상 시간이 정리되어 있다. 일부 활동은 이름만 봐도 어떤 활동인지 이해가 될 것이며, 그렇지 않은 경우에는 이

장의 후반부에서 설명될 것이다.

이 책의 웹사이트(nhpubs.com/23451)에서는 아동, 청소년, 성인들을 위한 회기별 FACT 집단 프로토콜 예시들과 함께 모든 평가, 사례개념화 및 치료 계획 도구들의 전체 파일들이 제공된다. 그 집단 프로토콜을 살펴보면 각 3회기짜리 프로토콜은 대부분의 경우 표적 대상과 관계없이 유사하게 구성되어 있는 것을 볼 수 있을 것이다. 상담자는 FACT의 원리에 대해 설명할 때 대상 집단의 발달 수준에 맞춰 조정을 하면 된다. 그 외에도 숙제에서 사용되는 표현과 초점을 대상에 맞게 조정을 해야 할 필요가 있을 것이다.

집단상담에서 핵심 FACT 개입들 적용하기

여기에서 우리는 FACT 개입들을 집단 형식으로 구성하고 전달하는 방법을 보여주고자 한다. 당신의 이해를 돕기 위해 각 집단 회기를 개별적으로 살펴보았다. 그 후, 사례 예시를 통해 이전 회기에서의 개입 주제를 다음 회기로 어떻게 이어나갈 수 있는지를 소개하였다.

1회기

첫 회기의 목표는 참여자들이 자신의 투쟁과 회피에 대해 새로운 관점을 발달시키고, 다른 집단원들이 겪고 있는 고충에서 유사점을 발견하도록 하는 것이다. 삶의 경로에 대한 질문들과 그에 대한 참여자들의 대답은 첫 번째 회기를 위한 틀을 제공한다. 집단은 모든 질문을 순차적으로 살펴보며, 집단 리더는 각 집단원이 자신의 대답을 집단 안에서 나누도록 격려한다. 많은 경우, 참여자들의 회피 전략은 표면적으로는 서로 다르게 보일 수 있다. 예를 들어 한 집단원은 하루에 18시간을 자고 있는 반면, 다른 집단원은 조증 상태를 보일 수도 있다. 하지만 집단 리더는 이렇게 겉으로 다르게 보이는 반응들을 모든 집단원이 추구하고 있는 더 큰 목표의 구체적인 예시일 것이라고 재구성한다. 즉 괴롭고 원치 않는 생각, 느낌, 기억, 신체적 증상 등을 어떻게 통제하거나 없앨 것인가라는 목표를 위한 전략의 구체적인 예시라고 말이다. 집단 리더는 참여자들이 자신의 회피 전략의 부정적인 결과와 접촉할 수 있도록 돕고, 그것에 대한 대안으로 '수용'을 제안한다. 제공되는 숙제를 함께 검토하면서, 집단 리더는 괴롭고 원치 않는 생각, 느낌, 기억을 없애고자 노력하려는 충동이 일어날 때 아무런 일도 할 필요가 없다는 점을 강조하는 것이 중요하다. 물론 내담자들이 그렇게 하기 어렵겠지만, 숙제의 요점은 고통스러운 내적 경험을 그저 알아차리는 것이기 때문이다.

2회기

두 번째 회기의 목표는 참여자들에게 자신의 괴로운 내적 경험에 대해 수용적인 태도를 취할 수 있게 해주는 관찰자 관점을 채택하도록 가르치는 것이다. 집단 리더는 힘든 내적 사건을 경험할 때 우리의 마음이 그 경험과 맞서 싸우라고 속삭이겠지만, 관찰자 관점을 취하게 되면 우리는 여전히 가치 있는 방향을 추구할 수 있다는 점을 집단원들이 이해할 수 있도록 돕는다. 집단 리더는 숙제에 대한 참여자들의 경험을 검토하면서 이 회기를 시작한다. 보통 몇몇 참가자들은 숙제를 수행하지 않은 채 회기에 참석한다. 리더는 이에 대해 크게 신경 쓰지 않고 오히려 새로운 행동을 하는 것이 불안을 야기할 수 있음을 그저 인정해주는 식으로 대응하는 것이 중요하다. 처음 이들을 상담이나 치료로 이끈 호소 문제들은 종종 수치심을 불러일으키는데, 그 수치심은 그 문제들을 극복하려고 시도할 때 경험한 반복되는 실패와 관련되어 있다. 참여자가 숙제를 수행하지 않았을 때 그것에 대해 야단치거나 들먹이는 것은 아무런 유익이 없다. 숙제를 하지 않은 사람들은 숙제를 해 온 사람들의 경험을 통해 배울 것이다. 세 번째 회기에 가서는 대부분의 참가자들이 숙제를 잘 해 오는 경향이 있다.

숙제를 간략하게 검토한 후, 리더는 지난 주 동안 참여자들이 고통스러운 내적 사건과 투쟁했던 시간들을 기억하고 그것을 충분히 경험할 수 있도록 하는 안내된 심상화 활동을 실시한다. 이후, 리더는 참여자들로 하여금 그들의 투쟁을 묘사하는 메모를 작성하도록 하기도 한다. 이때 아동과 청소년, 그리고 어떤 경우에는 어른들까지도 메모를 작성하는 대신 그림을 그리고 싶어 할 수도 있다. 또 다른 방법은 집단원들에게 자신의 투쟁을 신체 동작으로 표현하도록 하는 것이다. 이때, 서로 다른 자세를 하고 있는 집단원들에게 서로 비언어적으로 소통해보도록 요청할 수 있다. 이를 통해 이들의 경험에 대한 더 깊은 통찰을 얻는 경우도 있으며, 참여자들이 자신의 투쟁을 좀 더 가볍게 여길 수 있도록 하는 유머를 제공할 수도 있다.

참여자들이 자신의 고통을 가볍게 여길 수 있도록 돕는 또 다른 기술은 그 고통에 다정한 이름을 붙이게 하거나 자기연민을 불러일으키는 단어들로 설명하도록 하는 것이다. 집단 리더는 이에 대한 예시로 '손상된 추악한 소녀'를 '취약한 어린이'로 이름을 수정할 수 있다는 것을 보여줄 수 있다. 또 다른 유용한 활동은 참여자들이 자신의 고통스러운 내용을 포스트잇에 적고 그것을 이름표처럼 자신의 옷에 붙인 채 방 안을 걸어다니며 다른 사람과 이야기하거나 다른 가치 있는 행동(예 : 상대방이 자신의 고통스러운 내용을 읽고 있더라도 상대방과 눈을 마주치며 접촉을 시도하는 행동)을 하는 것이다. 이러한 활동들은 참여자가 자신의 생각과 감정을 개방적이고 수용적인 방식으로 경험하는 것을 배울 수 있도록 돕는다. 또한, 이러한 종류의 신체 활동과 은유들은 참여자들에게 부정적인 내용에 자발적으로 노출될 수 있는 기회를 만들어 주고, 암묵적으로 관점을 바꾸는 방법을 가르치며, 아마도 가장 중요하게는 수용과 개방성을 지적 개념으로 가져가는 경향을 상쇄시킨다.

모든 참여자는 연령에 상관없이 수용과 투쟁 간의 변증법을 신체적으로 재연하게끔 하는 활동을 통해 도움을 받을 것이다. 경험적 미러링 활동은 이것을 성취하는 훌륭한 방법 중 하나이다. 이 개입에서 참여자들은 짝을 지어 순서대로 두 가지 다른 역할을 하게 된다. 먼저, 한 사람이 부정적인 내적 사건(예 : '상처받은 느낌', '화 내기' 또는 '실수한 자신에게 벌 주기')을 보고 언어로 설명하려고 시도한 다음, 그것에 대한 반응으로 특정 자세(예 : 그것에게 소리지르기, 그것을 밀쳐내기, 두려운 얼굴로 그것으로부터 도망치기)를 취한다. 그 자세로 약 1분 동안 그대로 멈춰 있으면서 그 자세를 충분히 경험한다. 두 번째 사람은 첫 번째 사람 앞에 서서 이 모든 것을 수용적인 태도로 바라본다. 그런 다음 집단 리더는 첫 번째 사람에게 어떤 식으로든 자세를 부드럽게 만들어 그저 앞에 서서 바라보고 받아들이고 있는 두 번째 사람의 수용적인 태도를 반영해보도록 한다. 첫 번째 사람이 새로운 자세를 취하면, 두 번째 사람은 그와 똑같은 자세로 미러링한다. 그들은 그 상태에서 잠시 멈춰 있어 본다. 그다음, 각자 이 활동을 하는 동안 경험한 것에 대해 서로 이야기한다. 이제 다시 역할을 바꾸어 짝 활동을 반복한다.

3회기

리더는 숙제를 검토하는 것으로 세 번째 회기를 시작한다. 이 과정은 일반적으로 회기에서 추진할 수 있는 교육 및 경험적 개입들 등 다양한 방향을 제시한다. 이번 회기에서 리더는 주도하는 역할을 줄이고 집단원들로부터 더 많은 피드백을 이끌어낸다. 이 회기의 주요 활동은 집단원들이 은유적인 삶의 경로를 걷게 하는 것이다. 이 활동에서는 먼저 한 집단원이 자신이 추구하고 있는 가치 있는 삶의 방향을 설명하고, 방 안에서 자신이 가치 있게 생각하는 목적지를 나타내는 무엇(예 : 방 안에 있는 창문이나 문)을 선택한다. 다른 집단원들은 그 경로를 따라 선다. 주인공인 집단원은 경로에 서 있는 각 집단원에게 예전에 자신이 목적지를 향해 움직이려고 할 때 표면 위로 떠올랐던 고통스러운 것들을 하나씩 맡아 묘사하도록 요청한다. 이때, 다른 집단원들은 이러한 장애물들이 발생했을 때 이에 대처하는 방법에 대해 자유롭게 제안한다. 주인공 집단원은 다른 집단원들이 제안한 대처 방법을 신체로 표현한다(예 : "그 생각을 꺼내 너와 함께 가져가.", "그 고통스러운 감정을 안아봐.", "그것을 너의 품에 안고 계속해서 걸어가."). 모든 집단원들이 자신의 삶의 경로를 걸을 수 있는 기회를 가진 후, 리더는 모두에게 그들이 전념하고자 하는 다음 단계를 적도록 한다. 어떤 집단원은 집단을 수료하는 것이 다음 단계라고 할 수도 있고, 어떤 집단원은 3회기짜리 프로토콜을 다시 한 번 경험하면서 자신의 유연성을 더욱 증진시키고 가치 있는 삶의 방향을 더욱 명확하게 하고 싶어 할 수도 있다. 집단이 끝나기 전에 각 참여자는 자리에서 일어나 자신이 실천하고자 하는 주요 행동 단계를 공표한다. 나머지 집단원들은 그것을 들으면서 원한다면 자신의 의견이나 격려의 말을 전할 수 있다.

사례 예시 : 제니

제니는 짧은 인생 동안 양극성 장애, 불리모렉시아(bulimorexia),[4] 성적 학대로 인한 외상 후 스트레스장애, 대마초 중독 및 경계성 성격장애라는 여러 라벨을 달고 살게 된 23살의 여성이다. 그녀의 상담자는 그녀의 위험한 성생활에 대해 염려하고 있다. 제니는 수년간 상담을 받아왔고, 현재 기분 안정제, 항우울제 두 종류, 벤조디아제핀 등 네 가지의 향정신성 약을 복용하고 있다. 그녀는 최근 주거지를 옮겼고, 다양한 문제를 가지고 있는 내담자들을 위한 FACT 집단상담을 제공하고 있는 정신병원에서 치료를 받고자 한다.

---

4) 역주 : 폭식과 거식을 교대로 반복하는 심리적 상태. bulimia와 anorexia의 합성어.

사전 집단 오리엔테이션

사전 집단 오리엔테이션(pre-group orientation)을 위한 방문 시, 제니는 자신의 남자친구가 9개월 전 자살했고 그의 죽음에 대해 자신을 비난하고 있으며 결국 자신도 언젠가 자살을 할 것이라고 100% 확신하고 있음을 밝혔다. 그녀는 집에 총을 가지고 있으며, 자신을 쏘는 것은 시간문제라고 설명했다. 따라서 집단상담자는 제니가 집단상담에 참석하여 적극적으로 참여하고자 하는 동기가 있는지를 먼저 탐색해야 했다.

상담자 : 그래요. 당신이 자살을 할 거라고 100% 확신하고 있다면 도움을 받는 게 무슨 의미가 있을까요?

제니 : (대답하기 전에 상담자를 한동안 쳐다본다.) 선생님은 그렇게 말하시면 안 되죠. 선생님은 제가 자살하지 않도록 절 설득해야 하잖아요. 상담자라면 그래야죠.

상담자 : 어떤 상담자가 그러던가요?

제니 : 예전에 제가 만났던 상담 선생님들과 의사 선생님들이요.

상담자 : 그래서 그렇게 한 게 효과가 있었나요?

제니 : (웃음) 아니요. 절대 도움이 되지 않았죠.

상담자 : 만약 선택할 수 있다면, 당신 삶에서 어떤 일이 일어났으면 좋겠어요? 만약 스스로 머리에 총을 쏘지 않는다면 말이에요.

제니 : 그냥 평범했으면 좋겠고, 하루하루가 투쟁의 연속이라고 느껴지지 않았으면 좋겠어요.

상담자 : 차라리 죽어버려서 벗어나고 싶도록 고통스러운 그 감정들은 어떤 것들이지요?

제니 : 끊임없이 슬프고 화가 나요. 불안이 너무 심해서 밤에 잠들지 못하고 내 마음속에서 일어나는 소용돌이를 멈추려고 노력해요. 때로는 어떻게 하면 내가 용기를 내서 자살을 할 수 있을까라는 질

문에 대한 답을 찾으려고 노력해요.

상담자 : 당신 마음과 싸우는 것 외에 하고 있는 일은 뭐가 있나요?

제니 : 제 동네에 사는 할머니를 돌보는 간병인으로 풀타임 일을 하고 있어요. 할머니는 장애가 있으셔서 제 도움 없이는 거의 돌아다니지도 못하세요. 이 일은 일하는 시간이 정해져 있지 않아요. 가끔 밤에도 일하고, 다른 때는 낮에 일하고, 가끔은 주말에도 일하죠. 사실 전 제 일을 좋아해요. 대마초를 피우는 것 외에는 이 일만이 저의 불안을 잊게 하는 유일한 방법이에요.

상담자 : 그렇군요. 당신의 고통은 0에서 10까지의 척도상에서 계속해서 10에 가 있는 건 아닌 것 같네요. 일할 때만큼은 좀 괜찮은 것 같고.

제니 : 네, 그렇게 말할 수도 있겠네요.

상담자 : 대마초를 피우는 게 당신의 내적 고통을 피하거나 느끼지 못하게 하는 또 다른 방법이라고 했죠?

제니 : 네, 세상에서 가장 좋은 불안 해결책이죠.

상담자 : 스스로를 진정시키기 위해 얼마나 자주 대마초를 피우시지요?

제니 : 음… 일하지 않으면 거의 매일이요.

상담자 : 그렇군요. 이 집단에 들어오는 것이 당신에게 도움이 될지 모르겠어요. 어떻게 생각하세요? 시도해보시겠어요?

제니 : 네? 선생님조차 효과가 있을 거라 생각하지 않는데 제가 왜 시도해야 하나요?

상담자 : 전 효과가 없을 거라고 말하지는 않았어요. 효과가 있을지 모르겠다고 말했죠. 전 불확실한 걸 인정하는 것을 좋아해요. 미래를 내다보는 건 제가 사용하는 도구의 일부가 아니에요. 당신은 평범해지고 싶다고 했죠? 분명히 말씀드리지만 전 정상적이고 평범한 게 뭔지 몰라요. 전 저를 포함해서 평범한 사람을 만난 적이 없거든요.

제니 : 전 잘 기능하지 못하고 있어요. 전 섭식장애가 있어요. 매일 헬스장에서 한 시간 반 동안 운동을 하고 완하제를 먹어요. 저에겐 서로 알지 못하는 다섯 명의 남자친구가 있어요. 전 매일 대마초를 피우고, 매일같이 죽고 싶어요. 대마초 없이는 잠을 잘 수가 없어요. 아무 효과도 없는 온갖 약을 먹고 있어요. 이걸 평범하다고 할 수 있을까요?

상담자 : 네, 평범… 안 평범… 당신 마음대로 부를 수 있어요. 아무 단어나 얘기해봐요. 거꾸로.

제니 : (잠시 멈추고) 범.평.! (웃는다.)

상담자 : 듣기 좋네요. 이 상황에 훨씬 잘 어울려요. 그런데 제가 타협하지 않을 부분이 있는데, 그건 총에 대한 거예요. 총은 저의 기분을 유쾌하지 않게 만들어요. 전 기분이 좋지 않으면 최상의 컨디션이 아니에요. 뭔가 다른 시도를 하는 동안에는 당신의 죽음을 보류하는 것에 동의할 수 있겠어요?

제니 : 그건 문제가 되지 않아요. 친구한테 총을 맡길게요. 삶의 경로 수업을 한번 들어보고 싶어요.

상담자 : 들어보고 싶은 이유가 뭐예요?

제니 : 모르겠어요. 그냥 해보고 싶어요. 이대로 사는 게 지긋지긋해요.

상담자 : 알겠습니다. 집단에서 우리는 당신이 다시 제대로 된 길로 돌아가서 당신에게 의미 있는 삶의 방향으로 나아갈 수 있도록 노력할 거예요. 당신이 더 나은 삶의 방향을 향해 움직이기 시작한 후에도 자살하기로 결정한다면, 그건 당신의 선택이에요. 우선 필요 이상으로 일찍 죽음을 택하지 않도록 그것 말고 다른 방법을 찾을 수 있는지 한 번 보도록 합시다.

제니와의 사전 집단 오리엔테이션은 결코 쉽지 않았지만, 상담자는 그녀의 상황과 관련된 위험들을 평가하고 그녀에게 삶의 경로 수업이 도움이

280 제4부 커플 및 집단을 위한 FACT

될 수 있을지에 대한 결정을 할 수 있었다. 결국 자살은 의미 없는 방향으로 걷고 있다는 최후의 표현이다. 제니는 자신의 삶의 여정을 끝내는 것에 대해 이야기를 하면서도 특정 방향으로 걸어가고 있었다.

집단상담의 과정

제니는 처음 두 회기에서는 상당히 힘들어했다. 첫 번째 회기에는 늦게 도착하였고, 내내 긴장한 것처럼 보였으며, 집단에서 자신을 드러내는 것을 꺼렸다. 다음 회기에 제니는 전날 밤 복용한 환각제(LSD)에 취한 상태로 도착했다. 집단 바로 전 그녀는 벤조디아제핀을 몇 알 복용했었고, 집단 초반에 몇 번이나 졸았다. 그녀는 휴게실로 안내되어 그날은 감시하에 있었고, 저녁이 되어 집으로 돌려보내졌다. 집단 리더는 다른 집단원들에게 그녀가 첫 두 번의 수업을 참여하는 데 어려움을 보인 것을 감안할 때 세 번째 수업에 참여하도록 할 의향이 있는지를 물어보았고, 집단원들은 그녀가 참여할 수 있도록 허락하겠다고 동의하였다.

제니는 세 번째 회기에서 진행된 숙제 검토 시간에서 마지막으로 발표하게 되었다. 그녀는 숙제에 대해 이야기하는 대신 집단원들에게 자신이 더 이상 삶을 감당할 수가 없어서 죽어버릴 거라고 말했다. 그녀는 안정된 목소리로 침착하게 말했다. 모두 조용해졌고 제니와 집단 리더를 번갈아가며 쳐다보았다. 리더는 제니 옆에 있는 빈 의자에 앉아 그녀와 대화를 시작하였다.

> **상담자** : 제니, 지금 나와 함께 짧은 활동을 하나 했으면 좋겠어요. 당신은 이미 당신이 무엇을 할지 이미 결정했기 때문에 잃을 게 없어요.
>
> **제니** : 네, 그런데 별로 하고 싶지 않아요.
>
> **상담자** : (다른 집단원들을 둘러보며) 여러분 모두가 제니와 함께 이 활동에 참여했으면 좋겠어요. 먼저, 모두 눈을 감고, 숨을 들이마실 때 당신의 몸이 어떻게 움직이는지를 그냥 알아차려보세요. 호흡의

감각에 주목하세요. 머리 꼭대기부터 어깨까지 당신의 몸을 훑어
보세요… 감각을 알아차리면서 발가락까지 아래로 내려가보세요.
(오랫동안 멈춘다.) 이제 여러분 앞에 서 있는 5~6살쯤 되는 어린
소녀를 그려보시기 바랍니다. 그녀는 슬프고 두려워하고 있어요.
그녀는 당신이 어렸을 때의 모습이에요. 제니, 당신이 작고 약했
던 시절을 떠올릴 수 있나요?

제니 : 네, 아빠가 처음으로 절 강간했을 때… 전 완전히 혼자였고, 그 누
구와도 이야기를 할 수 없었어요.

상담자 : 그래요, 제니. 이제 당신이 어린 소녀의 말을 들어봤으면 좋겠
어요. 소녀는 당신에게 자신이 뭘 느끼는지를 정확히 얘기해주고
싶어 해요. (멈춤) 그녀는 뭐라고 말하고 있나요?

제니 : 그녀는 고통스럽다고, 혼자이고 무섭다고 말하고 있어요. 그녀는
아파하고 있고, 피를 흘리고 있어요.

상담자 : 지금 그녀에게 뭐가 필요한지 물어보세요.

제니 : 그녀는 이 모든 게 자신의 잘못이 아니라는 것을 알아야 해요. 그
녀는 사랑받고 돌봄을 받아야 해요.

상담자 : 당신이 그걸 그녀에게 줄 수 있겠어요? 그녀가 온전히 괜찮다고,
그녀가 잘못한 것은 아무것도 없다고 안심시켜 줄 수 있겠어요?

제니 : (울음) 네. 그렇게 해줄 수 있어요. 그녀의 손을 잡아주고 그녀가
필요한 것을 줄 수 있어요. (몇몇 집단원들은 이 상황을 열심히 지켜
보고, 몇 명은 울기 시작한다.)

상담자 : 그녀의 인생에서 어떤 일이 일어났으면 좋겠어요, 제니? 사는
것에 대해 이 아이에게 무엇을 가르쳐주고 싶어요?

제니 : 혼자일 필요가 없다고요. 그녀는 친구와 함께 할 수 있어요. 그녀
는 정말 아름다워요.

상담자 : 그녀에게 아름다운 삶을 사는 법을 보여주시겠어요? 그녀에게

사랑을 주고, 사랑을 받는 방법을 보여주시겠어요?

제니 : (흐느끼며) 네, 그럴게요. 제가 그녀에게 보여줄게요.

상담자 : 지금 당장 여기에 당신과 함께 있는 다른 사람들과 연결되어 보세요. 이 사람들은 당신을 위한 최선을 바라고 있어요, 제니. 이들은 당신이 좋은 삶을 살기를 바라고 있어요. 당신이 아름다운 삶을 향한 첫 발걸음을 내딛을 수 있도록 돕기 위해 이들이 무엇을 할 수 있을까요?

제니 : (울음) 제가 당장은 휘청거려도 저를 믿는다고 얘기해주세요.

상담자 : 그래요. 이제 다시 방으로 돌아올까요? 눈을 다시 뜰 때 무엇을 볼 것인지 먼저 그려보세요. 그 그림이 그려지면 눈을 떠보세요.

제니 : (고개를 숙인 채 꼼짝 않고 자신의 무릎만 쳐다보면서 다른 집단원들과 눈을 마주치지 않으려고 한다.)

상담자 : 제니, 절 잠시 쳐다볼 수 있겠어요?

제니 : 아니요.

상담자 : 조금만 고개를 들어서 절 보세요. 괜찮다면 조금만 고개를 들어봐요, 어서.

제니 : (고개를 들어 상담자를 쳐다본다.)

상담자 : 좋아요. 어떤 경험을 했어요, 제니?

제니 : 누가 제 배를 걷어차는 것 같은 느낌이었어요. 그런데 이런 경험 후에 제 자신을 죽일 수는 없을 거 같아요. 제 자신에게 기회를 줘야 할 거 같아요. 이런 경험을 할 수 있도록 해주셔서 감사해요.

상담자 : 지금 어떤 기분이에요?

제니 : 부끄러워요. 전 다른 사람들 앞에서 잘 울지 않아요.

상담자 : 이제 이 사람들이 당신이 약하다고 생각하는 것 같나요?

제니 : 네.

상담자 : 주변을 한 번 둘러보세요. 저기 있는 매들린부터 시작해보세요.

그런 다음 차례대로 각 집단원의 눈을 들여다보고, 거기에서 보이
는 것을 말해보세요.

제니 : (천천히 눈을 들어 매들린의 눈과 마주친 채 잠시 머무른다. 살짝 미소
를 지은 후, 좀 더 울고 나서는 매들린의 오른편에 앉아 있는 사람과
눈을 마주치기 위해 자리를 옮긴다. 이런 식으로 한 바퀴 돈다.) 아니
요. 이 사람들은 저를 약하다고 생각하지 않아요. 이들은 제 편이
에요. 모두 너무 친절하시네요.

이 집단 개입은 제니가 매우 취약한 순간에 현재에 머물러 있을 수 있게
도와주었고, 자기수용과 자기연민으로 들어가는 문을 열어 자기혐오와 비
난을 대체하기 시작하였다. 회기가 끝날 무렵, 제니는 집단 개입 중 드러난
자신의 문제들을 다루기 위해 개인상담을 시작하기로 약속하였다. 이 활동
은 다른 집단원들에게도 긍정적인 영향을 미쳤다. 몇몇 사람들은 제니에게
연민을 느끼는 동안 자신에 대한 연민 또한 커지는 것을 경험했다고 보고
했다.

상담 요약

이후 몇 주 동안 제니는 더 나은 삶을 만드는 방향으로 상당한 진전을 보였
다. 그녀는 집단에 계속해서 참석했으며, 집단 상호작용에 훨씬 더 적극적
으로 참여하였다. 그녀는 다른 집단원들의 복지에도 진정한 관심을 보이
며 자신에게만 몰두하지 않았다. 그녀는 난잡한 성생활을 접었고, 먹는 것
과 관련된 행동 또한 개선되기 시작했다. 그녀는 여전히 규칙적으로 운동
을 했지만 더 이상 과하게 하지는 않았으며 완하제 사용을 중단하였다. 그
녀는 가끔 대마초를 피우기는 했으나 예전보다는 훨씬 덜했다. 집단이 진
행되는 동안 그녀의 자살 충동 또한 상당히 감소되었다.

끝맺으며

FACT 집단이나 수업은 개인, 커플, 가족치료가 주는 효과 그 이상의 다양한 임상적 이점을 제공할 수 있다. 이는 주된 치료 방식이나 보충치료로서 제공되거나, 제니의 사례가 보여주듯이 보다 효과 있는 개인상담으로 연계하기 위한 발판으로 사용될 수도 있다. 아동, 청소년, 성인 모두 FACT 원리들을 쉽게 이해할 수 있다. 이 원리들은 집단이나 수업 형식으로 가르치기도 쉽다. FACT 집단은 공동체 차원에서도 좋지 않은 신체 건강 혹은 정신건강의 위험에 처한 사람들에게 도움이 될 수 있다. 여기에는 만성 질환으로 고생하는 사람들, 비만이나 흡연 문제와 같은 건강 위험 요소들을 다루고 싶어 하는 사람들, 또는 사회적 문제(예 : 위험한 동네에서 살아가기)를 극복하려는 사람들을 위한 집단들이 포함된다. FACT는 개입 모델로서 하나의 집단, 문제, 또는 삶의 영역에만 국한될 필요가 없다. 왜냐하면 수용, 마음챙김, 그리고 가치에 부합한 삶을 살기는 잘 살기 위한 보편적인 공식(formula)이기 때문이다.

인터뷰, 사례개념화 및 평가를 위한 도구

이 부록에는 본문에서 논의된 모든 활동지와 평가도구가 실려 있다. 이 책의 크기 때문에 바로 인쇄해서 사용할 수 있는 실물 크기 버전으로는 제공하지 못하지만 참고용으로 쓸 수 있는 자료들이 될 것이다. 여기에 나온 것을 토대로 당신만의 버전을 제작하거나, 책의 공식 웹사이트(nhpubs.com/23451)에 가서 인쇄용 버전으로 내려받아 사용하기 바란다.

초점화 질문

단기개입 중 제한된 시간에 최대한 정보를 얻을 수 있는 네 가지 초점화 질문은 다음과 같다.

1. 당신은 무엇을 추구합니까?
2. 당신은 어떤 시도를 해보았습니까?
3. 그러한 시도는 얼마나 효과적이었습니까?
4. 그러한 시도의 대가는 무엇이었습니까?

다섯 번째 핵심 질문은 변화에 대한 내담자의 동기를 높여주고 내담자가 다다를 수 있는 가치 있는 삶의 방향들을 발견할 수 있도록 돕는다.

- 선택할 수 있다면 당신은 어떤 삶을 선택하겠습니까?

가치 있는 삶의 방향을 명료화하는 구조화된 활동들

〈삶의 경로와 방향 전환〉 활동과 〈나침반 맞추기〉 활동은 내담자가 자신의 삶의 방향을 시각적인 은유로 표현하도록 하고, 그 방향과 일관된 새로운 행동들을 찾아낼 수 있도록 돕는다. 이어지는 페이지에 두 활동을 위한 활동지를 제공하였다.

- 〈삶의 경로와 방향 전환〉 활동지 : 이 버전은 개인을 대상으로 한 단기상담 회기에서 사용될 수 있도록 제작되었다. 집단용 활동지가 필요하다면 앞서 언급한 웹사이트에서 찾을 수 있다.
- 〈나침반 맞추기〉 활동지 : 이 활동지는 개인상담과 집단상담에서 사용될 수 있다.

사례개념화 도구

FACT는 매우 효과적이기 때문에 내담자들은 대체로 개입에 신속하게 반응하며, 따라서 형식적인 사례개념화가 불필요할 수 있다. 그러나 어떤 내담자들은 좀 더 구조화된 방식을 통해 강점과 약점을 평가하는 것이 도움이 될 수도 있다. 그렇게 얻은 정보는 근본적인 변화를 촉진하기 위한 보다 탄탄하고 초점화된 개입들을 만들어내는 데 활용할 수 있다. 여기에 사례개념화를 돕기 위한 2개의 도구를 실었다.

- 〈유연성 프로파일〉 활동지 : 이 활동지는 매 회기가 끝난 후 각 핵심 영역에서 내담자의 유연성을 평가하기 위해 사용하는 것을 권장한다. 0은 아주 적은 유연성, 10은 상당한 유연성을 의미한다. 비고란에는 다

음 회기에 어떤 핵심 영역(들)을 다루면 좋을지에 대한 당신의 생각을 적어두면 좋다.

- 〈사분면 도구〉 : 이 도구는 내담자의 효과적 vs. 비효과적 행동들을 분석할 때 유용하게 사용할 수 있다. 내담자의 강점과 약점을 단순히 묘사하는 식으로 사용하거나 치료 계획 도구로서 증가하고자 하는 내담자의 행동(효과적인 행동) 혹은 감소하고자 하는 행동(비효과적인 행동)을 밝혀내는 데 사용될 수 있다.

〈삶의 경로와 방향 전환〉 활동지

←————————————————————————————————————→

더 많은 통제
무엇을 통제하고 회피하고 없애고
싶나요? 그렇게 하기 위해 무엇을
하고 있나요?

더 많은 의미
만약 선택할 수 있다면 어떤 삶을
선택하겠습니까?

┌─────────────────┐   ┌─────────────────┐
│   │   │   │
│   │   │   │
│   │   │   │
│   │   │   │
│   │   │   │
└─────────────────┘   └─────────────────┘

1. 현재 당신 삶의 경로에서 어느 지점에 있는지 그리고 어느 방향으로 움직이고 있는지를 선 위에 화살표로 표시하세요.

2. 통제를 추구했을 때 얻는 것과 잃는 것이 있다면, 그것은 무엇인가요?

3. 어떤 행동을 하면 삶의 의미를 향해 움직이고 있다는 것을 알 수 있나요?

4. 막다른 골목에 다다른 것 같을 때에도 의미를 향해 전진하려면 어떻게 해야 할까요?

5. 당신이 의미를 추구하는 방향으로 움직일 수 있도록 도와줄 수 있는 것은 무엇이 있나요?

〈나침반 맞추기〉 활동지

내가 선택한 삶 살기

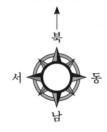

북

서 ─ 동

남

당신의 가치는 무엇입니까?

현재 사용하는 전략은 무엇이며, 그것은 효과가 있습니까?

여행을 하기 위해 어떤 기술들이 필요한가요?

임상적 주제

1. 개방성(내적 경험을 투쟁 없이 받아들이는가? 효과가 없는 규칙들을 알아차리고 버리는가?))

2. 자각(현재에 머무를 수 있는가? 내적 경험을 알아차릴 수 있는가? 조망할 수 있는가? 자신과 타인에게 연민을 보일 수 있는가?)

3. 참여(가치가 분명한가? 효과적인 행동을 조직할 수 있는가? 강화를 얻을 수 있는가? 대인관계 기술이 충분한가?)

〈유연성 프로파일〉 활동지

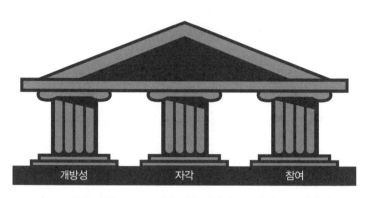

| 개방성 | 자각 | 참여 |

- 괴로운 내적 경험과 그와 관련된 규칙들로부터 거리를 둘 수 있음
- 고통스러운 것들에 대해 비판단적이고 수용적인 자세를 가질 수 있음

- 현재 순간을 경험할 수 있음
- 자기와 자기이야기에 대한 관점을 택할 수 있음

- 가치와 강력하게 연결됨을 보여줌
- 가치와 일관된 행동을 유지할 수 있음

오늘의 점수   오늘의 점수   오늘의 점수

_____   _____   _____

0   1   2   3   4   5   6   7   8   9   10

낮은 강도   높은 강도

비고(다음 회기에 목표로 삼을 핵심 영역) :

〈사분면 도구〉

		효용성	
		비효과적인 것(더 적게 하기)	효과적인 것(더 많이 하기)
행동	외적		
	내적		

회기 내 평가 : 문제 심각도, 자신감, 유용성

몇 분 걸리지 않는 회기 내 평가 전략들은 상담자에게 개입의 효과성을 평가하고, 변화를 막고 있는 걸림돌을 감지해내고, 각 회기의 유용성에 대한 내담자의 지각을 평가할 수 있도록 한다.

문제의 심각도

매 회기가 시작할 때마다 내담자에게 호소 문제의 심각도를 0~10점 척도(0 =큰 문제가 아님, 10=매우 큰 문제임)에서 점수를 매겨보라고 한다. 사례에서 보았듯이 다수의 회기에 걸쳐 문제 심각도 점수에서의 변화를 추적하는 그래프를 그려볼 수 있다. 만약 상담은 지속되는데 문제 심각도 점수에 변화가 없다면 그것은 개입 전략을 바꿀 필요가 있다는 신호이다.

자신감

매 회기의 끝 무렵, 해당 회기 중 계획한 것들을 실제로 시행할 수 있을지에 대한 내담자의 자신감 수준을 0~10점 척도(0=전혀 자신이 없음, 10=매우 자신 있음)에서 점수를 매겨보라고 한다. 대체로 7점 이상을 목표로 하는 것이 좋다. 그 이하의 점수가 나온다면 내담자의 실천을 방해하는 장애물들에 대해 추가적인 상호작용이 필요하다. 새로운 계획을 짜거나 기존 계획의 목표를 낮추는 것이 필요할 수도 있다.

유용성

매 회기의 끝 무렵, 해당 회기가 내담자 자신에게 얼마나 유용했는지를 0~10점 척도(0=전혀 도움이 되지 않음, 10=매우 도움이 됨)에서 점수를 매겨보라고 한다. 대체로 7점 이상을 목표로 하는 것이 좋다. 낮은 점수 (0~4점)는 상담자의 목표와 내담자의 목표 간에 상당한 불일치가 있다는 신호이다. 중간 점수(5~6점)는 내담자에게 보다 유용한 접근을 개발하기 위해 상담자와 내담자가 무엇을 할 수 있을지에 대한 대화를 촉발할 수 있다.

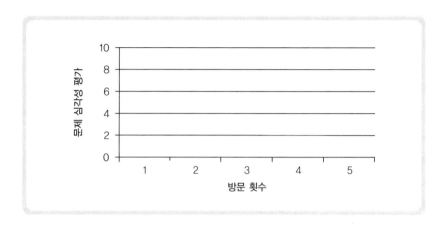

Aderka, I., Nickerson, A., Boe, H., & Hoffman, S. (2012). Sudden gains during psychological treatments of anxiety and depression: A meta-analysis. *Journal of Consulting and Clinical Psychology, 80*, 93-101.

Baker, A., Lee, N., Claire, M., Lewin, T., Grant, T., Pohlman, S., et al. (2005). Brief cognitive behavioural interventions for regular amphetamine users: A step in the right direction. *Addiction, 100*, 367-378.

Baldwin, S., Berkeljon, A., Atkins, D., Olsen, J., & Nielsen, S. (2009). Rates of change in naturalistic psychotherapy: Contrasting dose-effect and good-enough level models of change. *Journal of Consulting and Clinical Psychology, 77*, 203-211.

Bateson, G., Jackson, D. D., Haley, J., & Weakland, J. (1956). Toward a theory of schizophrenia. *Behavioral Science, 1*, 251-264.

Blackledge, J. T., & Hayes, S. C. (2006). Using acceptance and commitment training in the support of parents of children diagnosed with autism. *Child and Family Behavior Therapy, 28*, 1-18.

Bond, F. W., Hayes, S. C., Baer, R. A., Carpenter, K. C., Guenole, N., Orcutt, H. K., et al. (2011). Preliminary psychometric properties of the Acceptance and Action Questionnaire–II: A revised measure of psychological flexibility and acceptance. *Behavior Therapy, 42*, 676-688.

Brown, G., & Jones, E. (2005). Implementation of a feedback system in a managed care environment: What are patients teaching us? *Journal of Clinical Psychology, 61*, 187-198.

Bryan, C., Morrow, C., & Appolonio, K. (2009). Impact of behavioral health consultant interventions on patient symptoms and functioning in an integrated family medicine clinic. *Journal of Clinical Psychology, 65*, 281-293.

Budman, S., Hoyt, M., & Friedman, S. (Eds.). (1992). *The first session in brief therapy.* New York: Guilford Press.

Caffo, E., Forresi, B., & Lievers, L. S. (2005). Impact, psychological sequelae, and management of trauma affecting children and adolescents. *Child and Adolescent Psychiatry: Current Opinion in Psychiatry, 18*, 422-428.

Cape, J., Whittington, C., Buszewicz, M., Wallace, P., & Underwood, L. (2010). Brief psychological therapies for anxiety and depression in primary care: Meta-analysis and meta-regression. *BMC Medicine, 8*, 38.

Chaffin, M., Silovsky, J., Funderburk, B., Valle, L. A., Brestan, E. V., Balachova, T., et al. (2004). Parent-child interaction therapy with physically abusive parents: Efficacy for reducing future abuse reports. *Journal of Consulting and Clinical Psychology, 72*, 500-510.

Christensen, A., & Jacobson, N. S. (1998). *Acceptance and change in couple therapy: A therapist's guide to transforming relationships.* New York: W. W. Norton.

Covey, S. (2004). *The 7 habits of highly effective people: Powerful lessons in personal change.* New York: Simon and Schuster.

Crits-Christoph, P., Connolly, M., Gallop, R., Barber, J., Tu, X., Gladis, M., et al. (2001). Early improvement during manual-guided cognitive and dynamic psychotherapies predicts 16-week remission status. *Journal of Psychotherapy Practice and Research, 10*, 145-154.

Deacon, B., & Abramowitz, J. (2006). A pilot study of two-day cognitive-behavioral therapy for panic disorder. *Behaviour Research and Therapy, 44*, 807-817.

De Shazer, S. (1985). *Keys to solution in brief therapy.* New York: W. W. Norton.

De Shazer, S. (1988). *Clues: Investigating solutions in brief therapy.* New York: W. W. Norton.

De Shazer, S. (1991). *Putting difference to work.* New York: W. W. Norton.

Doane, L., Feeny, N., & Zoellner, L. (2010). A preliminary investigation of sudden gains in exposure therapy for PTSD. *Behaviour Research and Therapy, 48*, 555-560.

Erikson, E. H. (1968). *Identity: Youth and crisis.* New York: W. W. Norton.

Frankl, V. (1992). *Man's search for meaning.* Boston: Beacon Press.

Gingerich, W., & Eisengart, S. (2000). Solution-focused brief therapy: A review of outcome research. *Family Process, 39*, 477-498.

Gottman, J. M., & Notarius, C. I. (2000). Decade review: Observing marital interaction. *Journal of Marriage and Family, 62*, 927-947.

Grant, B., Dawson, F., Stinson, S., Chou, M., Dufour, M., & Pickering, P. (2004). The 12-month prevalence and trends in DSM-IV alcohol abuse and dependence: United States, 1991-1992 and 2001-2002. *Drug and Alcohol Dependence, 74*, 223-234.

Grilo, C. M., Masheb, R. M., & Wilson, G. T. (2006). Rapid response to treatment for binge eating disorder. *Journal of Consulting and Clinical Psychology, 74*, 602-613.

Haley, J. (1993). *Uncommon therapy: The psychiatric techniques of Milton H. Erickson, M.D.* New York: W. W. Norton.

Hayes, S. C., Barnes-Holmes, D., & Roche, B. (Eds.). (2001). *Relational frame theory: A post-Skinnerian account of human language and cognition.* New York: Plenum Press.

Hayes, S. C., Luoma, J., Bond, F., Masuda, A., & Lillis, J. (2006). Acceptance and commitment therapy: Model, processes, and outcomes. *Behaviour Research and Therapy, 44,* 1-25.

Hayes, S. C., Strosahl, K. D., & Wilson, K. G. (1999). *Acceptance and commitment therapy: An experiential approach to behavior change.* New York: Guilford Press.

Hayes, S., Strosahl, K., & Wilson, K. (2011). *Acceptance and commitment therapy: The process and practice of mindful change.* New York: Guilford Press.

Howard, K., Davidson, C., O'Mahoney, M., Orlinsky, D., & Brown, K. (1989). Patterns of psychotherapy utilization. *American Journal of Psychiatry, 146,* 775-778.

Howard, K., Kopta, S., Krause, M., & Orlinsky, D. (1986). The dose-effect relationship in psychotherapy. *American Psychologist, 41,* 159-164.

Howard, K., Lueger, R., Maling, M., & Martinovich, Z. (1993). A phase model of psychotherapy: Causal mediation of outcome. *Journal of Consulting and Clinical Psychology, 51,* 1059-1064.

Hoyt, M. F. (2001). *Interviews with brief therapy experts.* Philadelphia: Breuner Routledge.

Hoyt, M. F. (2009). *Brief psychotherapies: Principles and practices.* Phoenix, AZ: Zeig, Tucker, and Theisen.

Jacobson, N. (1985). Family therapy outcome research: Potential pitfalls and prospects. *Journal of Marital and Family Therapy, 11,* 149-158.

Kim, J. (2008). Examining the effectiveness of solution-focused brief therapy: A meta-analysis. *Research on Social Work Practice, 18,* 107-116.

Lackner, J., Gudleski, G., Keefer, L., Krasner, S., Powell, C., & Katz, L. (2010). Rapid response to cognitive behavior therapy predicts treatment outcome in patients with irritable bowel syndrome. *Clinical Gastroenterology and Hepatology, 8,* 426-432.

Levin, M. E., Hildebrandt, M. J., Lillis, J., & Hayes, S. C. (in press). The impact of treatment components in acceptance and commitment therapy: A meta-analysis of micro-component studies.

Lock, J., Agras, S., Bryson, S., & Kraemer, H. (2005). A comparison of short- and long-term family therapy for anorexia nervosa. *Journal of the Academy of Child and Adolescent Psychiatry, 44,* 632-639.

Lowe, B., Unutzer, J., Callahan, C. M., Perkins, A., & Kroenke, K. (2004). Monitoring depression treatment outcomes with the Patient Health Questionnaire–9, *Medical Care, 42,* 1194-1201.

Lutz, W., Stulz, N., & Kock, K. (2009). Patterns of early change and their relationship to outcome and follow-up among patients with major depressive disorders. *Journal of Affective Disorders, 118,* 60-68.

Meyer, J. (2001). *Age: 2000. Census 2000 Brief (C2KBR/01-12).* Washington, DC: U.S. Census Bureau. http://census.gov/prod/2001pubs/c2kbr01-12.pdf. Retrieved July 3, 2009.

Miller, S., Hubble, M., & Duncan, B. (Eds.). (1996). *Handbook of solution-focused brief therapy.* San Francisco: Jossey-Bass.

Molenaar, P. J., Boom, Y., Peen, J., Schoevers, R. A., Van, R., & Dekker, J. J. (2011). Is there a dose-effect relationship between the number of psychotherapy sessions and improvement of social functioning? *British Journal of Clinical Psychology, 50*, 268-282.

Nathan, P. E., & Gorman, J. M. (Eds.). (2002). *A guide to treatments that work.* New York: Oxford University Press.

O'Hanlon, W. (2009). *A guide to trance land: A practical handbook of Ericksonian and solution-oriented hypnosis.* New York: W. W. Norton.

O'Hanlon, W., & Weiner-Davis, M. (2003). *In search of solutions: A new direction in psychotherapy.* New York: W. W. Norton.

Olfson, M., Mojtabai, R., Sampson, N. A., Hwang, I., Druss, B., Wang, P. S., et al. (2009). Dropout from outpatient mental health care in the United States. *Psychiatric Services, 60*, 898-907.

Öst, L. G. (2008). Efficacy of the third wave of behavioral therapies: A systematic review and meta-analysis. *Behaviour Research and Therapy, 46*, 296-321.

Osterholm, C., & Mansdorff, M. G. (2009). [A functional analytic group therapy for persons with self-harming behaviors: A randomized controlled study in a psychiatric clinic for open care.] University of Stockholm, Department of Psychology. Unpublished manuscript.

Parkerson, G. R., Broadhead, W. E., & Tse, C. K. J. (1991). Development of the 17-item Duke Health Profile. *Family Practice, 8*, 396-401.

Powers, M. B., Vörding, M., & Emmelkamp, P. M. G. (2009). Acceptance and commitment therapy: A meta-analytic review. *Psychotherapy and Psychosomatics, 8*, 73-80.

Pull, C. B. (2009). Current empirical status of acceptance and commitment therapy. *Current Opinion in Psychiatry, 22*, 1, 55-60.

Renaud, J., Brent, D. A., Baugher, M., Birmaher, B., Kolko, D. J., & Bridge, J. (1998.) Rapid response to psychosocial treatment for adolescent depression: A two-year follow-up. *Journal of the American Academy of Child and Adolescent Psychiatry, 37*, 1184-1190.

Robinson, P., & Reiter, J. (2006). *Behavioral consultation and primary care: A guide to integrating services.* New York: Springer Science+Business Media.

Roozen, H. G., Boulogne, J. J., van Tulder, M. W., van den Brink, W., De Jong, C. A., & Kerkhof, A. J. (2004). A systematic review of the effectiveness of the community reinforcement approach in alcohol, cocaine, and opioid addiction. *Drug and Alcohol Dependence, 74*, 1-13.

Rosen, S. (1991). *My voice will go with you: The teaching tales of Milton H. Erickson.* New York: W. W. Norton.

Ruiz, F. J. (2010). A review of acceptance and commitment therapy (ACT) empirical evidence: Correlational, experimental psychopathology, component and outcome studies. *International Journal of Psychology and Psychological Therapy, 10*, 125-162.

Sedlak, A. J., Mettenburg, J., Basena, M., Petta, I., McPherson, K., Greene, A., et al.

(2010). *Fourth National Incidence Study of Child Abuse and Neglect (NIS–4): Report to Congress, Executive Summary.* Washington, DC: U.S. Department of Health and Human Services, Administration for Children and Families.

Sijbrandij, M., Olff, M., Reistsma, J., Carlier, I., de Vries, M., & Gersons, B. (2007). Treatment of acute posttraumatic stress disorder with brief cognitive-behavioral therapy: A randomized controlled trial. *American Journal of Psychiatry, 164,* 82-90.

Smyrnios, K., & Kirkby, R. (1993). Long-term comparison of brief versus unlimited psychodynamic treatment of children and their parents. *Journal of Consulting and Clinical Psychology, 61,* 1020-1027.

Strosahl, K. D., Hayes, S. C., Bergan, J., & Romano, P. (1998). Assessing the field effectiveness of acceptance and commitment therapy: An example of the manipulated training research method. *Behavior Therapy, 29,* 35-64.

Talmon, M. (1990). *Single session therapy: Maximizing the effect of the first (and often only) therapeutic encounter.* San Francisco: Jossey-Bass.

Tan, L., & Martin, G. (2008). *Taming the adolescent mind: A pilot study of mindfulness-based group program for adolescents with mixed mental health presentations.* Poster session presented at the Association for Contextual Behavioral Science World Congress, Chicago, IL.

Tang, T., DeRubeis, R., Hollon, S., Amsterdam, J., & Shelton, R. (2007). Sudden gains in cognitive therapy for depression and depression relapse/recurrence. *Journal of Consulting and Clinical Psychology, 75,* 404-408.

Tani, S., Hyougo, E. K., Gakuen, S., & Kitamura, K. (2010). ACT workshop for the parents of children with PDD. Association for Contextual Behavioral Science World Congress, Reno, NV.

Tjaden, P., & Thoennes, N. (1998). *Prevalence, incidence, and consequences of violence against women: Findings from the National Violence against Women Survey.* Washington, DC: U.S. Department of Justice.

Vromans, L., & Schweitzer, R. D. (2010). Narrative therapy for adults with major depressive disorder: Improved symptom and interpersonal outcomes. *Psychotherapy Research, 19,* 1-12.

Walker, E. A., Torkelson, N., Katon, W. J., & Koss, M. P. (1993). The prevalence of sexual abuse in a primary care clinic. *Journal of the American Board of Family Practice, 6,* 465-471.

Watzlawick, P., Weakland, J., & Fisch, R. (1974). *Change: Principles of problem formation and problem resolution.* New York: W. W. Norton.

Weakland, J., & Ray, W. (1995). *Propagations: Thirty years of influence from the Mental Research Institute.* New York: Haworth.

Werner, E., & Smith, R. S. (1992). *Overcoming the odds: High risk children from birth to adulthood.* Ithaca, NY: Cornell University Press.

White, M. (2007). *Maps of narrative practice.* New York: W. W. Norton.

White, M., & Epston, D. (1990). *Narrative means to therapeutic ends.* New York: W. W. Norton.

찾아보기

Kirk Strosahl

임상심리학자이며 수용-전념치료의 공동 창시자이다. 지난 20년 동안 여러 행동건강 문제를 호소하는 환자들에게 단기개입을 제공하고 있다. 그는 현재 Central Washington Family Medicine에서 1차 진료 심리학자로 일하고 있으며, 미국 내에서는 획기적인 1차 진료 서비스와 행동 건강의 통합 접근법으로 잘 알려져 있다.

Patricia Robinson

행동건강 서비스를 1차 진료 환경에 통합하고자 하는 의료기관들에게 컨설팅을 제공하는 회사인 Mountainview Consulting Group, Inc.의 임상 서비스 책임자로 재직 중이다. 그녀는 *Real Behavior Change in Primary Care*를 포함한 여러 책의 저자이며, *The Mindfulness and Acceptance Workbook for Depression*의 공동저자이다.

Thomas Gustavsson

심리학자이며 스칸디나비아에서 통합적 정신건강 서비스를 제공하는 컨설팅 및 임상 서비스 회사인 Psykolog-partners의 창립 멤버이다. 그는 여러 지역 기반 서비스, 사회복지사, 치료센터, 학교, 1차 진료 클리닉 등을 위한 컨설턴트로 활동하고 있다.

김창대

서울대학교 사범대학 교육학과 학사

서울대학교 사범대학 교육학과 석사

Teachers College, Columbia University 상담심리학 석·박사

현재 서울대학교 사범대학 교육학과 교수

남지은

Wellesley College 심리학과 학사

서울대학교 사범대학 교육학과 석사

서울대학교 사범대학 교육학과 박사 수료

현재 서울대학교 대학생활문화원 외국인상담 특별상담원